Matthias Jakob Schleiden

Das Salz
Seine Geschichte, seine Symbolik und seine Bedeutung im Menschenleben

Schleiden, Matthias Jakob: Das Salz. Seine Geschichte, seine Symbolik und seine Bedeutung im Menschenleben
Hamburg, SEVERUS Verlag 2012
Nachdruck der Originalausgabe von 1875

ISBN: 978-3-86347-284-9
Druck: SEVERUS Verlag, Hamburg, 2012

Der SEVERUS Verlag ist ein Imprint der Diplomica Verlag GmbH.

Bibliografische Information der Deutschen Nationalbibliothek:
Die Deutsche Nationalbibliothek verzeichnet diese Publikation in der Deutschen Nationalbibliografie; detaillierte bibliografische Daten sind im Internet über http://dnb.d-nb.de abrufbar.

© **SEVERUS Verlag**
http://www.severus-verlag.de, Hamburg 2012
Printed in Germany
Alle Rechte vorbehalten.

Der SEVERUS Verlag übernimmt keine juristische Verantwortung oder irgendeine Haftung für evtl. fehlerhafte Angaben und deren Folgen.

seVerus

Das Salz.

Seine Geschichte, seine Symbolik und seine Bedeutung im Menschenleben.

Eine monographische Skizze

von

M. J. Schleiden, Dr.

Vorwort.

Vor etwa einem halben Menschenalter kam mir der Gedanke, einmal den Einfluß der Natur auf die Kulturgeschichte der Menschheit an drei Beispielen aus den sogenannten drei Reichen der Natur zu entwickeln. Ich wählte dazu das Salz, die Rose und das Pferd. Die Rose wurde zuerst fertig und erschien 1873, das Salz erscheint hier, das Pferd wird aber wohl vorläufig zurück gelegt werden müssen, denn ich glaube zur Zeit nichts geben zu können, was der Arbeit von Victor Hehn über dieses Thema in seinen „Kulturpflanzen und Hausthieren" würdig an die Seite treten könnte.

Seit vielen Jahren habe ich für die vorliegende Arbeit gesammelt und wenn ich sie jetzt der Oeffentlichkeit übergebe, so geschieht das nicht, weil ich sie für vollendet ansehe, sondern weil sie doch einmal an das Licht treten muß und weil ich nicht glaube, daß ich in kurzer Zeit wesentlich der Vollendung näher rücken würde, eine längere Zeit ist mir aber schwerlich noch vom Geschick bestimmt. Es sind im Laufe der letzten Jahre mehrere Schriften unter demselben Titel erschienen. Ich meine, daß dadurch diese Arbeit nicht überflüssig wird, weil sich keiner meiner Vorgänger die vollständige Aufgabe als Ziel setzte und alle namentlich für das, was ich in dem ersten Theil gegeben habe, nur flüchtige Andeutungen oder eng begrenzte Fragmente mittheilten. Die mir zugänglich gewordenen Schriften sind folgende:

1. Dr. Ludwig Meyn, Das Salz im Haushalt der Natur und des Menschen. Leipzig 1857. XII und 241 S. Nach einer sehr kurzen allgemeinen Betrachtung des Salzes (40 Seiten) enthält das Werk reiche Schilderungen über Vorkommen und Gewinnungsweise desselben. Die Sprache ist blühend, geht zum Theil fast in Phrase über, was ich gerne mit dem warmen Antheil, den der Verfasser an seinem Gegenstande nimmt, entschuldige; gut heißen kann ich es nicht.

Nach meiner Ansicht ist in einem wissenschaftlichen Werk eigentlich jeder Schmuck, der sich nicht von selbst aus einer reinen, klaren und bestimmten Sprache ergiebt, ein Uebel, das oft die Wirkung, die es machen sollte und könnte, beeinträchtigt. Wissenschaft und Poesie sollen sich nicht vermählen. Die Poesie soll nur wachen, daß die Wissenschaft nicht häßlich wird — die Wissenschaft ist schön gerade in ihrer ungeschminkten Einfachheit —; die Wissenschaft soll nur warnen, daß die Poesie nicht unwahr wird — die höchste Poesie kann bestehen ohne wissenschaftlichen Unsinn. Beides bleibt freilich zur Zeit noch eine bloße Aufgabe, deren Lösung wir uns nur allmälig nähern können und es wird noch lange dauern, bis beim Menschenwerk so wie am Sternenhimmel alles Schöne wahr und alles Wahre schön ist.

2. Victor Hehn, Das Salz, eine kulturhistorische Studie. Berlin 1873, 74 S. Allerdings nur eine Studie, ein kleiner Abschnitt aus der Geschichte des Salzes, aber dieser mit soviel Gründlichkeit und Umsicht angegriffen, daß auf gar viele Punkte

ein neues Licht geworfen wird. Ich bin dem Verfasser für viel Thatsächliches und sehr viele Anregung unendlich dankbar.

3. Dr. Alfred Schmidt, Das Salz, eine volkswirthschaftliche und finanzielle Studie. Leipzig 1874. XII und 145 Seiten. Der angegebene Zweck, die volkswirthschaftliche und finanzielle Beziehung des Salzes ins Auge zu fassen, ist mit Ernst verfolgt und mit umfassender Kenntniß fast erreicht. Auch diesem Werke verdanke ich sehr viel. Die allgemeinere Bedeutung des Salzes tritt fast zu sehr in den Hintergrund; das naturwissenschaftliche Urtheil ist nicht überall sicher. Sehr dankenswerth ist die S. VII bis XII gegebene reiche Uebersicht über die Literatur, wenn auch, was kaum zu vermeiden, lange nicht vollständig.

4. Dr. J. Möller, Ueber das Salz in seiner kulturgeschichtlichen und naturwissenschaftlichen Bedeutung. Berlin 1874 (Samml. gemeinverständlicher wissenschaftlicher Vorträge von Virchow und Holtzendorf) 32 Seiten. „Saul unter den Propheten!" Was läßt sich auf 32 Seiten über ein solches Thema sagen. Ich weiß von Herrn Möller gar nichts. Der Eindruck aber, den die Broschüre auf mich machte, war, daß es eine mit einigen flüchtig zusammengerafften Notizen aufgeputzte Reclame eines Badearztes sei. Der mildthätige Zweck mag die Mangelhaftigkeit der Arbeit decken.

Noch kam mir, schon nach Abdruck meines Büchleins, ein Aufsatz von Th. Benfey zu Gesicht: „Die Indogermanen hatten schon vor ihrer Trennung sowohl Salz als Ackerbau" (Augsb. Allg. Zeitg. vom 27. und 28. Juli 1875). Ich finde aber nichts darin, was mich bestimmen könnte, das von mir gesagte zurückzunehmen, oder zu modificiren.

Im Uebrigen habe ich eigentlich nichts weiter zu sagen. Ich

bin nach meinen Kräften gründlich zu Werke gegangen und habe nur das Wahre gesucht, und glaube daher auch nirgend weiter gegangen zu sein, als ich es vertreten kann. Dankbar gedenke ich der Männer, die mich auch dieses Mal mit Rath und That unterstützt haben und deren sind viele. Das Werk selbst muß wohl wie viele die Inschrift tragen, die über dem Eingang eines sächsischen Gymnasiums steht: Praesens imperfectum, perfectum futurum*).

M. J. S. Dr.

---

*) Die vier Zeiten der lateinischen Conjugation, aber auch so zu übersetzen: Das Gegenwärtige ist unvermeidlich unvollkommen, das Vollkommene liegt nur in der Zukunft.

Inhalt.

	Seite
Vorwort	III

Erster Theil. Das Salz in den Anfängen der Kultur 1
Eingang S. 3. Menschen ohne Salzgenuß S. 3. Ackerbau und Salzgenuß S. 5. Pflanzenasche statt Salz S. 8. Steppensalz und Steinsalz S. 9. Häuser von Salz S. 9. Seesalz S. 10. Soolquellen S. 10. Ansichten der Alten über die Natur des Salzes S. 11. Das Salzsieden S. 11. Die Kelten S. 11. Die Halloren S. 12. Salinenterminologie S. 13. Ursprung des Wortes Salz S. 15. Das Salz im Verkehr S. 18. Die sechs großen Salzhandelsgebiete S. 20. I. Asien S. 20. II. Afrika S. 22. III. Nordamerika S. 26. IV. Das Mittelmeer und der Pontus S. 28. Uralte Verbindung des Pontus und der Ostsee S. 30. V. Centraleuropa S. 33. VI. Nord- und Ostsee S. 39. Der Hering S. 44. Ursprung des Wortes Hering S. 51. Salz in Rußland S. 67. Salz als Geld S. 68. Salz als Bundessymbol S. 70. Salz im Kultus S. 73. Salz bei der Taufe S. 76. Das Salz im Aberglauben S. 77. Salz im Kultus bei den Griechen S. 81. Salzkultus bei den Römern S. 81. Salz im Kriege S. 81. Salz als Spende und Lohn S. 82. Formen des Salzgenusses S. 82. Salz als Reinigungsmittel S. 83. Das Einsalzen S. 85. Das Mumificiren S. 90. Symbolik des Salzes S. 90. Salz als Würze S. 91. Salz als nervenaufregend S. 92. Salz als Ursache der Unfruchtbarkeit S. 93. Salzsteuern S. 96. Salz bei der Viehfütterung S. 100. Salz als Zeichen des Werthlosesten S. 100.

Anmerkungen 102

Zweiter Theil. Das Salz unter dem Einfluss der modernen Kultur 125
Erster Abschnitt. Natur des Salzes, Vorkommen und Ursprung desselben 127
Chemische Bestimmung des Kochsalzes S. 127. Chemische und physikalische Eigenschaften des Salzes S. 134. Ursprung und Vorkommen des Salzes S. 135. Salz in allen Formationen der Erdrinde S. 137. Vorkommen des Salzes auf der Erde S. 141. Die Umgebung des todten Meeres S. 141. Siebenbürgen S. 142. Die Pyrenäen S. 143. Ilezkaja S. 144. Die alpinen

Salzlager S. 144. Das ungarische Salzgebiet S. 147. Das Thüringer Salzbecken bis Magdeburg S. 151. Das Salzbecken der Wetterau S. 157. Das fränkische Salzbecken S. 159. Die Salzseen S. 161. Der Aralsee und das kaspische Meer S. 161. Das todte Meer S. 162. Salzseen in Westasien S. 163. Meer- oder Baisalz S. 165. Italien S. 165. Portugal und Spanien S. 166. Frankreich S. 167. Vulkanisches Salz S. 167. **Ausschließlicher Ursprung des Salzes aus dem Meere** S. 168. **Zweiter Abschnitt. Produktion, Handel und Gewerbe; Volkswirthschaft** 176 Salz als Maaßstab für die Civilisation S. 176. Produktion in den verschiedenen Ländern S. 178. Europa S. 178. Asien und Afrika S. 184. Amerika S. 185. Australien 186. Produktionswerth des Salzes S. 186. **Wie viel Salz braucht der Mensch?** S. 187. Bedeutung des Salzes für die Ernährung des Menschen S. 188. Salz bei Ernährung der Hausthiere S. 196. Physiologische Fragstellung S. 201. Gesalzenes Futter und Salzdüngung S. 206. **Das Salz im Gewerbe** S. 207. Darstellung des Salzes S. 208. Dornstein und Hallerde S. 210. Die Mutterlauge S. 211. Das Einsalzen S. 211. Gewerbe, die Salz bedürfen S. 212. Soda und Glaubersalz S. 213. Seife S. 215. Glasfabrikation S. 216. Salzsäure und Bleichprozeß S. 217. Ledergewerbe S. 219. Töpferei S. 219. Kältemischungen S. 220. Feilenhauer S. 220. Bierbrauereien und Tabaksfabriken S. 220. Die Salzsteuer S. 221.

Anmerkungen 226

Erster Theil.

Das Salz in den Anfängen der Kultur.

Es ist im Ganzen wohl richtig, wenn man sagt, daß die höheren Eingang.
Thiere und die Menschen nur von organischen Stoffen leben, denn
leicht kann es dem, der nicht mit chemisch forschendem Auge die
Sache betrachtet, so scheinen. Allerdings ißt der Mensch keine Steine
und die Erde essenden Ottomaken wie die Norweger, die Bergmehl in ihr
Brod backen, thun das wohl, um das Gefühl der Leere in ihrem Magen
abzustumpfen, aber Nahrungsmittel ist ihnen das, was sie genießen,
nicht[1]). Dagegen ist es keinem Zweifel unterworfen, daß der Mensch
den kohlensauren und phosphorsauren Kalk, aus dem seine Knochen
bestehen, nicht in sich schaffen kann, sondern von außen her aufnehmen muß. Auch andere unorganische Stoffe wie Kali, Natron, Schwefel, Chlor u. s. w. sind wesentliche Bestandtheile in der Zusammensetzung seiner körperlichen Gebilde und müssen ihm zugeführt werden,
da er sie als chemische Elemente nicht selbst bilden kann. Aber alle
diese Stoffe finden sich in geringerer oder größerer Menge in den Pflanzen und in thierischen Theilen, die der Mensch verzehrt, so daß er
nicht nöthig hat, Kalkwände zu benagen, um Material für seinen Kno-
chenbau zu erhalten, wie das Huhn dieselben anpickt, um den Bil-
dungsstoff für seine Eierschalen zu gewinnen. Um so auffälliger ist es,
daß der Mensch schon sehr früh angefangen hat, ein Mineral in seiner
rohen, unorganischen Gestalt als eine nothwendige Zugabe seinen Nahrungsmitteln hinzuzufügen, nämlich das Salz, und es hat zum Min-
desten nicht lange gedauert, bis die Menschheit das Salz als eins der
wichtigsten und unentbehrlichsten Zusätze zur Nahrung betrachten lernte.

Wer lehrte den Menschen Salz genießen? Das ist eine Frage, Menschen
die wohl noch lange unbeantwortet bleiben wird und geschichtlich über- ohne
Salzgenuß.

1*

haupt unbeantwortbar ist. Schon die äußeren localen Lebensverhältnisse müssen es anfänglich vielen Menschen unmöglich gemacht haben, das Salz in den Kreis ihrer Genußmittel zu ziehen. Binnenländer ohne Salzquellen und zu Tage liegendes Steinsalz machten es unmöglich, daß der Bewohner auf Salzgenuß verfallen konnte. Es ist also gewiß, daß Salz nicht ein unbedingt nothwendiger Stoff für die Erhaltung eines gesunden und kräftigen Lebens ist. Auch haben wir noch aus verhältnißmäßig neuer Zeit Zeugnisse dafür, daß es Völker gab, welche den Salzgenuß nicht kannten. Homer singt in der Odyssee:

„Wandere . . . .
„. . . . . . bis du kommst zu Sterblichen, welche das Meer nicht „Kennen, und nimmer mit Salz gewürzte Speisen genießen."

und dieselben Worte wiederholt er später noch einmal[2]). Es sind damit die Epiroten gemeint[3]). Andeutungen, daß vielen Völkern das Salz ursprünglich fehlte, da sie es noch in historischen Zeiten sich von fern her erhandeln mußten, finden sich mehrere. So erzählt Suidas, daß man Salz in's Binnenland führte und dafür Sclaven einhandelte[4]) und noch Arnulph (892) verlangte von den Bulgaren und ihrem König Wladimir, daß sie den Mähren kein Salz verkaufen sollten*)[5]). Auch die Numidier genossen nach Sallust alle ihre Speisen (hauptsächlich aus Milch und Wild bestehend) ohne Salzzusatz[7]). Noch jetzt giebt es im Innern Afrika's Gegenden, wo der Salzgenuß, wenn auch nicht gänzlich ausgeschlossen, doch ein seltener Luxusartikel ist, wo das Wort: „er nimmt Salz zu seiner Speise", gleichbedeutend ist mit: „er ist ein reicher Mann"[8]). In mehreren Gegenden des tropischen Amerika war vor Ankunft der Europäer der Salzgenuß unbekannt[9]). Ebenso kannten die Tuda in den Nilgherries das Salz nicht, als die Europäer zu ihnen kamen[10]). Auf Neuguinea werden die Anwohner der Speelmannsbai und der Humboldtsbai als Menschen genannt, die den Salzgenuß nicht

---

*) Also damals waren die unerschöpflichen Salzlager Galiziens noch nicht aufgeschlossen. Selbst 906 scheint man von Wieliczka noch nichts gewußt zu haben, da die Mähren ihr Salz von Reichenhall bezogen. Erst 1136 und 1145 kommt urkundlich „das große Salz bei Krakau" vor[6]).

kennen und dasselbe gilt von den Bewohnern von Neusüdwales[11]. Und selbst in neuester Zeit erzählt Adolf von Wrede[12]: „Die Beduinen (im Innern Arabiens) essen das Fleisch ohne Salz und scheinen sogar den Gebrauch desselben lächerlich zu finden. Wenigstens machte einer den anderen darauf aufmerksam, daß ich mich desselben bediente und alle lachten herzlich darüber, aus welchem Grunde, konnte ich nicht erfahren. Die Sheriffe versicherten mir übrigens, daß die Beduinen zu keiner ihrer Speisen Salz gebrauchen." Etwa um den Durst in dem wasserarmen Lande nicht zu vermehren? Im Verfolg dieser Untersuchung werden noch viele Beispiele vorkommen von Völkern, die das Salz nicht kannten oder selbst, wenn sie es kannten, keinen Gebrauch davon machten.

Wohl oder übel müssen wir zugeben, daß unsere Urväter, die Indogermanen, in ihren Stammsitzen entfernt vom Meere und ohne Steinsalz den Gebrauch des Salzes noch nicht gekannt haben, denn im Sanskrit, wie in den nächstverwandten Sprachstämmen fehlt eine gemeinschaftliche Wurzel für das Wort „Salz"[13]. Auf der anderen Seite können dann auch später manche Stämme durch ihre Wanderungen in Gegenden geführt, die ihnen kein natürliches Salz darboten, das Wort mit dem Gebrauch wieder verloren haben.

Ungewiß bleibt der Ursprung der Sitte des Salzgenusses wohl noch lange, vielleicht aber können wir dasselbe in eine nähere Beziehung zu einem wesentlichen Kulturfortschritt der Menschheit setzen. Es unterliegt wohl keinem Zweifel, daß die ersten Erdenbewohner, die man als Menschen bezeichnen kann, naturhistorisch wohl ohnehin noch den Raubthieren näher stehend, Fleischfresser waren, daß sie dem Hungerbedürfnisse ihres Körpers durch das abhalfen, was dem Stoffe des eigenen Leibes am ähnlichsten erschien, durch das Fleisch der Jagdthiere, denen sie im Fall der Noth wohl auch das ihrer eigenen Gattung und nur im äußersten Fall und ungern Wurzeln und Früchte substituirten. Bei allen rohen Nationen und in der Geschichte, je weiter wir bei den einzelnen Völkern zurückgehen können, finden wir Antropophagie als Sitte. Ein Fortschritt in der Gesittung war es schon, daß man an-

Ackerbau und Salzgenuß.

fing, sich die Thiere in Heerden zu erziehen, um sich von dem immer
nur zufälligen Ausfall der Jagd unabhängig zu machen. Längst ist es
anerkannt, daß Jäger= und Hirtenleben die beiden ersten Stufen in
der Entwicklung menschlicher Civilisation gewesen sein müssen. In bei=
den Verhältnissen aber war die Hauptnahrung animalisch: Milch, Blut
und Fleisch (dieses gebraten*)). In diesen Nahrungsmitteln erhält der
Mensch aber die unorganischen Bestandtheile und namentlich auch das
Kochsalz in derselben Menge, als es in seinem eigenen Körper vor=
kommt, also genügend, um sein Bedürfniß zu befriedigen. Erst bei
gesteigerter Bevölkerung auf gegebenem Areal, bei damit sich verbin=
dender höherer Gesittung erfand sich der Mensch die Kunst, passenden
Nahrungsstoff aus Pflanzen zu ziehen und dieselben zu dem Zwecke in
großer Menge auf kleinem Areale zu cultiviren. Der zuerst den Eigen=
thumsbegriff herbeiführende Ackerbau war die Grundlage jeder weiteren
Entwicklung der Menschheit**). Aber hier trat ein bis dahin nicht
empfundenes Bedürfniß ein. Die zur menschlichen Nahrung tauglichen
Pflanzen und Pflanzentheile enthalten auf eine gleiche Menge von Nah=
rungsstoff eine auffallend geringere Menge von Kochsalz. Es mußte
zur Erfindung des Ackerbaues auch die Erfindung des Salzgenusses

---

*) Das Kochen, wodurch der Salzgehalt des Fleisches wesentlich vermindert wird,
setzt schon Kunstbildung (Töpferei) voraus und gehört wohl auch erst der dritten Bil=
dungsstufe an.

**) Ich gestehe, daß ich mit Victor Hehn's Entwicklung [14] nicht ganz über=
einstimmen kann. Daß der Uebergang von Hirtenleben zum Ackerbau kein plötzlicher
war, ist selbstverständlich; er wurde erst allmälig, vorzüglich durch die steigende Be=
völkerung bedingt. Aber der Begriff des Eigenthums knüpft sich doch, wie mir scheint,
an den Ackerbau, er ist Schutz einer Bodenbedeckung mit Nahrungspflanzen, die man
nicht durch die eigenen Thiere abweiden läßt, die man aber auch nicht fremden Preis
gegeben sehen will. Gerade, daß man Baumpflanzungen in ältesten Zeiten und auch
noch jetzt oft einhegt, beweist, daß ihnen der Schutz des Eigenthumsbegriffs ursprüng=
lich nicht zukam. Der Wald blieb, wie die natürliche Weide am längsten der Auf=
fassung als Gemeineigenthum unterworfen. Auch ließen sich die, anfänglich natürlich
kleinen, Obstgärten wohl einzäunen, aber nicht die nothwendig großen Flächen Korn=
land, die daher allein durch allgemeine, wenn auch stillschweigende Anerkennung, d. h.
durch den sich entwickelnden Eigenthumsbegriff, im Gegensatz zu dem natürlichen, ur=
sprünglichen des Besitzes (der deutschen „Wehre") geschützt wurden.

gemacht werden, wenn der Ertrag des Kulturbodens dem Nahrungs-
bedürfnisse der Menschen entsprechen sollte. Bei den Chinesen scheint
sich eine dunkle Erinnerung an die Zusammengehörigkeit von Ackerbau
und Salzgenuß erhalten zu haben, denn Ackerbau und Salzbereitung
stehen bei ihnen auf gleicher Stufe der Heiligkeit. Ob hier der sogenannte Instinct wirkte, ob ein Zufall die Menschen auf den Salzgenuß
führte, ob man den Thieren das Geheimniß ablauschte, läßt sich nicht
entscheiden. Gewiß ist, daß sich der Drang, Salz zu sich zu nehmen,
nur bei den Pflanzenfressern, aber nicht bei den fleischfressenden Raubthieren findet, wodurch uns die Natur einen Wink giebt, daß nur bei
Pflanzenkost der Salzzusatz ein wirkliches Bedürfniß ist [15]). Das Salz
wirkt hierbei in doppelter Weise. Die Pflanzenstoffe haben nämlich
einestheils einen zu geringen Natrongehalt für den Bedarf der menschlichen Ernährung, der durch das Kochsalz ausgeglichen wird. Ande-
rerseits haben dieselben ein großes Uebermaaß an Kalisalzen, deren zu
große Menge im menschlichen Körper schädlich werden würde. Durch
Zusatz von Kochsalz aber werden die Kalisalze in solcher Weise zersetzt,
daß dieselben in unschädlicher Verbindung leicht aus dem Körper entfernt werden können [16]). Diese Ansicht wird nun bestätigt durch das,
was uns die Geschichte durch den frühesten Salzgebrauch aufbewahrt
hat. Homer, der nur selten andere Opfer als Thieropfer erwähnt,
nennt bei denselben niemals das Salz. Daran schließt sich das Zeugniß des Agathion (Athenion) bei Athenäus [17]) wenn er sagt:
„daß man auch zu seiner Zeit im Andenken an die Vorzeit, das Eingeweide der Opferthiere den Göttern verbrenne ohne Salz hinzuzuthun,
da dieses zu solchem Gebrauch noch nicht erfunden war; als aber später das Salz den Menschen zu ihrer Speise gefiel, da blieben sie doch
in der Art des Opferns bei der väterlichen Sitte." Und nun nehme
man noch dazu, daß bei den Alten niemals Salz und Fleisch zusammen genannt werden, während „Mehl und Salz", „Brod und Salz"
seit den ältesten Zeiten, in denen überhaupt Salz erwähnt wird, geradezu bei allen Schriftstellern, Dichtern und Prosaikern ein geflügeltes
Wort ist [18]).

8   I. Das Salz in den Anfängen der Kultur.

Anders stellte sich die Sache vielleicht bei dem semitischen Volksstamm. So weit wir ihn rückwärts geschichtlich verfolgen können, bewegt sich sein Leben in Gegenden, die reich sind an Salzsteppen und Steinsalz. Bei ihnen finden wir daher das Salz sogleich in seiner Bedeutung anerkannt und in das ganze Leben verflochten. So finden wir denn auch Salz und Brod häufig bei ihnen gepaart und bei den Speise- (Brod-) Opfern den Gebrauch des Salzes vorgeschrieben[19], aber auch bei Thieropfern wird das Salz angewendet[20]. Den Gegensatz zu beiden, sowohl den Semiten als Gräcoromanen bilden die germanischen Völkerschaften. Als sie ihre asiatischen Stammsitze verließen, waren sie auch unbekannt mit dem Salz und blieben es, da es scheint, daß ihr Wanderzug sie an den Salzsteppen vorbeiführte, ohne daß diese Einfluß auf ihre Lebensweise gewonnen hätten. In mitteleuropäischen Wäldern, in denen sie sich ansiedelten, fehlte Meeresküste, zu Tage tretendes Steinsalz und um Salzquellwasser zu versieden, waren sie anfänglich noch nicht geschickt. Das Wort Salz erhielten sie wohl von den südlicher gezogenen Gothen, wie diese es nebst den übrigen südeuropäischen Völkern von den Kel-

Pflanzenasche statt Salz.

ten überkommen hatten. Dem Bedürfniß, welches sich wohl nach beginnendem Ackerbau bei den Germanen geltend machte, halfen sie anfänglich durch Pflanzenasche ab, worin freilich viel unbrauchbares oder gar schädliches, aber bei passender Auswahl der Pflanzen dann auch wohl kohlensaures Natron oder gar salzsaures, also Kochsalz, sich vorfand. Der Zufall führte sie wahrscheinlich auf die Pflanzen in der Umgebung der Salzquellen und dann an der Ost- und Nordsee auf die Strandpflanzen, was schon Aristoteles und Plinius (nach Theophrast)[21] von den Umbrern erzählen. Barro, Tacitus, Plinius u. s. w. geben, wenn auch nur dürftige Nachrichten über diese erste rohe Gewinnung eines Salzsurrogates[22] *). Von Gal-

---

*) Noch gegenwärtig werden am Tsad in Afrika die Wurzeln von Capparis (spinosa?) ausgegraben, verbrannt und das Auslaugewasser der Asche zu Salz verdunstet. In Miltu wird Salz auf ähnliche Weise aus Hirse und Sorghum ge-

lien, Germanien und Skandinavien erzählen Plinius und
Nonnus bestimmt, daß man Salz gewann, indem man Meerwasser
auf glühende Kohlen goß [24]). Hier konnte man aus klimatischen Gründen die Abdunstung des Meerwassers durch Sonnenwärme nicht anwenden.

Sehr nahe lag natürlich den Völkerstämmen, die am Rande von *Steppensalz u. Steinsalz.*
Salzsteppen oder in Gegenden wohnten, wo Steinsalz zu Tage tritt,
der Gewinn des Salzes. Schon in den älteren Schriftstellern finden
wir zahlreiche Hinweisungen auf diese Salzschätze und ihre Benutzung.
In den alten Schriften der Juden wird des Salzbodens in Syrien
vielfach gedacht, freilich fast nur um seine Unfruchtbarkeit hervorzuheben [25]). Aber auch auf die Benutzung dieser natürlichen Schätze zur
Salzgewinnung wird hingedeutet [26]). Plinius erwähnt in einer wenig
beachteten Stelle des kaspischen Sees und des Aral als großer
Salzwasserbecken [27]). Von Herodot an wird vor Allem der Reichthum von Nordafrika an Steinsalz gerühmt. Er erwähnt zehn
größere Becken, bei denen allen er die Merkwürdigkeit einer Süßwasserquelle mitten im Salzboden hervorhebt*). Die beiden ersten sind
die noch jetzt bekannten Oasen, das Hammonium (Siwah) und
Augila, dann folgen mehrere andere; ganz im Westen sollen sogar *Häuser von Salz.*
die Menschen in der vollkommenen regenlosen Wüste ihre Häuser von
Salzklumpen bauen [29]). Gleiches erwähnt Plinius von den Anwohnern des Sirbonis bei Gerrhä. Noch jetzt errichten sich die Arbeiter in den Chilisalpeterwerken von Atacama und Copiapo ihre
Hütten von Salzschollen. Auch in Persien (in den Sirdarpässen
zwischen Teheran und Kischlak) wird das Steinsalz als Baustein
benutzt [30]). Strabo spricht von dem Salzreichthum Afrika's und
schließt richtig aus dem Vorkommen des Salzes und der Muscheln,
daß die nordafrikanische Wüste früher vom Meere bedeckt gewesen sei [31]).

---

wonnen [23]). In Madagascar gewinnt man aus der Asche einer Palmenart ein
Salz, welches dem Seesalz sogar vorgezogen wird.
  *) In der nächsten Umgebung des salzigen Eltonsees in Rußland sind 14
Brunnen gegraben, die alle das klarste und schönste Trinkwasser geben [28]).

Herodot nennt dann reiche Salzabsätze an den Mündungen des Borysthenes (Dniepr). Aulus Gellius erzählt nach Cato von einem Salzberg in Spanien*), Plinius ähnliches von Indien [32]), und sagt, hier werde das Salz bergmännisch gewonnen und bringe dem Könige größere Abgaben ein als Gold und Perlen. Er nennt den Berg Oromenos in Indien; dies ist wohl die Insel Ormuz am Eingange des persischen Meerbusens, die nach einigen Angaben sehr reich an Steinsalz sein soll [33]). Salzige Landseen nennen Strabo und Plinius [34]). Die älteste Nachricht von der Benutzung des Seesalzes aus abgedunstetem Meerwasser finde ich bei Dioskorides. Nach Plinius würde von Ancus Martius zuerst die Einrichtung gemacht sein, Meerwasser in geschlossene Bassins, sogenannte „Salinen" zu leiten und dasselbe zur Gewinnung des Salzes verdunsten zu lassen. Er erwähnt solcher Salinen von vielen Orten: Tarent, Sicilien, Creta, Utica, Aegypten u. s. w. [35]) Am spätesten scheint man die Salzquellen benutzt zu haben. Erst mußte das natürliche Abdampfen des Meerwassers in zufällig abgeschlossenen Lachen beobachtet, es mußte in künstlich hergestellten Bassins (Salinen) das Abdampfen durch die Sonnenwärme eingeführt sein, ehe man auf den Gedanken kommen konnte, auch bei den salzigen Quellen des Binnenlandes die Einwirkung künstlicher Erwärmung zu versuchen. Plinius sagt uns, daß man in Kappadocien das Salz aus den Wassern der Salzquelle durch freiwilliges Verdunsten des Wassers in Salinen gewann [36]). Wir müssen darauf verzichten, je zu erfahren, wer als Ancus Martius der nordamerikanischen Indianer oder der Einwohner von Hawai diese die Anlegung von Salzteichen lehrte; um daraus Salz durch Verdampfung des Wassers an der Luft zu gewinnen, was bei ihnen seit undenklichen Zeiten gebräuchlich war. Jedenfalls wurde anfänglich das Salz der Quellen noch dadurch gewonnen, daß man das Wasser auf glühende Kohlen goß, was Plinius auch von den Spaniern berichtet, erwähnend, daß sie das Wasser salziger Quellen »muria« nannten [37]).

---

*) Noch jetzt bekannt bei Cardona in der Provinz Lerida.

Salzflüsse erwähnt Plinius in Kleinasien so wie den Ochus und Oxus (Amu-Derja) in Asien. Als warme Salzquellen nennt er die Pagasäischen. Bestimmt endlich sagen Aristoteles und Plinius, daß man in Epirus (Chaonia) das Salz aus Quellwasser durch Abkochen gewinne³⁸).

Um zu begreifen, warum der Fortschritt ein so langsamer war, weshalb mangelhafte Methoden oft lange beibehalten wurden, muß man sich deutlich machen, daß die Alten keinen Begriff von dem hatten, was wir jetzt Auflösen und Abdampfen nennen. Das Steinsalz war ihnen ein fertig gegebenes, das See- und Soolsalz aber erschien ihnen fast als ein gemachtes und künstlich erzeugtes. Pythagoras soll schon gesagt haben: „es würde von den reinsten Eltern erzeugt, von der Sonne und dem Meere"³⁹). Auch Tacitus scheint das Salz als ein Produkt der widerstrebenden Elemente des Feuers und des Wassers anzusehen, aus deren Kampf es sich niederschlägt⁴⁰). Deshalb konnten auch die Spanier auf den Glauben kommen, daß es bei der Salzgewinnung aus der auf brennendes Holz gegossenen Soole für das Resultat auch sehr auf die Auswahl des Holzes ankomme und daß dabei auch die Kohle in Salz verwandelt werde⁴¹). Dagegen sagt Hippokrates⁴²) vom Seesalze schon etwas klarer: „Die Sonne zieht den feinsten und leichtesten Theil des Wassers an sich und führt ihn mit in die Höhe, die Salzigkeit bleibt wegen ihrer Dicke und Schwere zurück und so entsteht (γίγνεται) das Salz." Aber auch hier ist das Salz noch ein entstandenes, nicht fertiges.

Ansichten der Alten über d. Natur des Salzes.

Wenn wir nun fragen, wer kam zuerst auf den Gedanken, das Salz vom Wasser durch Absieden zu trennen, so werden wir wohl keine bestimmte Antwort darauf finden. Wer die Salzsieder in Epirus waren, wissen wir nicht mit Sicherheit. Aber gewiß ist, daß sonst sehr allgemein die sprachlichen Forschungen in Europa darauf führen, das Gewerbe des Salzsiedens einem auch anderweitig bei bergmännischen Betrieb schon oft genannten Volksstamm zuzuschreiben. Es sind die Kelten, die sich hier unserer Kenntnißnahme aufdrängen. Man braucht nicht Keltomane zu sein, um einzusehen, daß (nächst den fast

Das Salzsieden.

Die Kelten.

sagenhaften Iberern, die Kelten aus der indogermanischen Völkerfamilie die erste und älteste Schicht bilden, die sich auf dem europäischen Boden ablagerte, die in sehr früher Zeit, die uns schon als nebelhafte Sage erscheint, sich noch einmal von Nordwesten aus bis Kleinasien ausbreiteten, dann aber allmälig von nachrückenden Völkerstämmen bis auf den äußersten nordwestlichen Winkel unseres Continents zusammengedrängt wurden. Es giebt fast keine europäische Sprache, die nicht keltische Elemente in sich aufgenommen*) uns bewahrt hat [43].

Die Halloren. Wenn auch das Wort Hallore nicht unmittelbar von einem keltischen Hallwr, den Leo fingirt hat, abgeleitet werden kann, denn es giebt nur im Cornischen das Wort haloiner und im Welschen halenwr („Salzmann") Worte, denen niemals das »n« fehlt [44], so sind doch die hallischen Halloren, welche nach Körperbildung, Geist und Sitte weder Slawen noch Deutsche sein können, wahrscheinlich als ein eingewanderter kleiner Keltenstamm zu betrachten und ihr Name hängt jedenfalls mit ihrer Beschäftigung und dem Worte „Salz" zusammen, das nur im Keltischen, nicht aber im Germanischen das anlautende h hat. Ptolemäus nennt das Volk, welches das jetzige Salzkammergut inne hatte „Alauner". Zeuß (kelt. Grammat.) erkennt darin das keltische haloin, halein, „Salz". Alauner wären also wörtlich auch Halloren und wirklich ein keltischer Stamm. Aber auch die dunkelen Kasluchim des ersten Buches Mosis scheinen hierher zu gehören. Dieser Volksstamm heißt in der Septuaginta Chasmonieim und das bedeutet nach Ebers „Salinenleute" also auch Halloren von chasm, hasm, ḥasmon-„Natron, Salz". Sie wohnten am Sirbonissee (also wohl Lybophöniker), von wo aus auch heute noch viel Salz nach Süden verführt wird. Herodot erwähnt der Tarichaia (Salinen oder Einsalzstätten) in dieser Gegend und das Salz bei Pelusium wird auch von Plinius angeführt. Endlich könnte man auch das hinduſtanische malangi (Salzbereiter) hierher

---

*) Ist doch selbst unser zärtliches „Kuß" und „Küssen" keltisch nach Grimm's Wörterbuch.

ziehen, um zu beweisen, wie allgemein man die Salzbereitungskunst zur Bezeichnung einer bestimmten Menschenklasse wählte[45]). Daß man übrigens nicht nur der ersten Gewinnung des Salzes, sondern auch der weiteren Behandlung (zweckmäßigen Aufbewahrung, Reinigung, Zerkleinerung u. s. w.) große Aufmerksamkeit schenkte, sehen wir daraus, daß in dem Hausstande der Römer ein besonderer Salzdiener »salinator« erwähnt wird[46]).

Zerstreute Worte ohne inneren Zusammenhang mögen leicht einen Anklang an diese oder jene Sprache darbieten, ohne daß die Zusammenstellung mehr wird als ein unbewiesener Einfall. Anders stellt sich die Sache in dem uns vorliegenden Falle, wo ein ganzer Complex von Wörtern, die einem und demselben Anschauungskreis angehören, auf die Verwandtschaft mit einer bestimmten Sprache hinweist. Nicht nur der Hallore, sondern unbedingt fast alles, was sich auf seinen Beruf, sein Leben, seine Sitte bezieht, wird mit Worten bezeichnet, die nur oder doch am einfachsten in der keltischen Sprache ihre Erklärung finden. Der Hallore entnimmt das Salzwasser „die Soole"[47]) der Salzquelle „dem Salzborn"*) (gälisch heißt burn „Wasser"), er versiedet sein Salzwasser in der Pfanne, die in der Salzkothe steht; beide Worte sind keltisch. Vom Salz soll er seinen Gewinn ziehen, sein Geräthe (franz. rente, engl. rent) alles abgeleitet vom Wälschen rhan = abgemessenes Maaß, Antheil; damit alles gerecht dabei zugehe, hat er seinen Schreiber, den Salzschreiber oder Salzgreven und Greve, Graf ist auch nur vom keltischen grabn oder crav (Runen) „einschneiden", „schreiben", abzuleiten[48]). Ja auch der Ort, wo die Salzbereiter arbeiten und so auch die Stadtnamen Hal, Hall, Hallein (Klein=Hall im Gegensatz zu Reichenhall**) — eine Urkunde aus dem XIV. Jahrhundert hat den Ausdruck: „zum armen

Salinenterminologie.

---

*) Vgl. Salzbrunn in Schlesien.
**) Aehnlich wie Reichenhall heißt Wieliczka in einer Urkunde von 1145 „das große Salz" und einer der Brunnen in Halle führt den Namen Dobregora, d. h. „guter Ertrag" und danach heißt Halle noch in einer Urkunde Kaiser Konrad II.: »Sulcia Dobresoolensis[49]).

Hällin"), Halle, haben ohne Frage ihren Namen von der keltischen Bezeichnung des Salzes. Damit soll der deutschen „Halle" nicht zu nahe getreten sein. Aber der wäre doch sehr unwissend, der zweien Worten deshalb gleichen Ursprung zuschriebe, weil sie jetzt zufällig aus gleichen Buchstaben bestehen*). Schon daß die Benennungen hal, hall, hallum, halla (ursprünglich alle neutral) und halle ausschließlich nur zur Bezeichnung eines Ortes, wo Salzgewinnung stattfindet, aber nie in Beziehung auf einen Ort, der sich irgend wie durch ein Bauwerk, das man „eine Halle" nennen könnte, ausgezeichnet hätte, angewendet werden, daß das Wort „Salzhalle" gar nicht vorkommt**), sagt dem schlichten Menschenverstand, daß diese Worte mit „dem Hall" und nicht mit „der Halle" zusammenhängen müssen. Die älteste Urkunde von 788 hat hal zur Bezeichnung des Umkreises der Salzquellen; im XI. Jahrhundert kommt erst hall in demselben Sinne vor. Daneben findet sich seit 837 hallum. Hier ist auch noch anzuschließen, daß das kambrische helez [50]) sich in Halazestabt (jetzt Hallstabt bei Bamberg), Halesprunnen (jetzt Heilbronn [51]) u. s. w. wiederfinden läßt [52]). Hall findet sich in zahllosen Zusammensetzungen, die sich auf das Salzwesen beziehen: hall=asch (Salzschiff), hall=klotz, hallhaus***) u. s. w. Im Schwäbischen heißt noch jetzt der Platz der Siedehäuser: „das Hall." Seit 908 findet man auch halla, aber ebenfalls als Neutrum. Aus einfachem Mißverständniß wurde dann leicht das halla zu Halle abgeschwächt [53]). Wie das Wort Halle aber nach Norddeutschland und mit der Saale, an der die Stadt liegt, nach Thüringen kam, wo wir von ursprünglichen Keltensitzen

---

*) Man vgl. ago latein. und ago engl. — born deutsch und born engl. — come italien. und come engl. — main franz. und main engl. und unzählige ähnliche Beispiele.

**) Höchstens im späteren verdorbenen Literatendeutsch, wie das oben erwähnte „Salzsoole." Nicht einmal auf eine Salzniederlage oder Kaufhalle wurden die Worte hal, hall, halle, je bezogen, sondern ausschließlich auf die Salzbereitungsstätten.

***) Also keineswegs „Salzhalle." Als die Salzsieder in Lüneburg den Verkauf des Salzes selbst in die Hand nahmen, legten sie zum Zweck des Handels im Gildehause eine „Salzbude" an, aber keineswegs eine Salzhalle [55]).

keine bestimmten Nachrichten haben, ist noch später zu erklären. Uebrigens ist es nicht das einzige Halle in Norddeutschland. In Westphalen ist ebenfalls eine Stadt Halle, die ehemals eine sehr alte Saline besaß und daneben heißt ein großes Grundstück noch das „Salzland" 54). Unzählig sind die Orte, deren Namen von ihrem Hauptprodukt mit Salz zusammengesetzt sind. Bei vielen Salzstätten ist das anlautende s oder h ganz weggefallen und nur das all geblieben*), so bei Allendorf an der Werra, Allendorf bei Salzungen. Aehnlich nach Hehn auch bei dem Namen des früher häufig eingesalzenen Fisches alausa, alosa, „Alse", „Else", der schon im Mittelalter, wie jetzt der Hering, Speise des gemeinen Mannes war.

„Zischend brät die Alse am Heerd, des Dürftigen Speise" 56).

Die von Centralasien, wo sie vom Meere und vom Salz abgeschieden waren, nach Westen wandernden Kelten kamen am Aral und Kaspisee zuerst in Gegenden, die damals wahrscheinlich noch weniger ausgetrocknet als jetzt, ihnen am Rande großer, salziger Sümpfe auch schon Salzkrusten darboten. Sie kosteten und fanden den Zusatz des Salzes zu allen Nahrungsmitteln angenehm für den Gaumen und vortheilhaft für das Wohlbefinden des ganzen Körpers. Ein bereits vorhandener Wortstamm ihrer Sprache bezeichnete ihnen: „Wasser", „Moor", „Sumpf", „Lache" und diese Wurzel wendeten sie, wenig verändert, auch auf das Produkt dieser Salzsümpfe an. Aus ihren indogermanischen Ursitzen brachten sie irgend eine Form der Wurzel sar mit, die im Sanskrit zunächst „gehen", „fließen" u. s. w., dann aber abgeleitet als sara auch „Fluß", „Wasser", „See", „Pfuhl" heißt 57). Weder in den Beden, noch in der Avesta, noch in den Keilschriften findet sich ein solches salzbedeutendes Wort, aber im Armenischen kommt es als agh vor (gh ist gewöhnlicher Vertreter für l), und bildet so eine Vermittlung zwischen sara „Wasser" und dem griechischen hals (ἅλς) „Meerwasser" und „Salz". Dazu stimmt nun recht gut der Flußname Halys (armenisch aghiu), der von Herodot an-

---

*) Grade wie bei dem griechischen »alix« und dem lateinischen »allec« oder »alec«.

geführt wird und wie Strabo ausdrücklich bemerkt, nach den Salzlagern in seiner Nähe benannt ist⁵⁸). An die ursprüngliche Bedeutung jenes Stammwortes als See, Pfuhl, Pfütze erinnern noch viele Wörter, die wirklich keltisch oder doch wohl durch die keltische Sprache durchgegangen sind. Altirisch ist sal Moor; altirisch salah, altkambrisch halou, — schmutzig; althochdeutsch, mittelhochdeutsch, angelsächsisch sol — Lache, Pfütze; Jägersprache suhl und suhlen (vom wilden Schwein gebraucht); niederdeutsch sölig — schmutzig; französisch sale — unrein, unsauber. Viel allgemeiner findet sich aber das ursprüngliche sal, hal in der abgeleiteten Bedeutung von „Salz" wieder: griechisch: hals (ἅλς m.), lateinisch sal, gothisch salt, slavon. soli, magyarisch so', finnisch suole, esthn. sool, irisch salann, kambrisch halen, und französisch sel, englisch salt, altnorbisch sallt, dänisch, schwedisch salt, deutsch Salz*) mit unzähligen Ableitungen in allen diesen Sprachen; dazu auch noch Sulz, Sülze (im mittelalterlichen Latein sulcia), altsächsisch sulta, niederdeutsch Sült, Sülte, Sülten, althochdeutsch sulza, baierisch sulch. Soole (=Salzwasser) auch in der Jägersprache Sulze für Salzlecke. Eine besonders enge Beziehung behielt das Wort immer zum Wasser**). Im Griechischen ist hals mit verändertem Geschlecht (weiblich) geradezu das Meer ebenso bei den lateinischen Dichtern sal. Aber auch die Flüsse, die salziges Wasser führten oder an Salzquellen vorbeiliefen, wurden mit Namen bezeichnet, die doch wohl höchst wahrscheinlich alle mit „Salz" verwandt sind. Der alte „Salzfluß" Halys wiederholt sich in der salzburgischen Salzach (wörtlich „Salz-Wasser") der Salze bei Maulbronn, des Salinella in Sicilien, den Salinillas in Spanien. Die Salins bei Moutiers und im Jura sind „Salzbäche". Auch die Silge bei Salzungen wird wohl hierher gehören. Weshalb man die fränkische Saale (im Mittelalter ohnehin „Salzach" genannt) die thüringische Saale (im Mittelalter Salaha, „Salzwasser")⁵⁹) oder gar die Sale,

---
*) s und h gehen häufig in einander über.
**) Auch im Neupersischen bedeutet nemek „Salz" ursprünglich „feucht." Gehört hierzu auch das hinduftanische nimmuk für Salz?

auch Salach, im Salzburgischen hier ausschließen wollte, sehe ich nicht ein. Jede Saale der Geographie ist ein Salinenfluß und auch wohl meistens ein alter Keltensitz. Gälisch heißt saile „Salzwasser". Daher muß auch wohl die lothringische Seille, die bei Metz in die Mosel fällt, hier angereiht werden.

Wie schon erwähnt, muß die Trennung der einzelnen Gruppen der indogermanischen Völkerfamilie erfolgt sein, noch ehe sie in ihren Ursitzen das Salz als Genußmittel kennen lernten. Daher giebt es auch kein Allen gemeinschaftliches Stammwort für Salz. Das Wort sara d. h. der Fluß, auch in den Formen sarila, sala und salila, führt auf eine Wurzel sar, „gehen" (? lateinisch salire „springen") und wenn es überhaupt später auf Salz angewendet ist, so kann das doch erst sehr spät geschehen sein. Man hat dabei auf das Umherspringen (sprützen) des Salzes, wenn es ins Feuer geworfen wird, verweisen wollen. Es ist ein ziemlich wunderlicher Einfall, zu glauben, daß das Salz, doch ursprünglich nur als Speise in den Bereich des Geschmacksorgans gehörig und in den menschlichen Haushalt aufgenommen, seinen Namen einer ganz nebensächlichen Eigenschaft verdanken soll, die man doch erst sehr spät und ganz zufällig, vielleicht beim Bestreuen eines Opfers wahrgenommen haben kann. Grade das Rothwelsch (mit der Zigeunersprache, also einer indischen verwandt) hat zwar diese Eigenschaft, wer weiß wie veranlaßt, hervorgehoben, aber das bezeichnende Wort entschieden anderswoher entnommen (»sprunkert, sprenkert«). Auch der Lithauer und der Albanese haben Namen für das Salz, die von einer Nebeneigenschaft entlehnt sind, bei jenen druska, bei diesen kripe, Wörter, die beide „das zum Bestreuen gebrauchte" bezeichnen, also doch den Begriff „Würze" einschließen. Gewiß hatten diese Stämme die Kenntniß des Salzes früher nie gehabt, oder sie auf ihren Wanderungen in salzleeren Waldgegenden, und mit der Sache das Wort verloren.

Die ostasiatischen und iranischen Völker haben für Salz Wörter, welche mit den europäischen keine Verwandtschaft haben. Im Chinesischen und Japanesischen heißt Salz jan, jen, jam; bei den Avaren (etwa damit verwandt?) zam, zjam⁶⁰). Der indische Lexicograph Amara Kôscha (kurz vor Chr. Geb.) unterscheidet vier Arten des Salzes — lavańa, nämlich 1) Meersalz, 2) Steinsalz als Sindhu-ga d. h. am Indus geboren, 3) Râumaka oder das aus Rumâ (dem Gebiete Abschmirs, worin der Salzsee Sambhar noben liegt), 4) gekochtes Salz, vitlavan (ein Salzpräparat als Heilmittel). Das lavan in dem letzten Wort ist eben lavańa, Salz insbesondere Seesalz und kommt in einer großen Reihe von Zusammensetzungen vor⁶¹). Dasselbe Wort ist mit den Zigeunern gewandert und findet sich in ihrer Sprache als lon⁶²). Im Hindustani kommt pängā als „Küchensalz" und malangi als „Salzbereiter" vor.

Die semitischen Sprachen zeigen hier auch nicht die entfernteste Verwandtschaft. Bei den Israeliten hieß das Salz melach, bei den Arabern heißt es milh. Bei den Aegyptern hieß es (1500 v. Chr.) ḥema, ḥeman, ḥemani oder in anderer Form chasm, ḥasm oder ḥasmon (= Natron, Salz) Kochsalz, koptisch noch jetzt als ϩⲙⲟⲩ⁶³).

Das Salz im Verkehr. Sobald das Salz ein allgemeines Bedürfniß geworden war, wurde es auch nothwendig wegen seiner ungleichen Vertheilung auf der Erde ein wichtiger Gegenstand des Handelsverkehrs. Das Salz verlangt seiner Natur nach billigen Transport in großen Massen und das bedingte wohl von vornherein die Formen des Verkehrs. Wassertransport war daher anfänglich, ehe große, bequeme Landstraßen gebaut wurden, der natürlichste Weg. Vielleicht gab eben auch der Salzhandel die erste Veranlassung zur Anlegung von Landstraßen. Die von der Natur selbst gegründeten Niederlagen wurden so ganz natürlich auch früh große Ausfuhrplätze und Stapelorte für den Handel überhaupt. Das Hammonium und Augila, Pelusium und die Kasiotis in Aegypten, Engaddi (das Salzthal am todten Meer), die Mündung des Borysthenes, Epirus, Ostia, Marseille und andere verdanken vielleicht alle ihre frühere Berühmtheit dem Salze als erstem wichtigen Ausfuhrartikel, wie ja auch viele von ihnen mit dem Salzhandel ihre Bedeutung wieder verloren haben. Daß die ägyptischen Priester das

Steinsalz, insbesondere das von Hammonium als das reinere, dem Meersalz vorzogen, ist vielleicht die älteste Andeutung über Salzhandel[64]. Das Salz der Salzlager auf beiden Seiten des Indus bis in den Norden des Penjab wurde schon zu Alexanders des Großen Zeit benutzt und seine Begleiter behaupteten, daß diese Salzlager allein ganz Indien mit Salz versorgen könnten[65]. Später wurde der Handel sehr allgemein. Athen konnte vermöge seiner Meeresherrschaft leicht seinen Salzbedarf einführen und so lange Nisäa in Megaris attisch war, konnte das nöthige Salz von dort her am leichtesten bezogen werden. Außerdem hatte Attika selbst Salzquellen, Gephyra gegenüber, jenseits des Kephissos, sowie Salzwerke am Meeresufer neben dem Piraeus[66]. Wenn Plinius Sorten des Salzes aus ganz verschiedenen Gegenden als für ganz bestimmte einzelne, häusliche Zwecke allein geeignet und gebraucht, empfiehlt, so setzt das schon einen allgemeinen sehr lebhaften Salzhandel voraus. Am rechten Ufer der Tibermündung besaß Rom schon früh die durch die Salinen wichtigen „sieben Gaue" und an dem linken Ufer die Stadt „Ostia" („Münden"), der römische Piraeus, seit unvordenklichen Zeiten Roms Vorstadt und Hafen. Von hier aus führte eine Straße[67] in das Binnenland der Sabiner, welche die „Salzstraße" (via salaria) hieß, weil auf derselben die Sabiner altem Vertrage gemäß ihren Salzbedarf fortschafften*). Livius erwähnt schon des Salzhandels in Rom zur Zeit der Könige und Plutarch spricht von besonderen „Salzschiffen"[68]. Bei Suidas finden wir das Wort »haloneton«, für „Salz gekauft" d. h. Sklave, und er erzählt dabei, daß die Kaufleute Salz ins Binnenland führten und dafür namentlich von den Thrakern Sklaven einhandelten[69]. Auch die an vielen Orten schon früh vorkommenden Zölle und Steuern auf Salz deuten auf einen regen Verkehr mit diesem wichtigen Genußmittel, doch darauf komme ich noch wieder zurück.

---

*) Zwischen Sulza und Freiburg in Thüringen giebt es auch eine alte Salzstraße.

Die sechs großen Salzhandels-gebiete.

Nach den uns vorliegenden Nachrichten können wir sechs große Verkehrsgebiete auf der Erde unterscheiden, wo die ausdrückliche Hervorhebung des Salzes oder die aus den Formen des Verkehrs abzuleitenden Schlüsse uns dahin führen, im Salzbedarf allerdings die früheste Anregung oder doch eine Haupttriebfeder zur weiteren Entwicklung des Handelsverkehrs zu erkennen. Ich wähle in der Darstellung derselben eine geographische Anordnung, indem ich um Europa, mit dem ich schließe, herumgehe. Vielleicht wäre eine chronologische Anordnung die richtigere, aber theils fehlen uns dafür nicht selten feste Zeitbestimmungen, theils sind alle diese ursprünglichen Verkehrsbewegungen in gewisser Beziehung, d. h. culturhistorisch, synchronistisch, indem sie alle den Anfängen der staatlichen Entwicklung angehören oder nahe stehen, so weit diese auch, man vergleiche z. B. Aegyppten mit Deutschland, nach den Zahlen der Weltgeschichte auseinanderliegen mögen.

I. Asien.

Der erste Kreis, über den uns freilich die dürftigsten Nachrichten vorliegen, umfaßt Indien und das innere Asien, die Khanate und West-China. Die ältesten Nachrichten in den uns bekannteren Literaturen stammen aus der Zeit Alexanders des Großen. Damals schon waren die Salzberge im nördlichen Penjâb benutzt und berühmt. Die Aeußerungen der Begleiter Alexanders, daß diese Berge allein ganz Indien mit Salz versorgen könnten, deuten auf eine Verführung desselben in andere Gegenden[70], was auch selbstverständlich ist, wenn wir sehen, daß bei großem Salzreichthum an einigen Orten andere ganz des Salzes entbehren mußten[71]. Kurz vor unserer Zeitrechnung zählt der Lexicograph Amara Kôscha Salz aus drei verschiedenen Gegenden Indiens auf, was auch einen Salzverkehr im Inneren voraussetzt[72]. Gab es doch, wenigstens später in Indien eine „Salzstadt" (Lavanâpura*), die wohl als Verkehrsort für diesen Artikel betrachtet werden muß. Die Lücke zwischen dem eigentlichen Indien und dem nördlichen Birman können wir freilich nur durch Phantasien ausfüllen. Von hier aus begegnen uns aber wieder bestimmte Zeugnisse. Schon

---

*) Wörtlich: Salzburg.

lange haben wir die Nachrichten des Venetianers Marco Polo, des kühnen Reisenden, dessen Mittheilungen so oft von Leuten, die nie hinterm warmen Ofen vorgekommen waren, angetastet, sich mit jedem weiteren Eindringen in die innerasiatischen Verhältnisse glänzender bestätigen. Die ausführlichsten Angaben hat Polo über die Provinz Kaindu (nach Klapproth dem nördlichen Theile des Birmanenlandes) gebracht. Hier erwähnt er eines ausgezeichneten Handels mit dem aus Salzquellen gewonnenen Salze. Der Handel wird hier außer durch Goldstangen auch durch wirkliche aus Salz geprägte Münzen vermittelt. In Cianglu (jetzt Moan-tschin in der Provinz Pao-tscheu) und deren Umgebung wurde viel Salz durch Auslaugen salzhaltiger Erde gewonnen, in Karassan (dem jetzigen Jün-nan) giebt es reiche Salzquellen, deren Produkt die ganze Provinz versorgt. Ueberall wird der Verbreitung durch den Handel und der großen Einnahme gedacht, welche die Fürsten aus den Salzsteuern ziehen[73]. Diese Nachrichten aus dem XIII. Jahrhundert werden nun bestätigt und zum Theil erweitert durch die Arbeiten des Geistlichen Zwethkoff, der theils aus alten chinesischen Schriftstellern, theils nach eignen Untersuchungen berichtet. Danach wird das Salz in China seit undenklichen Zeiten hochgehalten und die Salzbereitung an Wichtigkeit und Würde dem Ackerbau gleichgestellt. Die Eröffnung der jährlichen Arbeiten in den Salzwerken geschieht (wie beim Ackerbau) durch den Kaiser selbst und die Prinzen müssen sich persönlich beim Kochen des Salzes betheiligen. In den ältesten Zeiten wurde Seesalz durch Abkochen erzielt. Seit Beginn des VII. Jahrhunderts legte man Salzteiche an der Küste an, in denen man das Seewasser der freiwilligen Verdunstung überließ. Später wurde auch Salz aus den Salzlachen des Binnenlandes gewonnen und besonders viel davon von jenseits der Grenze aus den Tschacharischen Weideplätzen, aus Ordas und Cuchanos eingeführt. Quellsalz gewinnt man viel in Gan-szu, Siu-tschuan und wie schon Polo bemerkte in Jün-nan[74]). Die Chinesen haben sogar einen Salzgott: Phelo, der Erfinder des Salzes oder seines Gebrauches. Seine Erfindung wurde aber nicht gewürdigt, er verließ daher sein Vaterland. Nun besannen sich die Chinesen, erklärten ihn für einen Gott, feierten ihm im Sommer ein Fest, bei welchem er an allen Ort gesucht wird. Man wird ihn aber erst finden, wenn er wiederkommt, den Untergang der Welt zu verkündigen [75].

II. Afrika. Die zweite große Gruppe des ursprünglichen Salzhandels bildet das Innere des nördlichen Afrika's. Hier sind es besonders die Entdeckungen der neuesten Reisenden, welche uns das Verständniß der ältesten uns erhaltenen Nachrichten aufschließen. Wir müssen hier auf Herodot zurückgehen, auf diesen riesigen Forschergeist, der sich das Wort Platen's zur Lebensregel gemacht zu haben scheint:

„Laßt eurer Liebe nichts entgehen, entschlüpfen eurer Kunde nichts!"

Ich theile hier zunächst Herodot's Worte vollständig mit [76].

Herodot berichtet: „Oberhalb der Libyschen Küstenbewohner im Binnenlande ist die Wildniß von Libyen und über diese Wildniß läuft ein Sandstreifen hin, der sich vom Aegyptischen Theben bis zu den Säulen des Hercules erstreckt. Und auf diesem Streifen ist ungefähr alle zehn Tagereisen ein Hügel von Salzstücken in großen Klumpen und auf dem Gipfel jedes Hügels springt mitten aus dem Salze ein kühles und süßes Wasser empor. Und hier wohnen Menschen umher am Rande der Wüste und oberhalb der Wildniß. Davon sind die ersten, zehn Tagereisen von Theben, die Ammonier, die ihr Heiligthum vom thebaischen Zeus haben; wie denn auch in Theben das Bild des Zeus, wie schon oben von mir bemerkt worden, widderköpfig ist. . . . .

. . . . Nach den Ammoniern, weiter auf dem Sandstreifen wiederum 10 Tagereisen ist ein gleicher Salzhügel, wie der Ammonische, mit Wasser und Menschen, die um ihn her wohnen und diese Gegend hat den Namen Augila. In diese Gegend gehen die Nasamonen immer zur Herbstlese der Datteln.

Von Augila, abermals um 10 Tagereisen, ist wieder so ein Salzhügel mit Wasser und Dattelfruchtbäumen in Menge (wie sie denn auch bei den Anderen sind) und mit Menschen, die bei ihm wohnen, die den Namen Garamanten haben, ein vornehmlich starkes Volk, welche Erde auf das Salz tragen und so säen. . . . .

. . . . . . Von den Garamanten, wiederum 10 Tagereisen, ist abermals so ein Salzhügel mit Wasser und Menschen, die um ihn her wohnen, deren Name Ataranten ist, welche allein unter den Menschen, von denen wir wissen, namenlos sind. . . . .

. . . . . . Hernach wiederum 10 Tagereisen ist abermals so ein Salzhügel mit Wasser und Menschen, die um ihn her wohnen. An diesen Salzhügel stößt noch ein Berg, mit Namen Atlas: der ist schmal und ganz kreisrund, aber so hoch, daß wie man sagt, seine Gipfel nicht zu erschauen sind, weil die Wolken sie niemals verlassen, weder im Sommer, noch im Winter. Derselbe sei die Säule des Himmels, sagen die Eingebornen. Von diesem Berge haben diese Menschen ihren Namen: denn sie heißen Atlanten. Sie speisen, sagt man, nichts Lebendiges und haben keine Träume.

Bis zu diesen Atlanten also weiß ich die Namen der Bewohner des Sandstreifens anzugeben, aber von diesen an nicht weiter. Jedoch der Sandstreifen erstreckt sich bis zu den Säulen des Herakles und darüber hinaus und je um 10 Tagereisen ist ein Salzbruch auf ihm und Menschen, die da wohnen. Diese Alle bauen ihre Häuser von den Salzklumpen. Nämlich dieser Theil Libyens ist schon ganz regenlos: denn sonst könnten die Mauern von Salz nicht halten, wenn es regnete. Und das Salz wird daselbst sowohl weiß als purpurfarbig gegraben. Ueber diesem Streifen aber, südwärts ins Land hinein, ist Libyen, ein wüstes, wasserloses, thierloses, regenloses und holzloses Land und hat keinen Tropfen Feuchtigkeit. . . ."

Es macht einen wunderbaren Eindruck, daß Herodot schon fast 500 Jahre vor unserer Zeitrechnung, ohne selbst dagewesen zu sein, eine so genaue Kenntniß der Oasen, nämlich der Stationen in der großen ostwestlichen Karawanenstraße Nordafrika's hat, die zu einer Zeit, wo die Meeresschifffahrt noch in ihrer Kindheit war, fast allein den Verkehr in diesen Ländern unterhalten konnte. Herodot selbst giebt an, daß je weiter er in seinem Berichte nach Westen geht, auch seine Kunde um so mangelhafter wird. Aber er hat sie doch erhalten, was nur durch die Karawanenzüge möglich war. Und was weiß er von den Stationen, die er aufzählt? Fast nur — oder doch vor Allem, daß es große Salzlager waren. Das muß also auch dasjenige gewesen sein, was seinen Berichterstattern als das allerwichtigste erschien, und so können wir uns aus diesen Berichten Herodot's ableiten, daß schon damals die großen Salzkarawanen die Sahara durchzogen, die noch heute dieselben Wege wandern, wenn auch die westöstliche Richtung jetzt nicht mehr die Bedeutung hat als damals. Freilich war zu Herodot's Zeit die Wüstenreise mit Pferden bei weitem langwieriger und beschwerlicher. Erst seit die Mohamedaner das Kameel in Afrika eingeführt haben, ist eine geregeltere Verbindung der Oasen möglich geworden[77]). Es wird wohl schwer, wo nicht unmöglich sein, die von Herodot aufgezählten Stationen noch heute genau geographisch feststellen zu wollen, die beiden ersten ausgenommen, die noch jetzt unter dem von Herodot angegebenen Namen bekannt sind, nämlich Siwah (die Oase des Ammon) und Augila. Die Garamanten gehören zu Fezzan (vielleicht das heutige Djerma). Die mühselige Bodenkultur in dieser Oase wird auch schon von Herodot hervorgehoben. Die Ataranten, etwas westlicher, könnten nach Gadamis gelegt werden, was noch jetzt Station der West-Ost-Karawanen, so wie ein Verbindungspunkt im Karawanenzug von Kano nach Timbuktu ist. Dann aber weiter wird schon bei den Atlanten jede Orientirung unmöglich, weil die Nachrichten offenbar unzulänglich sind. Die westlichsten Orte, die Herodot erwähnt, können nichts anderes sein, als die ganze Reihe der Salzbecken und Salzsümpfe, welche sich längs des südöstlichen Randes der Atlasketten von Wadi Suf bis Aarib hinziehen und dazu ist vielleicht auch noch das gewiß schon früh bekannte bis 30 Kilometer lange, bis 12 K.-M. breite Salzbecken Sebcha (d. h. Vertiefung, Lache), das Kapitän Vincent geschildert hat, hinzuzunehmen.

Die späteren Zeiten führen uns auf die Phöniker und Lybophöniker, die den ganzen Karawanenhandel in Nordafrika in

Händen gehabt haben müssen [78]). Unsere neusten Kenntnisse über den Verkehr in jenen Gegenden schließen sich so genau an das an, was man aus den Mittheilungen des Herodot und Ptolemäus ableiten kann, daß wir kaum zweifeln dürfen, daß die Verkehrsverhältnisse in diesen Wüstenländern dieselben geblieben sind. Ein Verbindungsglied bilden die über den Beginn des XI. Jahrhunderts zurückreichenden Mittheilungen des Arabers El Bekri, die Barth anführt. Die Straßen sind ein für allemal unabänderlich von den Naturverhältnissen gezeichnet und müssen noch heute dieselben sein, wie vor drittehalb tausend Jahren. Die Bedürfnisse und die Orte, von denen sie befriedigt werden konnten, sind auch im Wesentlichen dieselben geblieben. Das Salz ist freilich jetzt in der Richtung von Westen nach Osten nicht mehr wesentlicher Verkehrsgegenstand. Dagegen muß in der Richtung von dem salzreichen Norden nach den ganz salzlosen Ländern um den Senegal und oberen Niger das Bedürfniß nach Salz schon zu Herodot's Zeit so gut wie heute den Austausch hervorgerufen und erhalten haben. Von diesen Karawanenstraßen, die von Marokko und Fas nach Timbuktu und Umgebung führen, konnte freilich Herodot in Aegypten nicht wohl Kunde erhalten. Das Salzbecken Sebcha allein liefert jährlich 20,000 Kameellasten (8 Millionen Pfund) Salz, die nach Kaarta, Bambarra, Massena und Timbuktu abgesetzt werden. Die von Marokko kommenden Karawanen oder „Kafilas" haben gewöhnlich 1—2000 Kameele und bis 150 Männer. Oft vereinigen sich mehrere Kafilas und bilden dann eine „Akabar"; auf ihrem Wege nach Süden laden sie in den salzreichen Bodeneinsenkungen, meist gegen Bezahlung und Ausfuhrabgabe an die Eigenthümer das sehr reine Salz und bringen es nach Timbuktu, wo dasselbe neben dem Golde der Haupthandelsartikel ist und längs des ganzen Niger das wichtigste Tauschobject und selbst, wie auch in vielen Gegenden Westafrika's, allgemeiner Werthmesser ist. Ein nicht minder wichtiger Centralpunkt für den Salzhandel ist Kano. Barth weist vielfach darauf hin, wie wichtig für den ganzen afrikanischen Binnenhandel das Salz sei. Auf seiner Reise durch die Oase Airi sah er die großen Salzkarawanen (die auch „Airi" genannt werden), die Salz von Bilma brachten. „Ganz Airi war bei Ankunft der Karawane in Aufregung. Es ist wohl bemerkenswerth, daß ein einziger Artikel, das Salz, den Gegenstand dieser ganzen großen Bewegung bildet. Monate lang wird dies Produkt des absolut unfruchtbaren Salzbodens durch die Wüste getragen, um dann in fruchtbaren Zonen als Zahlungsmittel für Korn und Erzeugnisse des Gewerbfleißes zu dienen. So tief eingegraben in die Gesetztafeln der Natur liegt das Princip des Völkerverkehrs: der Austausch der Bedürfnisse" (Barth). Nach Barth's Schätzungen war die Gesammtfracht dieser Salzkarawanen im Januar 1851 etwa 3500 Kameellasten im Werth von 60,000 spanischen Thalern, eine sehr bedeutende Summe im Völkerleben des inneren Afrika [79]). Im Osten von Nordafrika südlich und südwestlich von Aegypten sowie in Angula und Benguela finden ganz ähnliche Verhältnisse statt, nur sind sie uns besonders in ihrer geschichtlichen Entwicklung weniger bekannt.

III. Nordamerika.

Ein drittes großes Verkehrsgebiet, auf welchem das Salz eine große und ursprüngliche Bedeutung zeigt, ist Nordamerika und zwar bis hinauf zum 45° N. Br. Nordamerika ist in seinem Innern reich genug an Salz, obwohl es ungleich vertheilt und nicht überall gleich mühelos zu erlangen ist. Zwei bedeutende Salzseen treten uns entgegen, von denen der eine seit den ältesten Zeiten zur Salzgewinnung benutzt worden ist, nämlich der 7400′ über dem Meer liegende Salzsee von Tezcuko, an welchem Mexico liegt. Aus seinem Wasser schieden die alten Mexicaner durch Abkochen das Salz, das ein wichtiger Handelsartikel war, wodurch namentlich Tepaca und Tlascala, denen beiden das Salz mangelte, in dauernder Abhängigkeit von Mexico erhalten wurden. Unter den täglichen Lieferungen an den Hof in Mexico wurden auch 20 Salzkuchen aufgezählt [80]). Unter den vielen Götternamen kam auch eine Göttin des Salzes Huixtocihuatl vor, die hoch verehrt wurde und der man im siebenten Monat des 18 monatlichen mexicanischen Jahres ein großes Fest feierte [81]). Der zweite See ist der „große Salzsee"*), der nur 4200' über dem Meere liegt, an dessen Ufern sich die Mormonen niedergelassen haben. Diese nannten den Hauptfluß, der sich in ihn ergießt und welcher das süße Wasser des Utahsees ihm zuführt, recht passend den Jordan. In der That geht der große Salzsee, der wie der von Tezcuko keinen Abfluß zum Meere hat, unvermeidlich dem Schicksale des todten Meeres entgegen. Schon jetzt ist der See zu Zeiten so stark mit Salz geschwängert, daß thierische Körper in ihm nicht untersinken können 82).

Die Prairien haben an vielen Stellen Salz im Ueberfluß, aber die herumstreifenden Indianer bemühten sich nicht, es zu gewinnen, sondern überließen es den Büffeln, dasselbe aufzulecken. In Newhampshire war überhaupt kein Salz 83). Wir müssen uns erinnern, daß diese Völker größtentheils Jägervölker waren. Ganz anders war es weiter nach dem Süden, wo schon früh mehr Ackerbau getrieben wurde. Hier haben uns Ausgrabungen auf der kleinen Insel Petite Anse im unteren Mississippi**) gezeigt, daß schon die ältesten Bewohner, die sogenannten „Moundbuilders", das Steinsalz auf dieser Insel abbauten und verbreiteten 84). Als Hernando de Soto 1573 seinen abenteuerlichen Zug nach Florida und den anliegenden Regionen unternahm, bestand daselbst ein regelmäßiger durch herumziehende Kaufleute unterhaltener Handel mit Salz. In der Provinz Cajas (?) erzeugten die Indianer dasselbe durch Verdunsten von salzhaltigem Wasser und vertauschten es dann in anderen Provinzen gegen Felle und sonstige Bedarfsartikel 85). Im Jahre 1690 kam es sogar zwischen den Natchitoches und Teonsas zu einem Salzkriege (wie in Deutschland zur Zeit des Tacitus) 86). Bis zur Mitte des vorigen Jahrhunderts waren es Karawanen, die aus den „Hinterwäldern", dem fernen Westen Nordamerika's aufbrachen, ihre Häute, Pelzwerk u. dgl. nach Bal-

---

*) 90 englische Meilen lang, 30 englische Meilen breit.
**) Mississippi ist bekanntlich ein indianisches Wort, das „Vater der Gewässer" bedeutet; weniger bekannt ist, daß es auch eine „Mutter der Gewässer" giebt, die aber, wie es ihrem Geschlechte ziemt, zart und klein ist. „Mutter der Gewässer" heißt esthnisch Emmajökki und das ist der eigentliche Name des kleinen Flüßchens Embach bei Dorpat.

timore, Hägerstown, Fort Cumberland u. s. w. brachten, um dafür Nägel, andere kleine Bedürfnisse, aber besonders Salz einzutauschen. Zurück trug jedes Pferd 1½ Centner Salz [87]). Wenn wir uns diese Züge in einem Bilde vereinen, so sehen wir auch hier einen lebhaften Handelsverkehr auf einem sehr großen Gebiet verbreitet, der sich wohl anfänglich an dem Bedürfnisse nach Salz und seiner ungleichen Vertheilung entwickelte und dann noch lange bei einfacher bleibenden Verhältnissen vorzugsweise durch Salz lebendig erhalten wurde.

IV. Das Mittelmeer und der Pontus.

Kehren wir nun zu der alten Welt zurück, so finden wir ein viertes großes Verkehrsgebiet, dessen Handel vorzugsweise durch das Salz und die eingesalzenen Fische belebt wird, im schwarzen Meer, dem Bosporus, dem Archipelagus und Mittelmeer. Dieses Handelsgebiet gewährt aber noch ein anderes Interesse von viel weitgreifenderer Bedeutung als den bloßen Handel mit gesalzenen Fischen. Wir finden hier wohl die erste Handelsverbindung zwischen der südlichen und nordischen Welt Europa's. Milesische Kaufleute (einer kretischen Kolonie angehörig und wahrscheinlich phönikischen Ursprungs) hatten die Stadt Olbia (Glücksstadt) am Ausfluß des Bog und Dniepr gestiftet, die schon bei Herodot als berühmter Handelsort vorkommt [88]). Es ist Irrthum, wenn Einige schon bei Hesiod den kimmerischen Bosporus nach einem Handelsartikel genannt finden wollen [89]). Als die ältesten Schiffer in den mittelländischen Meeren kennen wir den handelseifrigen semitischen Stamm der Syrer oder Phöniker. Sie sind recht eigentlich die hausirenden Handelsjuden der alten Welt; auch war der Fischfang eins ihrer Hauptgewerbe. Sidonier ist abzuleiten von Sidon — „Fisch" [90]). Sie trieben auch Handel nach dem schwarzen Meer. Als der Weg einmal eröffnet war, folgten ihnen zwar auch die Griechen, zumal die seetüchtigen Athener, doch hatten jene den Vorsprung, den ja auch noch jetzt im Handel so vielfach entscheidenden Vorzug der schon fest angeknüpften Verbindungen. Zu jener Zeit war der internationale Handel nur Tauschhandel. Jetzt ist er nur scheinbar ein anderer und jetzt umfaßt das, was man international nennt, größere Strecken als was im Beginn der europäischen

Civilisation so genannt werden konnte. Wie später einmal die Engländer für die ganze Erde, so waren damals die Phöniker die fast allein Seehandel im ganzen Gebiet des Mittelmeeres treibende Nation. Nun giebt es aber nach allen Nachrichten, die uns erhalten sind, nur drei Artikel, welche die Phöniker bestimmen konnten, die nördlichen Küsten des Pontus zu besuchen und dieselben für ihre Kunstwerke und Manufacturwaaren einzutauschen. Den einen und wohl den ursprünglicheren bildeten die gesalzenen Acipenserinen der dort ausmündenden von Norden herabkommenden Ströme. Hier kommen vielleicht auch wieder die Kelten in Frage, denen wir als Salzbereitern, Einsalzern und, wenigstens in der Nordsee und dem Atlantischen Ocean, als kühnen Fischern so oft begegnen, denn wir finden im IV. Jahrhundert v. Chr. die Kelten am Hypanis in der Nähe von Olbia und an beiden Seiten des Hämus [91]). Der zweite war die Wolle. Dazu fand sich wohl schon früh das dritte werthvolle Geschenk des Nordens, der Bernstein [92]). Die Odyssee im VII. Jahrhundert v. Chr. schreibt ganz bestimmt den Bernsteinhandel den Phönikern zu. Herodot weiß nicht, wie der Bernstein nach Griechenland kommt, sondern nur, daß er aus den äußersten, ihm unbekannten Ländern stammt [93]). Daß die Phöniker das Zinn von den britischen Inseln holten, kann keinem Zweifel unterliegen. Wie alt dieser Handel war, geht daraus hervor, daß der Zinnhandel der ältesten Zeit schon einem Gotte zugeschrieben wurde, also mythisch geworden war, auch wird als Gegengabe für Zinn bestimmt Salz genannt. Dieser Handel ging also der Erschließung der englischen, einheimischen Salzschätze voraus [94]). Daß der Massiliote Pytheas zu seiner okeanischen Reise nur dadurch ermuthigt werden konnte, daß er an den Phönikern (Karthaginensern) Vorgänger hatte, ist wohl gewiß. Daß er seine Entdeckungsreisen weiter ausdehnte, als seine Vorgänger, ist auch wohl nicht zu bezweifeln, denn keine Andeutung liegt vor, daß die phönikischen Kaufleute schon in die Nordsee gekommen wären, sie konnten also auch von dorther keinen Bernstein mitbringen. Pytheas entdeckte an den Nordseeinseln eine Fundstätte des Bernsteins, von der man bis auf ihn nichts Gewisses wußte, und erfuhr zugleich, daß die

Insulaner denselben von dort nach dem Festlande an die Teutonen verhandelten, von wo er ohne Zweifel durch Gallien an die Rhonemündungen (nach Marseille?) verführt wurde. Hier holten ihn die phönikischen Kaufleute, weshalb Aeschylus in der ersten Hälfte des V. Jahrhunderts v. Chr. und später Theophrast hierher ganz bestimmt den Bernstein liefernden Eridanus verlegten[95].

Uralte Verbindung des Pontus und der Ostsee. Aber die Kaufleute waren klug genug, wie noch heute, ihre Bezugsquellen geheim zu halten, so lange es irgend anging, daher die Unsicherheit der älteren Nachrichten über den Fundort des Bernsteins, noch vermehrt durch die höchst beschränkte geographische Anschauung der alten Griechen. Es ist daher auch gar nicht unmöglich, daß die Kaufleute den Bernstein schon damals auch auf einem anderen Wege bezogen, nämlich durch einen Ueberlandhandel zwischen dem Pontus und der Ostsee. Und ich glaube, daß dies sogar der älteste Bezugsweg ist. Gewiß ist es sehr auffallend, daß bei Homer Zinn und Bernstein so weit auseinanderliegen. Die Ilias kennt das Zinn, nennt aber nicht den Bernstein und verräth nicht die geringste Kenntniß des schwarzen Meeres. Die Jahrhunderte spätere Odyssee nennt das Zinn nicht, kennt aber den Bernstein und sehr genau die Nordküste des schwarzen Meeres, wie K. E. v. Baer wohl unwiderleglich nachgewiesen hat[96]. Mir scheint das fast entscheidend dafür, daß Zinn und Bernstein wie aus ganz verschiedenen Ländern, so auch ursprünglich auf ganz verschiedenen Wegen nach Griechenland kamen. Zwar kommt Bernstein auch jetzt noch an der Nordsee vor[97], aber daß er dort jemals sehr häufig gewesen, ist nach geognostischen Gründen[98] gar nicht wahrscheinlich, während die Ostsee von jeher reich an diesem Produkte urweltlicher Kiefern war. Für einen solchen Ueberlandhandel vom Pontus aus sprechen nun viele einzelne, an sich vielleicht unbedeutende, zusammen genommen aber sich stützende Notizen. Zuerst die Sagen über die Verbindung der Hyperboräer mit den Skythen, dann der Handel der ackerbauenden Skythen mit ihren Bodenerzeugnissen[99] und die unzweifelhafte Thatsache, daß die Skythen, wenigstens schon im IV. Jahrhundert v. Chr., reiche Einkäufe von griechischen Kunstwerken gemacht haben müssen, wie die Ausgrabungen bei Kertsch beweisen, deren Schätze die Eremitage in Petersburg aufbewahrt. Auch zeugen im Allgemeinen die Nachrichten des Herodot, die weit bis ins Innere Rußlands am Dniepr [100]) bis über die vielleicht damals schon bedeutende Stadt Kiew *) hineinreichen, genügend für einen lebhaften inneren Verkehr, zu dem ja ohnehin das reiche Stromnetz die besten Wege bietet [101]). Auch finden sich griechische Alterthümer von Olbia bis an die Küsten der Ostsee [102]). Damit trifft noch Eins merkwürdig zusammen. Bei den Liven heißt der Bernstein »elm«, was offenbar dem arabischen »almas« (pers. yalmas) entspricht und bei den Litauern heißt er »sakas«, was im Altägyptischen als »sakkas« vorkommt [103]). Beide Worte könnten, wenn sie wirklich den orientalischen entsprechen, nur durch phönikische Kaufleute nach Norden gekommen sein. Endlich haben wir bei den Alten noch ein ganz bestimmtes, bisher zu wenig beachtetes Zeugniß. Philemon sagt ganz ausdrücklich, daß der Bernstein ausgegraben werde an zwei Orten in Skythien (d. h. doch nur im Norden des Pontus). Das konnte Philemon nicht von Pytheas haben, denn er blühte in Athen, noch ehe des Pytheas Schrift in Griechenland bekannt wurde (was erst nach 327 v. Chr. geschah) und Pytheas weiß nichts von Skythien, von gegrabenem Bernstein, noch von den zwei Farben, weiß und gelb, die Philemon beschreibt. Diese Nachrichten des Philemon können also gar nicht mit denen des Pytheas zusammengeworfen und überhaupt nur auf den (wirklich gegrabenen) Bernstein des Samlandes bezogen werden.

Später trat das römische Reich in den Vordergrund; der Handel (im Norden natürlich auf derselben Straße) wendete sich im südlichen Theil von 31 n. Chr. an nach dem Adriatischen Meer, was bis 235 dauerte. Dann aber wurde der byzantinische Verkehr wieder auf der alten Straße nach Olbia der mächtigere bis ins V. und VI. Jahrhundert [104]). Damit wäre denn die Kette geschlossen, die schon fast 700

---

*) Etwas später wird an dieser Stelle bestimmt die Stadt Amadoka genannt.

Jahre v. Chr.*) den Pontischen Seehandel durch Ueberlandwege mit der Ostsee in Verbindung setzte [105]). In der Mitte des XIII. Jahrhunderts gründeten die Venetianer, die allerdings noch im VI. Jahrhundert an keinen Seehandel gedacht und nur von ihren Salinen gelebt hatten [106]), eine Handelskolonie Tana an der Mündung des Don und Ende desselben Jahrhunderts ging die Handelsherrschaft in diesen Gegenden auf die Genueser über, die Kaffa, das alte Theodosia, zum Mittelpunkte des Verkehrs machten [107]). Ihnen kamen dann im XIII. und XIV. Jahrhundert die Kaufleute der Ostseestädte entgegen, die lebhaften Handel nach Nowgorod, Thorn, Ungarn, Roth-Rußland, Volhynien bis nach Kaffa führten [108]).

Der Dniepr, so wie alle Flüsse, die sich von Norden her ins schwarze Meer ergießen, sind reich an den vortrefflichen Fischen der Störfamilie. Dazu kommt die große Menge der Heringe des schwarzen Meeres, die niemals die Dardanellen passiren, also nicht in das salzreichere Fischrevier der älteren griechischen Staaten, in den Archipelagus, eintreten. Das Mittelmeer besitzt keinen Hering. Schon Herodot berichtet über die großen Salzvorräthe an der Mündung des Dniepr und nicht minder wichtig waren die Salzlachen am Nordrande der Krimm [109]). So waren denn alle Bedingungen gegeben, die einen bedeutenden Verkehr hervorrufen mußten. Schon zu Herodot's Zeit wurde das Einsalzen der Fische am Dniepr und der Handel damit lebhaft betrieben [110]). Auch am Ausfluß des Don waren schon früh berühmte Einsalzstätten und die Stadt Tanais daselbst deshalb ein Haupthandelsplatz besonders für den Verkehr mit Constantinopel, wo durch das Ausbleiben der Salzfische bringenden Fahrzeuge zuweilen Hungersnoth drohte [111]). Der Handel dieser nördlichen Länder des Pontus war von Anfang an in fremden Händen, zuerst wohl der Phöniker [112], dann der Athener und endlich der Byzantiner. Am Eingange in das Asow'sche Meer, am kimmerischen Bosporus, lagen noch Panticapäum und Theodosia. Die erste Stadt (das

---

*) Ungefähre Abfassungszeit der Odyssee.

Die sechs großen Salzhandelsgebiete. 33

heutige Kertsch wird von Strabo gerühmt wegen des reichen Fisch=
fanges und von Euthydemus als „salzfischreicher Bosporus" bezeich=
net [113]. Als Delicatesse werden die Salzfische von Panticapäum
gepriesen durch Libanius. Darion und Archestratos rühmen die
Salzfische des Maeotis [114]. Besonders häufig werden die Salzfische
von Byzanz hervorgehoben und auch der halbgesalzene Hausen der
Donau wird als Lieblingsnahrung der Skythen bezeichnet [115]. Noch
wären der Hellespont und Propontis zu nennen, deren Salzfische
bekannt waren [116].

Am interessantesten ist gegenwärtig für uns jedenfalls der durch *V. Central=*
den Salzhandel hervorgerufene Verkehr in Centraleuropa und ins= *europa.*
besondere in Deutschland. Es ist das fünfte Gebiet im Salzverkehr.
Wir wissen, daß die Kelten in Bergbau und anderen mechanischen
Künsten lange Zeit den germanischen Völkern weit voraus waren. Auch
die romanischen Völker haben offenbar von ihnen gelernt, denn viele
Metalle haben z. B. im Lateinischen Namen, die aus dem Keltischen
stammen. Nun ist aber der Salzgewinn als Bau auf Steinsalz ent=
schieden bergmännische Arbeit und auch bei der Ausbeutung der Salz=
quellen konnten nur bergmännisch geschulte Arbeiter die Bohrung und
Fassung der Quellen und vieles andere mit Hoffnung auf Gewinn aus=
führen. Wir dürfen daher wohl annehmen, daß die Salzwerke ur=
sprünglich da, wo wir ohnehin Kelten als Bevölkerung finden, im
Besitz derselben waren. Aber auch da, wo sie nicht den Grundstock der
Bevölkerung bildeten, werden sie als Bergleute oder kolonisirte Arbeiter
diesen Betrieb in Händen gehabt haben, was sich in einigen Fällen aus
Urkunden, in allen Fällen aber aus dem allgemeinen Gebrauch der kel=
tischen Worte für technische Verhältnisse beim Salzwerksbetrieb ergiebt.
Daß die von Varro erwähnte Ausbeutung des Steinsalzlagers bei
Cardona in der Provinz Lerida durch die dort ansässigen Kelten
erfolgte, ist selbstverständlich. Ebenso waren es diese, welche zuerst die
großen Steinsalzgruben im Salzkammergut bei Reichenhall und
Hallein anlegten und bearbeiteten. Das ist durch die neueren Unter=
suchungen der Grabstätten und Gräberfunde am Ufer des Hallstädter

Sees vollkommen sicher gestellt ¹¹⁷). Daß die alten Bewohner der Salzburgischen Lande, die Alauner des Ptolemäus, wohl nichts anderes als keltische Salzarbeiter waren, ist schon erwähnt. Ausgrabungen, Geräthe und Skelette darbietend, machen das unzweifelhaft auch für die schon 931 als lange bestehend genannten Salzwerke von **Hall im Abmontthale in Steyermark**; sie waren sicher auch keltische Anlagen, sind aber leider von einer nichtswürdigen Regierung vollkommen verschüttet ¹¹⁸). Als später Noricum römisch wurde, verpachtete wohl der Staat, wie es gebräuchlich war, die Salzwerke, aber ohne daß dadurch die keltischen Einrichtungen und die keltische Art des Salzbaues aufgehoben wurden; finden wir doch überall im Salzgewerbe eine merkwürdig conservative Richtung. Die ersten urkundlichen Erwähnungen lassen die Siedepfannen und Schöpfbrunnen schon als von jeher bestehend erscheinen. Ob die Kelten dabei von den kunstfertigen Etruskern, deren Verkehr sich, wie die Hallstädter Funde lehren, schon früh bis in die Alpenthäler und nach neueren Untersuchungen weit darüber hinaus erstreckte ¹¹⁹), manches gelernt hatten, wird sich historisch wohl nicht ausmachen lassen. Da aber keltische Stämme schon in alter Zeit nach Illyrien, bis Delphi und selbst nach Kleinasien vorgedrungen waren, können wir die schon zu Aristoteles Zeit bei den **Arbiäern** und **Chaoniern** bestehende Salzsiederei wohl auch den Kelten zuschreiben ¹²⁰). Noch in späteren Zeiten finden wir den Salzbetrieb fast immer an wandernde Arbeiter und häufig an keltische geknüpft, die entweder freiwillig kommen, gerufen oder im Kriege geraubt und gezwungen werden. So begegnen wir in dem Salinenstatut Kasimir d. Gr. für **Wieliczka** (1368) keltischen (Gallicus) und deutschen (?) Namen sowie deutschen Gewerksausdrücken, wie stigarii (Steiger), tragarii (Träger) u. s. w. ¹²¹) Auch Hallein trägt die Kunde eines uralten Salinenbetriebs in unsere Zeit hinein. Es giebt daselbst ein Gebiet mit verlassenen Salzgruben, von deren Bearbeitung sich keine Nachricht mehr erhalten hat; dieses Gebiet führt aber den Namen „das Heidengebirge" ¹²²)

Daß in Deutschland schon früh das Salz ein bedeutender Han=

belsartikel war, ergiebt sich z. B. aus einer Urkunde vom Jahr 859, in der Ludwig der Deutsche dem Kloster Kempten das Recht vereiht drei Schiffe zum Salzholen nach Hall (ad Halla) zu senden; dazu fügt Arnulf 889 noch hinzu, daß besagtes Kloster auch 6 Karren zum Salzholen nach Hall schicken dürfe. Gegen Norden fortschreitend verliert sich das Wort hall allmälig und in Norddeutschland ist es fast ganz verschwunden mit Ausnahme der nur zweimal vorkommenden Ortsbezeichnung Halle*). Dafür tritt die andere Form, die sich auch in Süddeutschland als „Sulze" findet, auf, z. B. Sulz bei Lampertsloch (Elsaß), und dann besonders in Thüringen an der Saale; auch Halle heißt zuweilen in Urkunden Sulcia Dobresoelensis und ist vielleicht Sulz auch von süddeutschen Wanderarbeitern selbst bis Mecklenburg verbreitet worden**). Im Norden wurde bei dem in erst sehr viel späterer Zeit eingeführten Salzbetrieb zur Bezeichnung der Oertlichkeiten die mehr neue deutsche Wortform „Salz" gebraucht, z. B. Salzdahlum, Salzderhelden u. s. w. Halla kommt schon 803 in einer Urkunde zur Bezeichnung der Oertlichkeit vor, an der Karl, Karls d. Gr. Sohn, eine Stadt anzulegen befiehlt; der Name Halla zur Bezeichnung des Salzwerkes ist also älter als die Stadt Halle, die ihren Namen nur von jener Bezeichnung entlehnt haben kann. Auch in Westphalen ist eine Stadt Halle nach einem uralten jetzt eingegangenen Salzwerke benannt, an welches noch jetzt ein großes Grundstück „das Salzland" erinnert. Auch davon haben wir mehrere Beispiele, daß bestehende Salzwerke Veranlassung wurden, bei ihnen eine Stadt anzulegen. So gründeten die von Heinrich dem Löwen aus Barbowick Vertriebenen bei „der Sulze an der Lhiuniburg" die Altstadt Lüneburg. Auch bei Sulza an der Ilm (oder Saale) erscheint das Salzwerk früher als der Ort, der jedenfalls erst 1029 Stadtrecht er-

---

*) Erst in unserem Jahrhundert hat man das Wort bei neu angelegten Salinen z. B. Heinrichshall, Luisenhall u. s. w. wieder belebt.

**) So heißen in Urkunden Heinrich des Löwen die Salzquellen zu Lüneburg (deutsch „die Sülze") und Oldeslo sulcia. Noch jetzt finden wir die Salinen Sülze zwischen Zelle und Bergen, sowie Sülz, Sülten, Sült in Mecklenburg.

hält. Gewiß ist, daß die Salzwerke Bochnia und Wieliczka lange in Betrieb waren, als 1235 Bogeslaus V. einem Nikolaus von Kiow die Erlaubniß zum Bau einer Stadt am Salzberg bei Bochnia ertheilte und 1250 der Herzog Heinrich von Breslau zweien Herrn die Anlage einer Stadt an dem Orte Wieliczka gestattete [123]).

Es ist wohl möglich, daß das Wort Hallôr, wie Hehn vermuthet, wirklich eine slavische Sprachform ist, deren Wurzel freilich immer das Wort hâl „Steinsalz" bleibt, wovon im Czechischen halàr „Salzsieder" sich ableitet; es ist gewiß, daß das Wort Hallor erst sehr spät auftaucht (erst in der zweiten Hälfte des XVII. Jahrhunderts) und im Thal- *) (d. h. Salz-) Recht vom XIV. Jahrhundert noch nicht vorkommt; aber gewiß ist auch, daß die meisten Ausdrücke beim hallischen Salzwesen keltischen Ursprungs sind; gewiß ist, daß die Bezeichnung halla der Stadtanlage lange vorhergeht. Das Abdampfen der Soole geschah in Halle früher mit Strohfeuer und die Strohasche wurde auf eine Insel, den sogenannten „Strohhof" ausgeschüttet. Die Oberfläche dieses Aschen-lagers liegt gegenwärtig unter dem Niveau der Saale und die ganze Schicht ist 6 Fuß dick; daraus läßt sich berechnen, daß der Betrieb mit Salzpfannen mindestens 2000 Jahre alt ist [124]). Da die alten Hermunduren, die mit den Chatten um die Salzwerke bei Sal-zungen kämpften, schwerlich klüger waren, als die anderen germanischen Stämme, so werden sie auch nur die rohe unreine Soole, wie sie aus dem Boden hervorquoll, auf glühende Holzkohlen geschüttet haben, um so ein schmutziges Salz zu gewinnen, bis keltische Arbeiter aus dem Süden von Reichenhall oder Hall allmälig an den Salzflüssen, den „Saalen" hinaufzogen und auch in Thüringen, wie früher in Kissingen, einen ordentlichen Salzbetrieb einrichteten. Zu dieser frühen Zeit war ja noch Böhmen keltisch und die Helvetischen

---

*) Die Worte „Thal, Dal, Dalen" scheinen ebensowenig mit dem deutschen Thal, als „Halle, Hall, Hal" mit der deutschen Halle zusammenzufallen. Das älteste Rechts-buch für den hallischen Salzbetrieb heißt „das Thalrecht", vielleicht ähnlich von „Dalen"-sprechen, Rechtsprechen wie in „Bauernsprache", denn in Halle kann offenbar in fast völliger Ebene von keinem Thal die Rede sein. Auch der Ort „Salzdalen" ist hier zu erwähnen.

Kelten reichten bis an den Thüringer Wald, wo sie sich eben mit den Hermunduren berührten. Aber wir haben ja auf dieser Ausbreitung des keltischen Salzbetriebs noch mehrere Stationen, die die Verbindung zwischen Hallstadt und Hall im Süden und Halle im Norden herstellen. Dazu gehört vor Allem Nauheim, wo die Ausgrabungen nicht nur die Anwesenheit der Römer, sondern auch der Kelten und einen uralten Betrieb der Salzwerke sicher gestellt haben [125]. Vielleicht geben aber Ausgrabungen bei den uralten Salinen von Salzungen und Allendorf an der Werra, sowie von Sulza an der Ilm*) noch einmal Mittel an die Hand, um auch hier die Vermittlung der Kelten bei der Salzproduktion ganz streng historisch festzustellen. Alle diese Salinenorte, so wie Frankenhausen sind uralt; für alle wird auch die Ehre in Anspruch genommen, der Kampfplatz der Chatten und Hermunduren gewesen zu sein [127]. Die Eigenthümer der Salzpfannen bildeten überall eine bevorrechtigte Klasse, eine Art städtischen Adels, so in Hall, in Schönebeck bei Magdeburg und auch einigermaaßen in Staßfurth [128]. Dazu stimmt, daß in einer Urkunde aus dem Ende des VIII. Jahrhunderts, die das »hal« im Salzburgischen bewohnenden, steuerpflichtigen Männer adalporo (d. h. edelgeboren) genannt werden [129]. Noch im Mittelalter finden wir Salzbereiter auf der Wanderung und das Gewerbe wird auch als Deckmantel gebraucht, um sich irgendwie in ein vornehmes Haus einzuschleichen, so durch Hiarno bei Saxo Grammaticus und durch Frithjof in der Frithjofssaga [130]. Es geht zwar aus den Worten des Saxo Grammaticus hervor, daß die Salzarbeiter gerade keinen sehr geachteten Stand bildeten, wie überhaupt alle arbeitenden Menschen im Mittelalter, der Zeit junkerlicher Faullenzerei. Aber daß Männer dieses Gewerbe zum Vorwande nahmen, um sicher irgendwo Aufnahme zu finden, beweist doch, als wie wichtig und unentbehrlich dasselbe angesehen wurde.

---

*) Die Saline Allendorf wird schon 973 in einer Urkunde Otto's II. als bestehend erwähnt. Die Saline Sulza kommt in einer Urkunde Otto's III. von 988 vor [126].

An diese uralten Salzwerke knüpfte sich nun sehr schnell auch ein allgemeiner Handelsverkehr. Oft von weit her kamen die Händler, um Salz zu holen, ließen ihre Tauschwaaren, erst später Geld, zurück, die dann wieder von anderen begehrt wurden; so bildete sich bald ein lebhafter Verkehr an diesen Orten, da auch Zöllner, Juden und Pfaffen sich bald einfanden, wo es etwas einzusäckeln gab. Solche Salzstätten, die durch ihre Naturschätze zu größeren Verkehrs- und Handelsorten wurden, waren gewiß Lüneburg*) = Bardowik und Schönebeck = Magdeburg. Der Erzbischof Wichmann von Magdeburg erlaubte 1152 dem Kloster Neuenwerk seine Salzschiffe zollfrei zu verschicken. Lüneburger Salz ging viel über Hamburg in die See. Bremer und Lübecker verführten dasselbe nach Gothland und nach Livland. Im XIII. Jahrhundert gingen viele Lüneburger Salzschiffe elbabwärts, wobei sie in Lauenburg Zoll geben mußten [132]. Urkundlich knüpft sich der weitere Handel an den Salzverkauf bei Hallstadt nach einem Kapitular Karls des Großen vom Jahr 805 (806) und bei Salzburg und Reichenhall nach Urkunden vom Jahr 873 und aus den ersten Jahren des X. Jahrhunderts. Von da gingen Salzschiffe die Salzach abwärts, in den Inn und auf der Donau bis Ungarn, Mähren und Böhmen, während Slaven, Juden und andere Handelsleute aus den verschiedensten Ländern die mannigfaltigsten Waaren dorthin zum Verkauf brachten. Bestätigt wird das auch noch, daß selbst im Stadtrecht Salzburgs von 1420 die Bestimmungen über den Salzverkehr einen großen Raum einnehmen. So soll das Salz nur in Schiffen Salzburger Bürger (bis Lauffen nämlich) verfahren werden und sehr ausführlich sind die Bestimmungen über das Umgeld von Salz in Wagen und Karren [133]. Berchtesgaben war schon vor Beginn des XI. Jahrhunderts eine Hallgraf-

---

*) Um 956 wird Lüneburg als Saline in Urkunden erwähnt. Sicher ist die Soolquelle länger und schon den heidnischen Germanen bekannt gewesen. Der Kaltberg war ein Heiligthum, eine alte Kultusstätte, die viel besucht wurde, wie die zahlreichen germanischen Grabhügel in der Umgegend und die 1694 selbst mitten in der Stadt beim Grundgraben für das Haus des Senator von Döring gefundenen zwei Todtenurnen mit Knochen beweisen [131].

schaft. Es kommt ein Engilbertus Hallensium Comes vor. Die Salzmauthstraße in den Chiemgau führte im XI. Jahrhundert durch Teisendorf; dieser Ort (Tusindorf) war aber schon 750 ein von den umwohnenden Herren ungemein lebhaft besuchter Flecken [134]). Ebenso bedeutend scheint Hall gewesen zu sein [135]). Herzog Thodo II. von Baiern schenkte im Anfang des VIII. Jahrhunderts dem Stifte des H. Rupert den Salzzehnten zu Hallein. Kaiser Arnulf befreite 898 die Unterthanen des Bischofs von Passau von allen Salzabgaben und erlaubte ihnen dasselbe zollfrei sowohl zu Land als zu Wasser zu verführen [136]). Auch Halle war nach dem Zeugniß des Bischofs Otto von Bamberg aus dem Jahre 1123 und 1127 damals schon eine sehr bedeutende Handelsniederlage geworden, und der Bischof selbst führte 1128 Salz mit sich zum Verkaufe nach Pommern [137]). Endlich war auch Sulza jedenfalls schon sehr früh als Salzniederlage ein von der Umgegend viel besuchter Ort. Von Sulza nach Freiburg führt eine alte Straße am Dorfe Punschrau vorbei, die die „Salzstraße" hieß und Naumburg hat noch jetzt eine „Salzstraße" und ein „Salzthor". Die Straße, auf welche das „Salzthor" ausmündet, führt keineswegs etwa nach Kösen*), sondern über Kamburg oder vielleicht in älteren Zeiten über Heiligen Kreutz, Tulkewitz und Unterneusulza nach Stadt Sulza [138]). Urkunden über die auf den Salzhandel gelegten Abgaben sind häufig; schon Alfred der Große machte Anspruch auf den Ertrag der Salzquellen und wir finden aus dem Anfang des XII. Jahrhunderts in der Champagne, aus dem XIII. Jahrhundert in Montpellier bezügliche Gesetze [139]). In Ungarn sind aus demselben Jahrhundert Urkunden über Lieferungen von Stein- und Quellsalz an die Klöster aufbewahrt. Das Kloster Michaelis hatte schon 956 einen Zoll vom Lüneburger Salz [140]).

Schließlich ist hier noch das sechste Gebiet zu betrachten, welches *VI. Nord- und Ostsee.* die Ostsee und Nordsee umfaßt. Auch hier fließen die Quellen nur

---

*) Kösen wurde erst am Ende des XVII. Jahrhundert von einem Jacob Christner, der die Quelle durch die Wünschelruthe entdeckte, angelegt.

dürftig. Wollte ich die Straßenräuberzüge und Menschenschlächtereien der Fürsten schildern, die man Großthaten nennt, so würde es an Material nicht fehlen. Aber das stille Treiben des Gewerbfleißes, das Millionen von Menschen Leben und Wohlstand sichert, entzieht sich dem blöden Auge des Chronisten und sogenannten Historikers und nur unbewußt und fast wider ihren Willen entschlüpfen ihnen zuweilen einzelne kleine Züge, aus denen der sinnige Forscher sich dann mühsam und nicht ohne Beihülfe der schaffenden Phantasie ein Bild zusammensetzen muß. Erst sehr spät tauchen Nord- und Ostsee aus dem trüben Nebel der Sage auf. Die Griechen hatten kaum Vorstellungen von diesen Gegenden, so daß die Erzählungen des gelehrten Marseillers Pytheas über seine interessante Reise nach der Nordsee (etwa 350 Jahre v. Chr.) noch bis zu Strabo's Zeit als Dichtungen eines Ignoranten behandelt wurden. Selbst Tacitus ist noch völlig unklar über diese Gegenden und versetzt den Bernstein der Nordseeinseln, dessen ostfriesischen Namen »glaes« er als »glessum« mittheilt, nach der Ostsee und dem Samlande[141]. Die Bewohner des Nordens, denen die mattere Sonne so manchen Dienst versagt, welche sie dem beglückteren Südländer willig leistet, konnten auch im Beginn der Kultur dem Meere seine Salzschätze nicht abgewinnen; zum Verdunsten des Wassers reichte die Sonnenwärme nicht aus*). Sobald daher das Bedürfniß nach Salz sich geltend machte, mußten die Nordländer dasselbe von fernher eintauschen oder erhandeln. Schon früh hatten sich Handelsverbindungen der südlichen Völker mit den Bewohnern dieser nördlichen Regionen gestaltet. Zu Herodot's Zeiten war von der Milesischen Kolonie Olbia (nahe dem heutigen Odessa) und dem Portus Issianus (Odessa) ein Handelsweg bis an die Küsten der Ostsee gebahnt.

---

*) Andrée erzählt: „In hochnordischen Gegenden z. B. am bottnischen Meerbusen gewinnt man ein Seesalz, das sogenannte Rassol aus dem Polareise[142]. Das verstehe ich nicht. Bekanntlich schließt das gefrierende Seewasser das Salz aus und das schmelzende Eis liefert überall nur süßes Wasser und nun gar in der so schwach gesalzenen Ostsee und im bottnischen Meerbusen Polareis? Ich bin aber nicht im Stande, den Irrthum aufzuklären, da Andrée sich selten herabläßt, Quellen für seine Mittheilungen anzugeben.

Wohl schon um die Zeit, als sie niedergeschrieben wurden, waren die Worte des Pindar:

> „Du kannst weiter auf
> Unbefahrener See nicht
> Ueber die Herakles-Säulen vordringen mehr."

nicht mehr richtig, denn Pytheas, der um die Mitte des IV. Jahrhunderts von Massilia bis in die Nordsee schiffte, war sicher nicht der erste. Er folgte nur den Phönikern auf ihrem Weg nach den Zinninseln, wohin sie unter anderem auch Salz brachten[143]. Auch gab es schon im V. Jahrhundert v. Chr. einen Ueberlandhandel von Massilia durch Gallien nach der Nordsee. Doch wurden die Massilioten bald wieder vom Seehandel durch die Karthager, von dem Landhandel über Gallien durch die Keltenbewegungen ausgeschlossen. Durch Pytheas erfahren wir auch, daß schon zu seiner Zeit die Inselbewohner der Nordsee mit den Teutonen auf dem Festlande Handel trieben[144]. Später zu Caesar's Zeit unterhielten die Veneter eine lebhafte Verbindung mit Britannien und besaßen eine große Flotte, deren Schiffe ungleich den normannischen schon fest aus Eichenholz gebaut und in jeder Weise zum Kampf gegen die Stürme des Oceans hergerichtet waren[145]. Daß die verschiedenen germanischen Stämme schon früh tüchtige Schiffbauer und kühne Seefahrer, auch wohl Seeräuber waren, kann nach den zahlreichen Quellen nicht bezweifelt werden[146].

Waren wirklich Griechen von Olbia aus (wie später die Römer vom adriatischen Meere aus) nach der Ostsee gelangt, so wurden doch auch sie durch das Vordringen der Slawen von der Ostsee abgeschlossen, während diese nun den Handel übernahmen. Doch war im ersten bis dritten Jahrhundert nach Chr. die Handelsstraße von Italien nach der Ostsee eine ganz feste. Das schon den Alten bekannte Baltia ist ohne Zweifel das Samland und von Slawen nach der weißen Farbe des sandigen Strandes (baltas, lettisch und lithauisch = weiß) benannt*). Ebenso stammt der dort und bis an die Elbe

---

*) Grade so wie Blankenese = weiße Nase (weißer Vorsprung) bei Hamburg und Weißenfels an der Saale u. s. w.

bei Hamburg häufige Ortsname „Kranz" von dem lithauischen krantas = „Ufer" 147). Daß die Slawen sich nach und nach bis an die Elbe und Saale ausbreiteten und in der Ostsee Fischfang und Handel trieben, ist bekannt. Durch Adam von Bremen erfahren wir, daß schon im IX. Jahrhundert von den slawischen Küstenbewohnern ein lebhafter Handel nach der Stadt Birka*) in Schweden betrieben wurde 149). Die Slawen waren ein gutmüthiges, friedfertiges, kunst- und gewerb-fleißiges Volk, die, ehe die christliche Invasion sie in allen diesen drei Beziehungen ruinirte, einen sehr ausgebreiteten Handel bis Griechenland, bis ins Innere von Deutschland und bis ans nördlichste Ende der Ostsee trieben 150). Erst nach ihnen entwickeln sich die Preußen und bemächtigen sich des Handels nach Südost und auf der See bis Schweden. Danzig wird schon 997 erwähnt. Ende des XII. Jahrhunderts war es Hauptburg der Herzoge von Pommerellen. Aber erst unter Pribislav II. (nach 1164) drangen deutsche Kolonisten in größerer Menge in Mecklenburg ein und brachten die deutsche Sprache dorthin. Erst am Ende des XIII. Jahrhunderts faßte der Deutschherren-Orden festen Fuß in Pommern, Preußen und Livland. Nach alter Tradition beschäftigten sich die Einwohner mit Fischfang, besonders auch mit dem Heringsfang. Salz und Heringe waren offenbar Hauptartikel des Ein- und Ausfuhrhandels. Man holte Salz von Lissabon, von Baie (Bourgneuf), von Schottland. Heringe führten die Danziger nach Frankreich, Salz und Heringe nach Thorn und nach Schweden. Die Urkunden reichen von den ältesten Zeiten bis ins XV. Jahrhundert 151). Da schon Alfred der Große im IX. Jahrhundert die Erzählung des Kaufmann Wulfstan über dessen Reise von Aarhuus

---

*) Ganz vor Kurzem sind die Reste dieser alten Stadt von Dr. Stolpe durch Ausgrabungen auf der Insel Björkö wieder aufgedeckt. Die vielen dort gefundenen ausländischen Münzen zeigen, daß die Stadt von Karls des Großen Zeit bis zum XI. Jahrhundert in Blüthe war. Die Ansiedlung ist wohl älter, denn die zahlreichen gefundenen Austerschalen deuten wohl auf eine Gleichzeitigkeit mit den Kjökkenmöddings auf Seeland 148).

nach Elbingen mittheilt[152], so kann ein lebhafter Handel in der Ostsee schon in frühester Zeit wohl nicht bezweifelt werden. Im V. Jahrhundert müßte ein lebhafter Küstenhandel wenigstens in dem südlichen Theil der Ostsee bestanden haben, wenn es wahr wäre, daß Marcian schon ganz genau die Küstendistanzen von der Weichsel bis Riga gekannt habe[153].

Von der anderen Seite kamen die Normannen (Dänen und Norweger), die als kühne Fischer, Schiffer und Seeräuber sich bald die ganze Nordsee zinsbar machten und da sie fast überall, wo sie landeten, kleine, wenn auch oft nur sehr kurze Zeit bestehende Kolonien zurückließen, auch gewiß zu friedlichem Handelsverkehr Veranlassung gaben. Unzweifelhaft ist, daß ihre Worte in die Seemannssprache des deutschen Meeres eindrangen. Ihre längeren Schiffe hießen Chiule, Cyule, Ceol, wovon bei den (Nord-)Deutschen das Wort (Schiffs-) „Kiel", bei den Engländern das Wort »keel«, „der Kiel" und »Keelmen«, die triviale Benennung der Kohlenschiffer sich erhalten hat[154]. Auch die Hamburger trieben schon früh Handel. Die älteste Nachricht von einer Handelsstraße nach Schleswig stammt aus der Mitte des IX. Jahrhunderts. Dann folgen sich vom Beginn des XII. Jahrhunderts Urkunden, die das Bestehen dreier Handelswege und darunter einen Elbabwärts nach allen Uferstaaten der Nordsee feststellen. Endlich finden wir noch eine Handelsstraße Hamburgs durch den „Graben" (den 1398 eröffneten Stecknitzkanal) über Lübeck nach Danzig, also direct in die Ostsee erwähnt[155]. Schon im Anfang des IX. Jahrhunderts erschienen die Holländer an den schottischen Küsten, um dort den Fischern gesalzene Fische abzukaufen. Sie lernten aber bald jenen die Kunst ab und arbeiteten dann auf eigene Hand. Ende des X. Jahrhunderts war den Norwegern die ganze Nordküste Europa's bis zur Mündung der Dwina bekannt und wurde für den Wallroßfang benutzt. Daß die Norweger schon früh Seefahrer waren, ist bekannt[156].

Im XI. Jahrhundert finden wir den Handel mit Salz und gesalzenen Fischen in Nord- und Ostsee schon sehr lebhaft. Als die

Strandwächter des Königs Kanut das feindliche Schiff Hårek's scheinbar mit geringer Bemannung, ohne Mast und Segel mit wenigen Ruderern kommen sahen, hielten sie dasselbe für ein Salz- oder Heringsschiff und somit keiner Aufmerksamkeit werth. (Es wird bemerkt, daß Viele aus diesem Handel großen Gewinn zogen [157].) Von den ältesten Zeiten unterschieden sich die Schiffe der verschiedenen Völker durch ihre Bauart. Das wird auch für jene Zeit durch einen Vorfall im Leben Karls des Großen bestätigt. Wie Ekkehardt von St. Gallen erzählt, saß Karl eines Tages bei Tafel in einer Seestadt von Langueboc und blickte auf die See hinaus. Da näherte sich eine Anzahl von Schiffen, welche seine Hofleute für afrikanische oder englische oder jüdische Handelsschiffe erklärten. Karl aber sagte: nach ihrer Bauart und ihrer Schiffskunst sind es jütische Seeräuber, was sich denn auch bestätigte [158]). Jene Strandwächter konnten daher, auch abgesehen von der Bemannung, die kommenden Schiffer nicht für norwegische Handelsleute halten, es mußten Feinde sein; von woher man aber damals Handelsschiffe erwarten durfte, können wir allerdings wohl jetzt nicht mehr ausmachen. Vielleicht brachten die Engländer oder Schotten (d. h. Kelten) damals Salz zu den Norwegern, auch konnten diese Lüneburger Salz, das schon 956 erwähnt wird, von Hamburg aus beziehen. Allendorf, damals schon in lebhaftem Betriebe, konnte ebenfalls seine Salzschätze durch Werra und Weser nach dem Norden liefern. Es waren aber auch schon um diese Zeit die Salzquellen von Kolberg im Gange [159]). Ja selbst Halle hatte schon großen Handel Saal- und Elb-abwärts und Havel-aufwärts, so wie von dort nach Pommern zu Lande, wobei das Salz eine große Rolle mitspielte [160]).

Der Hering. Die weitere Entwicklung des Nord- und Ostseehandels knüpft sich nun besonders an einen Fisch, dessen nutzbringende Ausbeutung ganz durch die Anwendung des Salzes bedingt ist. Der Hering ist keineswegs so gar empfindlich, wie man ihn häufig schildert, denn in England und Schottland werden große Massen von Hering frisch

verspeist*) und wenigstens noch in meiner Jugend kamen ganze Schiffs=
ladungen frischer Heringe nach Hamburg, wo sie gebacken, gebraten
und gekocht verzehrt wurden. Häufig kostete der Eimer frischer Heringe
nur 1 Schilling, und wenn erzählt wird, daß die Fische in Pommern
so außerordentlich häufig gewesen seien, daß ein Karren Heringe nur
1 Pfennig kostete, so kann das auch nur von frischen Heringen verstanden
werden [161]). Der alte Aberglaube, daß der Hering in dem Augenblick,
wo er das Wasser verlasse, sterbe, gab der englischen Redensart »Dead
as a herring« den Ursprung und fand an Herrn Lacepède einen
Theoretiker, der die wissenschaftliche Nothwendigkeit davon nachwies
(wegen Weite der Kiemenspalte). Nichts desto weniger ist es ein Aber=
glaube, den schon Valenciennes mit der nöthigen Gründlichkeit auf=
gedeckt hat [162]). Von jeher hat man eine Menge, vielleicht den größeren
Theil der gefangenen Heringe frisch verzehrt. Anfänglich wurden sie
überhaupt nur frisch genossen oder einfach getrocknet. Crantz erwähnt,
daß die Wenden bei Rügen viele Heringe fingen, aber sie nie ein=
salzten. Auch in Schweden wurden sie zum Theil, wie sie eingefangen
wurden, frisch genossen. In Schottland wurde lange Zeit der He=
ring frisch verzehrt oder getrocknet. Letzteres geschieht noch jetzt in
einigen nördlichen Theilen des Hochlandes [163]). In den schottischen
Parlamentsacten von 1240 ist oft genug vom Hering, aber nur vom
frischen oder getrockneten die Rede und 1286 gab Edward I. in Car=
leton eine Landverleihung für die Lieferung von 24 Pasteten von fri=
schem Hering jedesmal bei ihrer Ankunft. Auch in Holland werden
viele Heringe frisch und getrocknet genossen. Man unterscheidet gleich
beim Fang: 1. Zout-of Pekelharing, 2. Bokling, 3. Panharing**),
d. h. Heringe für die Pfanne, die frisch gebacken oder gebraten werden.
Ueberhaupt wurden von den Holländern wie noch jetzt nur die auf
hoher See gefangenen Heringe eingesalzen, die an den Küsten gefangenen

---

*) In London allein werden im Jahr über hundert Millionen frische Heringe
auf dem Markte verkauft.
**) Salz= oder Pöckelheringe, Bücklinge und Pfannenheringe.

aber nur geräuchert oder frisch verwerthet [164]). M'Culloch sagt mit Recht: »The herring is every where in high esteem, both when fresh and when salted.« Aber lange Zeit bleibt allerdings der Hering (wie alle Fische außerhalb des Wassers) nicht genießbar und die ungeheueren Züge dieser Fische würden größtentheils für den Menschen werthlos sein, wenn er nicht Mittel hätte, den Fisch weit über den täglichen Bedarf hinaus schmack- und nahrhaft zu erhalten. Die Engländer und Schottländer hatten sich schon früh der Salzschätze ihres Landes bemächtigt, wofür wir kein anderes Zeugniß brauchen, als daß so viele selbst die ältesten Städte mit wich oder wych (Salzkothe) etwa dem deutschen hall entsprechend, zusammengesetzt sind. Daß den Bewohnern der britischen Inseln in den ältesten Zeiten die Salzschätze ihres eigenen Landes noch unbekannt waren, müssen wir daraus schließen, daß die Phöniker Salz nach England brachten und damit zum Theil das erhandelte Zinn bezahlten. Wahrscheinlich führten Kelten aus Spanien (Cardona) ihren Stammverwandten diese Kenntniß zu und lehrten sie auch zuerst, das Wasser der Salzquellen abzusieden. Gewiß ist, daß schon im VIII. Jahrhundert die Soolquellen von Chester benutzt wurden. Schon vor 721 waren die Salinen von Saltwich eröffnet [165]). Hier wird man bald angefangen haben, die Fische einzusalzen. Eingesalzenes Fleisch kommt schon bei den Angelsachsen vor, die vorzugsweise Ackerbau und Viehzucht trieben und deshalb das dringende Bedürfniß nach Salz hatten. Der Einsalzer war bei ihnen ein besonderer Gewerbsmann, der auch die Butter zu würzen hatte, da man, wie noch jetzt überall im Norden, nur gesalzene Butter genoß [166]). Ohne Zweifel waren auch die Salzfische, die die Holländer den schottischen Fischern abkauften und später selbst fingen und bereiteten, Heringe an denen die Nordsee einen unerschöpflichen Reichthum*) besitzt, der theils an den schottischen, theils an den norwegischen

---

*) England fing von 1838—1842 jährlich ungefähr 600 Millionen Stück. Nach Culloch (Diction. of commerce) 1866 brachten die beiden Heringsboote aus Great-Jarmouth die »Comission« und »Petition« 2,194,000 Stück Heringe ans Land. Augsb. Allg. Ztg. 15. Dez. 1866. In Schottland ist der Heringsfang so mit

Küsten, theils (besonders von den Holländern) auf offenem Meere bei den Shetlandsinseln gewonnen wird.

Daß nicht nur die Kenntniß des Herings, sondern auch die Anerkennung seiner Wichtigkeit für den nationalen Wohlstand bei den Anwohnern der Nord- und Ostsee uralt ist, ergiebt sich schon daraus, daß sich an ihn ein eigenthümlicher, charakteristischer Aberglaube und ein Reichthum von Legenden knüpft, dessen sich weder die doch auch so bedeutenden Plattfische noch die Kabliauarten rühmen können. Auf der Insel Skye herrscht der Glaube daß, wenn eine Frau durch einen Meerbusen wadet, um schneller das andere Ufer zu erreichen, die Heringe augenblicklich den Meerbusen verlassen. Besonders hat das oft vorkommende periodische Ausbleiben der Heringe auf einem bekannten Fischereigrund die Phantasie der Menschen in Anspruch genommen. Bei Helgoland soll früher der Fang sehr reich gewesen sein, die Menschen wurden übermüthig und einstmals (1530) nahmen ein paar freche Burschen einen frisch gefangenen Hering, peitschten ihn als ihren Sklaven durch und warfen ihn wieder ins Wasser. Von dem Augenblick an verschwanden alle Heringe aus der Umgegend Helgolands. 1587 verkündigten zwei bei Bohuslän gefangene merkwürdige Heringe das gänzliche Verschwinden dieser Fische daselbst; auf ihnen waren gothische Charaktere eingedrückt, welche von den Gelehrten (!) Friedrich's II. in Copenhagen gelesen wurden: „Ihr werdet keine Heringe mehr fangen in der Folge, so wenig wie andere Nationen." Das gab Lärmen in ganz Europa und am 21. Mai 1596 wurde an der Pommer'schen Küste ein Hering mit gleicher Inschrift gefangen, über den Eglin Professor der Theologie in Zürich 1622 ein dickes Buch veröffentlichte und damit einige Stellen in der Apokalypse erklärte. Eine wirkliche Legende ist es, daß schon 709 in der Chronik des Klosters Evesham der Heringsfischerei gedacht wird, da doch diese Chronik erst mit dem Jahre 1206 beginnt. Eine ebensolche Legende scheint die Angabe zu

---

dem Nationalwohlstand verflochten, daß der Ausfall des Fanges sogar die Zahl der Ehen beeinflußt. Ein bekanntes Sprichwort sagt: »no herring, no wedding«[167].

sein, daß Papst Alexander III. den Norddeutschen 1160 erlaubt habe, auch Sonn- und Festtags auf den Heringsfang zu gehen. Endlich muß ich auch den Herrn Beukels aus Biervliet mit seiner angeblichen Erfindung des Einsalzens zu diesen Legenden zählen; sein Name hat 8 verschiedene Varietäten von „Wilhelm von Beukelsen" bis Wilhelm Buckeld und Brokelin von Gent, seine Lebensdaten lassen einen Spielraum von 120 Jahren und was das entscheidende ist, sowohl das Räuchern als das Einsalzen der Heringe ist urkundlich schon 200 Jahre vor ihm allgemein bekannt [168].

Die ältesten bestimmten Nachrichten über Fang und Benutzung des Herings, die ich auffinden konnte, sind folgende: In der Heimskringla wird der Heringsfang in der Mitte des X. Jahrhunderts unter Harald Grafeld und Olaf Trygwason erwähnt. — In Frankreich haben wir Angaben über den Gebrauch gesalzener Heringe in den Statuten der Abtei St. Catherine vom Jahre 1030 — und bald darauf ein Statut der Abtei Fécamp von 1088. In einer Bestätigungsurkunde durch Robert Frisius, Herzog von Flandern, vom Jahr 1080 werden Heringe als Speise der Nonnen erwähnt. — Im Jahr 1130 verlieh David I. von Schottland der Abtei Holyrood die Heringsfischerei zu Renfrew. — 1155 wird der Einkauf zu Estampes durch Ludwig VII. auf Makrelen, Salz und Heringe beschränkt. — 1170 bestätigte Louis le Jeun der Confrèrie des Marchands (gestiftet um Salz und Heringe die Seine aufwärts nach Paris zu führen) ihre Statuten und das Recht des Handels mit gesalzenen Heringen. — Um 1170 wird einem französischen Kloster der Heringszehnte bestätigt und 1184 einem anderen. — 1171 in der Carta Matthaei Comit. Boloniensis pro Monasterio Branensi werden dem Kloster jährlich 10,000 Heringe geschenkt (decem millia aleciarum singulis annis in perpetuo). — 1188 verleiht Philipp von Flandern der Abtei von Clairvaux zwei Last Heringe jährlich (duas lestas alecium in perpetuum). — 1202 wird der Hering in einer Rechnung erwähnt (pro harengio et sale empto). — In demselben Jahre 1202 bestätigte John Lackland eine Schenkung von Heringen an die Abtei

Connal in Irland. — 1206 wird der Genuß von Heringen in der Chronik der Abtei Evesham geordnet. Endlich 1295 giebt Eduard I. (IV.) den Holländern das Recht bei Yarmouth Heringe selbst zu fischen[169]. Den Heringsfang der Nordsee, so weit er zum Einsalzen die Fische liefert, kann man wenigstens auf 3000 Millionen Stück berechnen und diese verlangen gering angeschlagen 2,400,000 Centner Salz, woraus sich ergiebt, in welchem engen Zusammenhang der Salzverbrauch mit dem zu einem unentbehrlichen Nahrungsmittel der niederen Stände gewordenen Heringe steht[170].

Die Ostsee ist nicht minder reich an Heringen als die Nordsee, nur wird der Hering, wohl wegen des geringeren Salzgehaltes des Ostseewassers nicht so hoch geschätzt wie der Nordseehering, auch ist es eine etwas kleinere Art. Daß die Anwohner der Ostseeküsten von jeher diesen Reichthum an Nahrungsstoff sich zu Nutzen machten, ist selbstverständlich und ergiebt sich aus der Untersuchung der Kjökkenmöbbings durch Steenstrup. Die Kunst des Einsalzens lernten die Skandinavier wahrscheinlich durch die Normannen von den Angelsachsen. Der Ostseehering konnte, wie sein Bruder in der Nordsee, erst dann allgemeinere Aufmerksamkeit auf sich ziehen, als den Ostseeländern das Salz in genügender Menge zugänglich wurde, was wohl nicht lange vor dem Anfang des XI. Jahrhunderts stattfand. In diesem Jahrhundert waren die Kolberger Salinen in Betrieb und im folgenden auch die von Greifswalde[171]. Dann verbreitete sich aber auch sehr schnell bei allen seefahrenden Nationen die Nachricht von den hier neu aufgeschlossenen Schätzen. Schon im XI. Jahrhundert wurden die gesalzenen Heringe nach Polen eingeführt[172]. Herbord im Leben des Bischofs Otto rühmt die Delicatesse der frischen (recentes) Pommerschen Heringe. Helmold erzählt, daß im XII. Jahrhundert von allen Seiten die Schiffe zum Ankauf von Heringen nach Rügen kamen. Arnold rühmt um dieselbe Zeit die Ergiebigkeit des Heringsfanges an der Küste von Schonen, wozu ebenfalls von allen Nationen Kaufleute mit Gold und Silber zusammenströmten. „Mit ihren Schätzen und oft im Schiffbruch mit ihrem eigenen Leben bezahlten sie die begehrten

Fische." Saxo Grammaticus erzählt vom Liimfiord „er liefere so viele Fische, daß er den Eingeborenen mehr Nahrungsmittel darbiete, als das ganze bebaute Land[173]) und daß man oft durch die gedrängten Fische nicht durchrudern könne"[174]). Daß die Heringe oft den Ort ihres Erscheinens an der Oberfläche ändern, in einer Gegend für ein oder einige Jahre ausbleiben, ist eine bekannte Sache und etwas dergleichen mag für einige Zeit lang an der pommer'schen Küste stattgefunden haben, was damals bei der noch unbekannten Lebensweise des Herings zu übertriebenen Klagen, daß der Hering die Ostsee ganz verlassen habe, zu abergläubischen Erfindungen[175]) u. s. w. Veranlassung gab. Herm. Corner mit dem Wort seiner Chronik zum Jahr 1425. gab wohl Veranlassung zu diesen Sagen: „Von diesem Jahr verließ der Fisch die Küsten von Schonen gänzlich." Das war schon für die ältere Zeit nicht wahr, wie die Urkunden beweisen[176]). Daß der Hering nicht in der ganzen Ostsee sich vermindert, noch auch sich von einzelnen Küsten gänzlich zurückgezogen hat, das zeigen unwiderleglich die Berichte über die Ergebnisse des Fischfangs. Nach Raczinsky erschienen 1709 an der Mündung der Weichsel eine unglaubliche Menge von Heringen und Ende des Sommers 1781 kamen bei Buckoe nahe bei Gothenburg so große Züge von Heringen an, daß sie einen lebenden Berg zu bilden schienen, der sich auf dem Wasser fortbewegte[177]). 1862 wurden bei Rügen 640,000 Stück Heringe gefangen, 1853 fing Stralsund 43,979,000 Stück. 1861 Greifswald 32 Millionen*)[178]). Die ganze Ostseeküste von Dänemark und die Küste von Schweden haben einen reichen Heringsfang. Seit 1870 hat sich der Hering wieder in Menge bei Bohuslän, Marstrand und Malmö eingefunden. Im Herbst 1870 war der Heringsfang an den Küsten Fünens so bedeutend, daß es an Absatz fehlte[179]). Auf den Märkten kann aber allerdings der gesalzene Ostseehering nicht mit dem aus der Nordsee concurriren, wegen seines weichlicheren, minder

---

*) Das sind nur die geräucherten, über die gesalzenen und frischen ist keine Rechnung geführt.

wohlschmeckenden Fleisches, desto besser eignet er sich zum Räuchern und wird auch in dieser Form vorzugsweise in den Handel gebracht [180]). Ueber den ältesten Salzbezug für die Ostseefischerei habe ich gesprochen. Später traten große Veränderungen ein, die vielleicht anfänglich auch dazu beitrugen, den Ostseeheringshandel zu beschränken, doch davon ist erst später zu reden.

Noch wäre hier vielleicht die Frage aufzuwerfen und zu beantworten, woher der Name „Hering" stammt und was derselbe ursprünglich bedeutet. Ich gestehe, daß ich durch das, was V. Hehn darüber sagt, keineswegs befriedigt bin, auch scheint er die Untersuchung für sich selbst nicht zu Ende geführt zu haben. Es haben sich einige Leute die Grille in den Kopf gesetzt, daß das Wort Hering durch die erträumten Zwischenstufen halinc — harinc — haring von dem lateinischen halec abstamme. Für einen, der die Sache nicht zu seiner eigentlichen Hauptaufgabe machen konnte, ist das allenfalls verzeihlich. Aber geradezu unbegreiflich ist es mir, daß man einen sprachwissenschaftlichen Artikel mit so grenzenloser Oberflächlichkeit schreiben kann*), wie bei dem Worte Hering im Grimm'schen Wörterbuch (nicht von Grimm selbst) geschehen ist. Es ist entschieden unwahr, daß das Wort halec bei den Römern jemals einen Fisch, geschweige denn einen Hering bedeutet habe, es ist eine salzige Brühe, was schon daraus hervorgeht, daß dem Wort die Pluralform fehlt, was ein Grammatiker von Fach hätte wissen müssen. Es ist unwahr, daß der Hering erst im XV. Jahrhundert durch die Holländer zum wichtigen Handelsartikel geworden ist. Es ist unwahr, „daß der Hering schlechtweg und eigentlich der eingesalzene Fisch heißt". Man sollte glauben, ein Heringskrämer aus einer kleinen Binnenlandstadt habe den Artikel geschrieben. An allen Küsten heißt Hering von den ältesten Zeiten der Fisch, wie er im Meere schwimmt und der in Menge gegessen wurde, lange ehe man verstand, ihn einzusalzen; der gesalzene dagegen heißt überall

---

*) Nicht einmal die doch jedem Lexicographen zunächst liegenden Hülfsmittel Forcellini, Du Cange, Wachter, Littré u. s. w. hat der Verfasser auch nur angesehen.

„Salzhering", holländisch »Pekelharing«*), Zoutenharing, französisch »hareng salé«, moderner »hareng blanc« (im Gegensatz zum geräucherten), englisch »Saltherring«¹⁸²). Der Zusatz „frischer, grüner Hering" kommt erst sehr spät und nur da vor, wo es nöthig war, den Gegensatz scharf hervorzuheben, besonders bei Steuergesetzen. Dem frischen neuen Hering steht aber vor allem der alte faule Hering entgegen, d. h. der erst kürzlich und gut gesalzene dem alt gewordenen, verdorbenen, dem „Wrack", „Wracks-Wrack"- oder „Stank"-hering, wie ja der besprochene Artikel selbst anführt**). Doch genug der blos negativen Polemik. Die Wichtigkeit dieses Fisches für die Verwendung des Salzes, sowie für die Entwicklung des Nord- und Ostseehandels wird es rechtfertigen, wenn ich hier meine gewonnenen Ansichten etwas ausführlicher darlege und etwas mehr aus der Natur- und Handelsgeschichte des Herings einflechte, als sonst wohl nöthig gewesen wäre.

Zuerst muß ich den »halec-Aberglauben" in seiner ganzen Blöße darstellen. Die Griechen waren von den ältesten Zeiten große Fischesser und hatten schon früh den Gebrauch des Einsalzens kennen gelernt. Salzfisch war je nach der mehr oder minder sorglichen Bereitung Luxus der Reichen, nothwendiges Lebensbedürfniß der Armen. Im schwarzen Meere kommt eine Spielart des Herings (Clupea pontica) in Menge vor; daß er gefangen und auch eingesalzen wurde, ist wohl nicht zu bezweifeln. Der Name, den man dem Fische gab, ist uns aber nicht aufbewahrt. Daß die Namen, die dafür in Anspruch genommen sind,

---

*) Auch Deutschland kennt den holländischen Pickelhering schon im XVII. Jahrhundert als Seitenstück zum Hanswurst¹⁸¹).

**) Das Grimm'sche Wörterbuch zieht auch den Studentenwitz „Harung" herbei, um seine Ansicht zu stützen. Harung würde dann auch ein früheres halunc voraussetzen und da die Hausirer mit Heringen bei uns fast auf einer ebenso niedrigen socialen Stufe stehen, wie die Tarichopolen in Athen, so könnte man daraus vortrefflich das Wort „Halunke" ableiten. Halunke stammt aber ohne Zweifel (wie das Grimm'sche Wörterbuch selbst angiebt) aus dem Slavischen. Die richtigste Ableitung giebt wohl K. Haupt (Lausitzer Sagenbuch II, 139, No. 224), Holanc von hola, „die Haide", heißt wörtlich „Haidebewohner". Da in der Lausitz und Sachsen die Haidebewohner als Halbwilde und Halbräuber verachtet waren, so erhielt das Wort die heutige verächtliche Nebenbedeutung.

wie Thrissa, Chalcis, Mainis keinen Hering bedeuten können, ist schon von Neucrantz unwiderleglich nachgewiesen[183]). Die Eingeweide verschiedener kleiner Fische wurden von ihnen in Salz so lange macerirt, bis sie sich zu Brei aufgelöst hatten[184]). Dieser Brei wurde durch Korbgeflechte filtrirt, die durchlaufende Flüssigkeit hieß garon (γάρον), der dicklichere Rest alix (ἅλιξ)*)[185]). Daß das alex dem griechischen garon entspricht ist nach den klaren Worten des Plinius und der Geoponica entschieden nicht richtig. Der oft sehr einfältig zusammenschreibende Plinius sagt, daß es früher aus einem Fisch, der garon hieß, bereitet worden sei. Bei keinem Griechen findet sich ein Fisch dieses Namens. Die Römer genossen ursprünglich weder Fisch noch Salzfisch, ein Luxus, den sie erst spät von den Griechen kennen lernten[186]). Den Hering konnten die Römer aber auch dann nicht kennen lernen, weil im Mittelmeer kein Hering vorkommt, wie schon Ul. Aldrovandi (geb. 1522) wußte[187]), sie konnten ihn also auch nicht mit dem Namen halec benennen. Plinius erwähnt noch, daß man angefangen habe, das alec aus einem ganz kleinen unnützen Fischchen (also gewiß keinem Hering) zu bereiten, den die Römer Apua, die Griechen Aphye nannten und den man für die Anchovis erklärt hat. Man salzte aber nicht den Fisch ein, sondern machte eine Brühe daraus[188]). Der nur bei Columella vorkommende halecula[189]) ist zwar offenbar ein kleiner Süßwasserfisch, aber eben deswegen auch bestimmt kein Hering.

Der älteste Schriftsteller, bei dem alec, aber nicht halec als ein Fisch vorkommt, ist Priscian (Mitte des VI. Jahrhunderts). Er ohrfeigt sich damit selbst**), da er bestimmt alec für ein Wort erklärt,

---

*) Das entspricht ganz genau dem von Plinius gebrauchten alex; alix stammt jedenfalls von hals (ἅλς) „das Salz" und wurde vielleicht in irgend einem griechischen Dialect auch halix gesprochen, worauf die allerdings wenig gebräuchliche Form halec deuten würde, wenn sie wirklich lateinisch ist. Gewöhnlichere Formen sind noch alec und allec.

**) Priscian war lange im Mittelalter erste Autorität in der lateinischen Grammatik und daher entstand die Redensart, wenn Jemand einen grammatikalischen Schnitzer machte: »Priscianus vapulat« — („Priscian erhält eine Ohrfeige").

dem die Pluralform fehlt, weshalb es weder einen Fisch, noch ein Thier, noch überhaupt ein Einzelwesen aus einer großen Anzahl Gleicher bedeuten kann [190]). Dem Priscian folgte dann der in allen realen Kenntnissen bodenlos unwissende Schwätzer Isidor von Spanien*) (im VII. Jahrhundert), der sagt: »Allec ist ein kleines Fischchen«, vielleicht verführt durch Plinius, den er im halben Schlafe angesehen hatte [191]). Daß die späteren Schriftsteller und Schreiber, die ja alle unwissende Mönche waren, dem Beispiel ihres dummen Bischofs folgten, ist sehr natürlich. Indessen sprachen doch weder Priscian noch Isidor vom Hering, den sie gar nicht kannten, sondern von einem kleinen unbekannten Fischchen, der gut ist eine Salzbrühe davon zu bereiten. Als Hering kommt das Wort, soweit ich sehe, zuerst in dem Decret David I. von Schottland vor, in welchem die wunderliche Pluralform alechtia wohl nichts anderes als Heringe bedeuten kann, dann folgt die Chronik des Klosters Evesham um 1206, wo allec und der Plural allecia wohl auch Heringe bedeutet. Gewiß ist endlich, daß Albertus Magnus und Vincentius von Beauvais (beide um die Mitte des XIII. Jahrhunderts), wie aus der recht genauen Beschreibung des Heringsfanges hervorgeht, das Wort allec mit Bewußtsein auf den Hering angewendet haben. Vincentius documentirt dabei in der Benutzung des Plinius seine große reale Unwissenheit. Da tritt nach der Mitte des XV. Jahrhunderts**) Konrad von Megenberg mit der Uebersetzung eines lateinischen Buches des Thomas Cantipratanus auf, zuerst es wagend, die Muttersprache in die Wissenschaft einzuführen [192]). Er sagt in dem Abschnitt von den Fischen: »Allec haizt ein härinch« und etwas später schreibt er noch einmal „häring". Hier haben wir scheinbar plötzlich den Häring im Deutschen zum ersten Male ganz fertig ohne alle Zwischenstufen und damit sind alle jene angeblichen Vermittlungen zwischen alec und Hering als reine aus der Luft gegriffene und durch nichts gestützte Phan-

---

*) Er war es, der seinem Klerus strenge verbot, die Schriften der Alten zu lesen.
**) Sein Buch erschien zuerst 1475.

tasmen hingestellt. Dabei ist noch zu erwähnen, daß dieser Uebergang ins Deutsche auch deshalb fast unmöglich erscheint, weil grade die Scribenten, die hier hätten vermitteln können, wie Columella, Priscian, Isidor, Vincenz von Beauvais, Albertus Magnus u. s. w. niemals halec*), sondern alec oder allec schreiben; woher nahm man denn das h?**). Mir ist höchst wahrscheinlich, daß halec überhaupt gar kein lateinisches Wort, sondern eine mittelalterliche Mönchsdummheit ist. Im Martial lesen wir zwar halece, wahrscheinlich nach gründlicher philologischer Kritik (wovon ich nichts verstehe), aber, wie mir scheint, mit ungenügender Sachkritik. Schneidewin zählt 62 Handschriften des Martial auf; 56 und darunter mehrere der besten haben alece; 1 hat allece; 1 als Schreib- oder Dummheitsfehler alecte und nur 4 haben halece. Forcellini aber, der den Martial citirt, las auch alece. Und wie sollte Martial zum halec kommen, was keiner seiner Zeitgenossen kennt. Ein ganz obscurer Schriftsteller Nonius Marcellus (zwischen 150 und 500 n. Chr.) scheint zuerst Hallec gebraucht zu haben, er citirt aber nur Classiker (Plautus und Horatius), die nach seiner eigenen Anführung allec und nicht hallec haben [193]).

Was ich hier mitgetheilt ist aber durchaus nichts neues. Mit Konrad von Megenberg kommen wir auch vom pfäffisch verdummenden Kirchenschlaf hin bis an das Wiedererwachen der Wissenschaften. Jetzt treten Männer auf, die selbst beobachten, selbst denken und das erste, was sie thun, ist die rohe Unwissenheit der Pfaffen über Bord

---

*) Ohnehin gerade die allerungebräuchlichste Form.

**) Daß aber ein ursprünglich keltisches harinc von den Römern als halec aufgenommen worden sei, wie V. Hehn (S. 64 f.) freilich nur andeutungsweise entwickelt, ist nun vollends unmöglich, denn 1) kennen die Kelten keinen harinc; 2) bedeutet hering bei den Wallisern nie eine Salzbrühe, sondern den Fisch; 3) diesen Fisch haben die Römer nie gekannt, konnten also auch keinen Namen dafür einem anderen Volke entlehnen; 4) zur Zeit, als die Römer in so enger Berührung mit den Kelten waren, daß sie Worte von ihnen entlehnen konnten, kannte man in ganz Südeuropa noch keinen gesalzenen Hering und die Römer verschmähten damals nach Ovid überhaupt noch alle »Frutti di mare«.

zu werfen. Auch die lateinisch schreibenden verwerfen das Wort alec als völlig sinnlos von der gedankenlosen Ignoranz gewählt, und machen sich für den Fisch, den die Alten nicht kannten, also auch nicht benannten, den Namen harengus*). So Ul. Aldrovandi, Rondelet, Konrad Gesner um 1550; Olaus Magnus und der sehr unterrichtete holländische Arzt Levinus Lemnius, St. a Schonevelden 1624, Gerh. Joh. Vossius um 1625, Paul Neucrantz 1650, Jac. Th. Klein 1749, Fried. Sam. Bock 1769 u. f. w.[194]). Klein schließt dabei mit den Worten: „Den Thoren, die durchaus Alles latinisiren wollen, begegnet es dann wohl, daß sie die Sache selbst dadurch so in Dunkelheit hüllen, daß gar nichts vernünftiges mehr darüber gesagt werden kann." Ich glaube, es wäre ein großer Gewinn gewesen, wenn viele der nachfolgenden Philologen sich diesen Spruch gemerkt hätten. Und nun noch die Hauptsache. Die Deutschen erhielten den Hering nicht vom Süden (der Süden kennt keinen Hering) sondern vom Norden her. Glaubt wirklich ein Mensch von gesunden Sinnen, daß diese nordischen Kaufleute, wer sie auch waren, ihren Fisch zu Markte gebracht hätten, ohne einen Namen für ihre Waare zu haben, daß sie sich einen solchen von den (Süd-)Deutschen erbeten hätten oder daß gar diese schlichten Kaufleute alte lateinische Tröster durchsucht hätten, um aus diesen sich einen an sich sinnlosen Namen für ihre Waare auszuwählen? Gesunden Menschenverstand sollte man doch wenigstens bei solchen Untersuchungen anwenden.

So viel wäre wohl nun klar, daß Hering nicht von alec stammt und stammen kann. Aber woher kam denn das Wort, daß bei dem Megenberger zuerst dem lateinischen alec begegnet? Um der Beantwortung dieser Frage wenigstens näher zu rücken, müssen wir eben die Natur- und Handelsgeschichte des Herings mit in Betracht ziehen. Ich beginne mit der Nordsee. Hier lebt der Hering meist in den Tiefen, weniger häufig an den Küsten und steigt im Frühjahr in großen Schaaren, die mit dem Glanz ihrer Schuppen das Meer ver-

---

*) Auch harenga, harengius.

silbern*), auf die Oberfläche, um in den wärmeren Küstengewässern passende Laichplätze aufzusuchen. So erscheint er zuerst im Norden der Shetlandsinseln, später östlich an diesen Inseln und weiter nach Süden herab, besonders bei Fraserburgh, zeigt sich in sehr großen Massen wieder bei Yarmouth und dann im Kanal. Gleichzeitig kommt er westlich in den Sunden zwischen den Orkneys, den Hebriden und im isländischen Kanal zum Vorschein, zuletzt an der französischen Küste, bis er sich an der Mündung der Loire verliert. Südlich von diesem Punkt ist nie ein Hering beobachtet [195]). In ähnlicher Weise erscheinen die Heringe an der norwegischen Küste in bestimmter Zeitfolge**). Der Hering kommt nur aus der Tiefe an die nächste Küste, er wandert nicht. Der Beweis für diese Anschauungen liegt darin, daß die Heringe gerade wie die Lachse kleine, ganz bestimmte, den Fischern wohlbekannte lokale Spielarten bilden, die den Ort ihres Wiedererscheinens niemals ändern [196]). So war es nach den vorliegenden Akten seit tausend Jahren und es liegt kein Grund vor, der es wahrscheinlich machte, daß es in den vorhergehenden tausend Jahren je anders gewesen sei.

Diese unzählbaren Mengen von Heringen sind ein Segen für die Küsten, an denen sie sich zeigen, durch die Masse wohlschmeckenden und gesunden Nahrungsstoffs, die sie den Küstenbewohnern bieten. Die Küstenländer, denen sich die Heringe besonders darboten, waren aber alle für Ackerbau wenig geeignet, zumal in früherer Zeit bei den ersten noch höchst unvollkommenen Anfängen der Bodenkultur. Was Solinus von den Hebriden berichtet [197]), daß die Einwohner kein Korn kannten und nur von Fischen und Milch (ihres dürftigen Berg- und Haideviehes) lebten, kann man ohne Bedenken auf die Orkaden und Shetlandsinseln, sowie auf die Nordküsten der schottischen Hochlande und des nordöstlichen Irlandes anwenden. Noch jetzt bilden

---

*) Die Fischer nennen das den „Heringsblick" und erkennen daran das Erscheinen ihrer Beute, bei den Norwegern heißt es »Sildeglimt«.

**) Die frühere Ansicht von den großen Wanderzügen der Heringe ist längst von allen gründlichen Forschern bei Seite gelegt.

einfach getrocknete Heringe ein Hauptnahrungsmittel der Bewohner der Inseln und der nördlichen Hochlande [198]). Auch die Ostküsten von England ließen sich schon früh den Heringsreichthum ihrer See nicht entgehen [199]). In Norwegen lebte das niedere Volk größtentheils vom Fischfang, während sich die Vornehmeren auf Seeraub legten, aber zu Zeiten nahmen doch auch diese am Heringsfang Theil [200]); im Norwegischen Wappen finden sich drei gekrönte Heringe. Auch bei den Angelsachsen konnte selbst der König den Fischfang nicht entbehren. In einer Erzählung von Alfred dem Großen heißt es, daß er einmal ganz allein war, weil alle seine Begleiter auf den Fischfang ausgezogen waren [201]).

Diese Bevölkerungen waren auch vollkommen befähigt die ihnen gebotenen Schätze des Meeres auszunutzen. Wir wissen von Allen, daß sie schon früh kühne Seefahrer waren, ungeachtet wir bei ihnen noch spät die ersten rohesten Formen des Schiffbaues antreffen. Ausgrabungen die 1726 am Clyde bei Carron gemacht wurden, haben uralte Kähne, sogenannte Einbäume, zu Tage gebracht. Solinus erzählt von den Iren, daß sie in Kähnen aus Weiden geflochten und mit Ochsenhäuten überzogen das Meer befuhren*) und noch zu Alfred dem Großen kamen 891 drei Irländer herüber, deren Boot aus zwei und einer halben Ochsenhaut gemacht war. Zu dem Fang der bis nahe an die Küsten kommenden Heringe bedurften sie übrigens nicht einmal die Kähne. Sie bedienten sich dazu versenkter Körbe (»cruives«, »osier baskets«) wie noch jetzt bei Culroß im Forth und an der Menaibrücke geschieht oder Vorrichtungen von Korbweidenflechtwerk und Steindämmen, wie noch jetzt im Loch Broom und an anderen Orten [203]). Daß alle den Hering, den sie fingen, anfänglich frisch oder getrocknet verzehrten, versteht sich wohl von selbst. Das Einsalzen ist ein erst später erfundener Gebrauch.

Die Bevölkerungen, mit denen nun zuerst die Heringe in Berührung kamen, waren Keltisch: Briten, Picten, Scoten, Gälen,

---

*) Dergleichen werden noch jetzt auf dem Spay in Morayshire benutzt [202]).

Iren u. s. w. Sie gaben dem Fisch einen Namen, der uns in mehreren, offenbar nur dialectisch verschiedenen Formen erhalten ist: Gaelisch = Sgadan, irisch = sgadan, welsch = ysgadenyn, corn. = guidn [204]). Leider bin ich nicht Sprachkenner genug um die zu Grunde liegende gemeinschaftliche Wurzel und ihre Bedeutung zu ermitteln. Es genügt hier, darauf hinzuweisen, daß die keltischen Bezeichnungen mit dem halec und Hering auch nicht die geringste Verwandtschaft haben. Es ist daher völlig gleichgültig, daß die Endung auf »inc«, wie Zeuß nachgewiesen, zufällig auch der keltischen Sprache nicht fremd ist [205]). Daß die Irländer schon lange vor 1202 den Heringsfang betrieben, beweist eine Urkunde von König Johann ohne Land [206]). Die Küstenbewohner fuhren aus, fingen ihre Fische und brachten sie ans Land*), längere Zeit auf der See zu verweilen, erlaubten ihre Fahrzeuge nicht, auch hatten sie kein Interesse daran. Ja nach einigen Angaben war es geradezu gesetzlich, den ganzen Fang ans Land zu bringen und dort auszubieten und nur den Rest an Fremde, unter denen man besonders die Holländer nennt, zu verkaufen [208]). Boethius erzählt, daß für lange Zeit nach der Gründung von Inverlochy am Loch Linhe dorthin fremde Kaufleute besonders aus Frankreich und Spanien (!) gekommen seien, weil der dortige Meerbusen so reich an Lachsen, Heringen u. s. w. sei [209]). Die Römer in ihrer kriegerischen, unsicheren und oft unterbrochenen Besitznahme des südlichen Britanniens änderten nichts an diesen Verhältnissen. Keine Nachricht ist uns aufbewahrt, daß sie dort oder an den deutschen Nordseeküsten jemals von dem Hering Kenntniß erhalten hätten, was uns der aufmerksam beobachtende Cäsar gewiß aufbewahrt hätte.

Die Sache änderte sich erst, als die Angelsachsen in Britannien eindrangen. Ungefähr um diese Zeit oder etwas früher werden sich die Bewohner Englands ihrer Salzschätze bemächtigt haben. Schon 721 ist Saltwich in Betrieb, 858 erwähnt Nennius die

---

*) Wie noch jetzt in Schottland geschieht, wo sie dann wohl am Lande gesalzen werden [207]).

Soolquellen von Chester und 1086 werden Salzsiedereien bei Yarmouth als bestehend aufgeführt²¹⁰). Die Angelsachsen verstanden das Einsalzen der Butter, des Fleisches und hatten ein eigenes Gewerbe der Einsalzer. Sie werden also gewiß nicht versäumt haben diese Kunst auf die ungeheuren Mengen der sonst unbrauchbaren Heringe anzuwenden. Swinden glaubt Grund zu der Annahme zu haben, daß der Heringsfang bei Yarmouth bald nach der Landung Cedric's des Sachsen um 495 begonnen habe und schon von 1086 haben wir die Urkunden, daß in Yarmouth sich drei Salzpfannen und 24 Fischer befanden²¹¹). Natürlich brauchten die Angelsachsen für diesen Fisch, der ihnen als so bedeutende Nahrungsquelle entgegentrat, einen Namen. Nichts lag näher, als ihn nach der Eigenthümlichkeit zu benennen, die ihn in auffallender Weise vor allen anderen Fischen unterschied, nämlich sein Auftreten in den ungeheuren dicht gedrängten Zügen, von denen Olaus Magnus erzählt, daß eine hineingeworfene Lanze darin stehen bleibe und die Raczinsky mit einem auf dem Wasser sich fortbewegenden Berge vergleicht²¹²). Für solche große Züge hatten die Angelsachsen das Wort hére*) und davon abgeleitet hérerinc = einer aus der Schaar (Kriegsmann). Das unbetonte zweite e fiel später aus und so entstand das (angelsächsisch herrinc?) englische herring mit dem sonst ganz unerklärlichen doppelten r, das nicht dem altnordischen herr entlehnt sein kann, da die Skandinavier den Fisch ganz anders benannten**)²¹³). Auch deutsche Forscher leiteten, nachdem die Alec=phantasie beseitigt war, das Wort aus dem deutschen »her« ab, im richtigen Sprachgefühl, doch ohne Berücksichtigung der Geschichte²¹⁴), denn das Wort »herring« existirte Jahrhunderte lang, ehe der härinch bei Conrad von Megenberg auftaucht, wie später genauer nachzuweisen ist. So weit sich die Herrschaft der Angelsachsen ausdehnte, so

---

*) Das Wort scheint dem ganzen germanischen Sprachstamm anzugehören: goth. = harjis, fries. = hiri und here, nd. = hér, altnord. = herr, althochd. = hari und heri u. s. w., neuhd. = Heer.

**) Altnord. = sild, dän. = sild, schwed. = sill.

weit verbreitete sich auch das Wort »herring« und der Gebrauch des Einsalzens, also bis nach Cornwallis und nach Norden wenigstens bis an den Clyde und den Forth, da Berwik (Bericia) einen Theil der angelsächsischen Heptarchie bildete. Daher stammt der hering im Cornischen und der herring in den schottischen Niederlanden, während die Gälen und Iren bei ihrem eigenen »sgadan« blieben. Sehr bald kamen auch Fremde namentlich Holländer, um Heringe einzukaufen. Anderson sagt, daß sie 836 den schottischen Fischern gesalzene Fische und wohl ohne Zweifel Heringe abgekauft hätten, er fügt hinzu, daß sie unzufrieden mit der Behandlung durch die Schotten bald versucht hätten, selbst die Fische zu fangen und darin sich schnell ausgezeichnet hätten. Es ist sehr wahrscheinlich, daß die Holländer damals schon anfingen, an der Ostküste der Shetlandsinseln selbst zu fischen, wo ihnen kein Verbot entgegentrat, denn schon 1164 war ihr Heringshandel nach Andersons Geschichte des Handels im Gange und bedeutend. Auch von Yarmouth holten sie schon früh gesalzene Heringe, hier war ihnen aber das Selbstfischen versagt und wurde ihnen erst 1295 von König Edward gestattet. Mit dem Fisch erhielten die Holländer den Namen, der bei ihnen, wie bei allen Norddeutschen des platt- oder niederdeutschen Sprachstammes in der breiten Aussprache zum »haring« wurde. Die Holländer hatten schon früh sich als fleißige Handelsleute in der Nordsee, im Kanal und im Ocean bis nach Lissabon hin bemerklich gemacht[215]. Schon im Anfang des XII. Jahrhunderts wurde die Confrérie des Marchands zu Paris gegründet, um den Handel Seine aufwärts, besonders auch mit gesalzenen Heringen zu regeln und zu fördern. Wahrscheinlich waren es die Holländer, die dorthin die ersten gesalzenen Heringe brachten. Auch Normänner siedelten sich 873 auf einer Insel der Loire an, um dort Handel zu treiben und noch früher kamen angelsächsische Kaufleute, die schon unter Karl dem Großen einen Ueberlandhandel durch Frankreich bis Rom hatten, an die fränkische Küste, um dort zu verkaufen[216]. Die Franzosen sprachen das Wort, das den ihnen gebrachten Fisch bezeichnete, »hareng« aus*). Wohl schon im XII. Jahrhundert (also über 300 Jahre vor Konrad von Megenberg) war das Wort hareng in Frankreich verbreitet, denn 1202 finden wir es schon in latinisirter Form in einer Urkunde als harengium und 1235 in der abgeleiteten Form harengeria (harengerie Heringsmarkt) neben dem unsinnigen Plural allectia (an die Urkunde David I. von Schottland erinnernd). Aus dem XIII. Jahrhundert führt auch Littré mehrere Stellen an, z. B. »Quiconque ameine harenc à Paris« und »hareng sor«, auch den eigenthümlichen Plural »harenz frès«; ferner »Toutes poissonières de mer, ne harangères (Heringshändlerinnen) ne doivent rien au dict prevost« und »harangerie« als Heringsmarkt, welchen Namen auch eine Straße in Rouen führt. Im XIV. Jahrhundert ist das Wort harenga und harengus nach du Cange schon ganz allgemein auch in lateinischen Urkunden [218].

Mit dem Selbstfischen der Holländer an den Shetlandsinseln trat aber unvermeidlich eine andere Behandlungsweise des Herings ein, der, durch die Noth hervorgerufen, den Grund zu dem Aufschwung des holländischen Heringshandels legte. Die Holländer waren auf ihrem Fischrevier zu weit von der Heimath entfernt, um nach jedem Fang wieder die Küste suchen zu können. Sie mußten also nach jedem Zug die Heringe augenblicklich schlachten, ausweiden und mit Salz in Fässer packen, um Raum für die Beute des nächsten Netzes zu gewinnen. Dies sofortige Einsalzen des Fanges wurde nun sehr bald als höchst vortheilhaft für das Produkt erkannt. Anfänglich bedienten sie sich vielleicht des ihnen zur Hand seienden eng-

---

*) Bekanntlich geht im Französischen sehr gewöhnlich »in« in e (oder a) mit nasalem n über, z. B.: Cineres = cendre; inganno = engagne; rincla = renze; tinca = tanche u. s. w. Uebrigens wird das Wort in den älteren Zeiten geradeso mannigfach verschieden geschrieben, wie später in Deutschland, obwohl sich weder hier noch dort eine Uebergangsstufe zu halec findet. Es war noch die Zeit, in der man nicht mühsam die Worte aus Büchern herausklaubte, sondern wo das individuell verschiedene Ohr sie im lebendigen Verkehr auffaßte und das dialectisch verwöhnte Organ in mannichfachen kleinen Abweichungen wiedergab. Wir finden hier harang, haran, haranc, harang, harent, hareno (so erlaubt auch der jetzige merlan früher merlenc), hareng [217].

lischen Salzes, da es Holland an eigenem Salze gänzlich fehlt; als sie nun aber ihre Heringe als gern genommene Fastenspeise den frommen Portugiesen zuführten, konnten sie als billige Rückfracht das Baisalz von Setubal und St. Ubes mit nach Hause bringen und dieses erwies sich als zum Einsalzen der Fische am geeignetsten. So wurden sie bald die bevorzugten aber lange nicht die ersten und alleinigen Heringshändler von Europa [219].

Die Norweger waren, wie bemerkt, schon früh Heringsfischer an ihrer reichen Küste. Es ist uns keine Nachricht aufbehalten, daß sie sogleich mit dem Einsalzen derselben angefangen hätten, auch ist es nicht wahrscheinlich, da es dem Lande an Steinsalz und Soolquellen fehlt und sie erst spät ihre einzige Saline zu Walloe zur Verwerthung des Meerwassers angelegt haben können. Für den Hering hatten sie natürlich einen eigenen Namen. Derselbe altnordisch = sild, dänisch = sild, schweb. = sill, ist schwerlich mit dem Worte „Salz" altnord.: »Sallt«, dän. und schweb.: salt irgendwie verwandt. Ich bin aber nicht fähig die Abstammung nachzuweisen. Es ist sehr wahrscheinlich, daß die Norweger die Kunst des Einsalzens von den Angelsachsen entlehnten, denn von etwa 600—1400 gehörten die Orkneys den Norwegern, abgesehen von den sonstigen vielfachen Raubzügen, die sie nach England ausführten. Daß ihnen noch spät (im XI. Jahrhundert) Salz und (gesalzene?) Heringe zugeführt wurden, ist schon erwähnt.

Von den deutschen Nordseeküsten haben wir keine Andeutung, daß sie sich in älterer Zeit bei der Seefischerei betheiligten. Auch erscheint der Hering, so viel bekannt, nicht an diesen Küsten (wenn wir von der Helgolander Legende absehen). Hamburg z. B. hatte von den frühesten Zeiten eine große Fischerinnung aber in ihren ältesten Statuten wird der Hering nie genannt. Dagegen ist es gewiß, daß die Holländer sehr früh ihren Handel auch nach Osten ausdehnten und den deutschen Nordseeküsten wahrscheinlich ebenso den Hering zuführten wie den Ostseeküsten, wo sie selbst noch im XV. Jahrhundert das Vorrecht hatten ihre Heringe das ganze Jahr hindurch in gemietheten

Speichern in Danzig feil zu halten. Die Hansestädte konnten sich aber ebenso gut den Hering direct von England holen, da sie schon früh Handel mit England trieben und zu dessen Schutze die Bündnisse mit Hadlern, Ditmarsen u. s. w. (das Vorspiel der späteren Hansa) geschlossen wurden. Auch ist gewiß, daß Hamburg den Nordseehandel vollkommen mit Holland theilte. Nachdem Adolph III. (1188), ausschließlich mit Rücksicht auf den Handel, in Hamburg die Neustadt gegründet hatte, entwickelte sich auch sehr schnell ein lebhafter Verkehr ins Innere Deutschlands elbaufwärts bis Magdeburg und von da nach Braunschweig[220]. Eine andere sehr lebhafte Handelsverbindung bestand schon früh zwischen Norddeutschland über Soest, Köln, Flandern und Brabant nach Holland, sowie direct zur See. Die Angelsachsen hatten nie die Verbindung mit ihrem ursprünglichen Vaterlande abgebrochen. Schon Ethelred (978—1016) bewilligte den Kaufleuten des Röm. Kaisers Freiheiten in England, die unter Heinrich II. (1176) erneuert und für die Hamburger Gilde in London 1280 von Eduard I. bestätigt wurden. Auch in Schottland hatten Hamburger und Lübecker freien Handel unter Murray und Wallace 1297. Den Handel zwischen England und Holland vermittelten die Hamburger. Im Ganzen handelte hierbei die Hanse in großer Uebereinstimmung[221]. Daß der Hering bei diesem Handel eine Rolle spielte, beweist seine häufige Erwähnung in den Urkunden. 1193 schenkte Fürst Pribeslaus dem Kloster Doberan in Mecklenburg alle Nutzungen beim Heringsfange und 1224 werden in den Privilegien des Fürst Wenceslaus von Rügen für die Lübecker die Heringe mehrfach erwähnt. 1243 wird in dem Zollvertrag des deutschen Ordens mit der Herzogin Hedwig von Polen der Heringe gedacht. In der Zollrolle der Gräfin von Flandern für die Kaufleute römischen Reiches von 1252 werden auch die Heringe aufgezählt. Ebenso 1254 in einer Hamburger Urkunde. 1266 verlieh Herzog Barnim I. von Slavien der Stadt Kolberg den Heringsfang an ihren Küsten. 1358 (also noch 120 Jahre vor Konrad von Megenberg) findet sich in einer plattdeutschen Urkunde von Albrecht Pfalzgrafen am Rhein zuerst das plattdeutsche Wort „Haring": „Item von elker Last harinx*)"; ebenso in einer Erklärung der Städte Brügge, Gent und Ypern: „van elker tunne harinx". Endlich in einer Urkunde König Alberts von Schweden vom Jahr 1368, deren Original in Lübeck aufbewahrt wird, heißt es: „von haringhe binnen laut..... den harinch, den man schepet umme laut" und dann noch zweimal „harinch". Also nicht aus dem absurden alec, sondern aus dem Niederdeutsch der norddeutschen Kaufleute entlehnte Konrad von Megenberg seinen Härinch. Das ä statt a ist vielleicht aus der deutschen Pluralform entlehnt**). Wann die mehr angelsächsische Form „Hering" zuerst in Deutschland erscheint, weiß ich nicht. Vielleicht ist die erste Andeutung davon in einem Namen zu finden in einem Schreiben der deutschen Hansa zu London an die Stadt Rostock vom Jahre 1303: » Magister Nicholaus dictus Heringwyk«***222). Jedenfalls ist der Hering schon in Statuten der Stadt Danzig vom Jahre 1365 und 1452 so wie im Urkundenbuch der Stadt Leipzig von 1464 geläufig. Den Namen „Hering" erhielten die Deutschen jedenfalls mit dem Fisch auf diesem Wege und konnten sich um so leichter mit ihm vertragen, da das Wort auch im Deutschen eine gleiche verständliche Etymologie hatte[223] und Analogien in den deutschen Wörtern Heergans, Heermaus, Heerraupe, Heerwurm, Heermoos u. s. w. fand. Die Endung »ing« ist aber ebenfalls wie den Angelsachsen, so den Deutschen geläufig und kommt auch häufig bei Thieren vor z. B. Sperling, Hänfling, dann Stichling, Sälmling, Haeseling u. s. w.

Ich wende mich jetzt zur Ostsee. Hier haben wir entscheidende

---

*) Das x steht hier für das gs des Plurals und rechtfertigt den Oestreicher, der die Unentbehrlichkeit des x behauptete, weil man sonst nicht „regnete Mahlzeit" schreiben könne.

**) Laden — Läden; Graben — Gräben; Schaden — Schäden u. s. w.

***) Etwa dem späteren Heringsdorf? Die Bezeichnung nach dem Wohnort war ja damals sehr gewöhnlich.

Urkunden für den früheren Heringsfang und -Genuß, die weit über die historische Zeit zurückreichen, in den bekannten Kjökken-mäddings (Küchenkerichthaufen) an den Küsten Seelands in denen Steenstrup eine Menge von Fischresten und besonders von Heringen nachgewiesen hat. Wie dieses Urvolk den Fisch benannte, können wir um so weniger wissen, da wir überhaupt nicht wissen, zu welchem Sprachstamm es gehörte. Ihre Nachkommen oder Nachfolger vergaßen diesen Reichthum nicht und die Menge der Heringe im Liimfiord, im Oeresund und an der Küste von Schonen bot sich immer dem Fang und dem Einsalzen, was sich von Norwegen aus hierher verbreitet hatte, dar. Ja 1242 und 1348 veranlaßte die Heringsfischerei an der dänischen Küste lange und blutige Kriege zwischen Dänemark und den Hansestädten, worin die letzteren, Lübeck an der Spitze, Sieger blieben. Skandinavische Kolonien von Schweden aus an der Weichselmündung hatten vielleicht schon sehr früh den Fischfang dort eingeführt, gewiß aber brachten die Dänen, die unter Haquin im X. Jahrhundert das Samland besetzten, ihre heimischen Künste, Fang und Einsalzen der Heringe, mit dorthin. Die großen Heringszüge bei Kolberg und Rügen zogen viele fremde Schiffer an, um selbst zu fischen, was ihnen bei Rügen gegen eine Abgabe an den heimischen Gott gestattet war [224]. Die Küstenbewohner selbst genossen in alten Zeiten den Fisch ohne Zweifel frisch. Schon im XII. Jahrhundert aber führten sie gesalzene Heringe in Polen ein [225]. Daß sie den Namen für den Fisch von Skandinavien her erhielten, beweist die Sprache*). Die ältesten Urkunden über Danzigs Handel wissen von einem lebhaften Verkehr nach Nowgorod, Polen, und bis an das schwarze Meer, von blühender Schifffahrt nach Schonen, in die Nordsee und bis Lissabon. Alle Handelsverträge der Ostseeküsten-Bewohner vom finnischen Busen bis gegen Lübeck hin werden mit slavischen Herrschern geschlossen [226]. Aber von einem

---

*) Russ. seldí; poln. śledź; preuß. sylecke; lith. silke; lett. śilkis; finn. sill; esthn. süldid und silk (offenbar alle mit sild und sill verwandt).

Handel ins Innere von Deutschland spricht weder bei Danzig noch sonst bei irgend einem Ort der Ostseeküste irgend eine Urkunde bis ins XIV. Jahrhundert. Wenigstens kam der Hering nicht zuerst von der Ostsee ins Innere von Deutschland, sonst hätte er, wie nach Osten und Südosten, auch zu uns seinen Namen mitgebracht.

Das Resultat aus dem Vorhergegangenen ist, daß der Hering bei den Kelten, Skandinaviern und Ostseeslaven, einen Namen hatte, dessen Bedeutung zur Zeit unbekannt ist, aber auf diese Völker beschränkt blieb, daß die Angelsachsen dem Fisch nach seiner hervorstechendsten Eigenschaft den Namen Herring gaben, der als Haring zu den Holländern, als hareng zu den Franzosen und über die holländische und deutsche Nordseeküste zu den Deutschen als Haring, Häring und Hering überging. Die Ausführlichkeit dieser Erörterung rechtfertigt sich wohl gewiß durch die enge Verbindung, in der der Hering mit dem Salze steht, und durch die außerordentliche Bedeutung, die dieser Fisch für die Entwicklung des Handels gehabt hat. In letzter Beziehung erlaube ich mir nur noch darauf aufmerksam zu machen, daß derselbe auch bestimmten Geldleistungen den Namen gab, ähnlich wie das Salz im Salarium. So hat die Ordnung der Mühlknechte zu Danzig vom Jahr 1365 (Zusatz vom Jahr 1452): „uffen Freitag 1 guten Firdung (4 Pfennige) vor „Heringsgilt".... in Advent und Fasten .... alle Wochen; j gute Marke vor „Heringsgeld", und in den Annalen des Klosters von Barking heißt die auf den Heringsfang gelegte Abgabe das »herring-silver« [227].

Noch mag als Curiosität hier ein Beweis für völlige Impotenz der Gesetzgebung erwähnt sein, daß alle Parlamentsbeschlüsse von 1750 bis zur Errichtung des Fishery-Board reine Dummheiten waren, indem sie regelmäßig für die in Frage stehenden Orte Zeiten für den Heringsfang bestimmten, zu denen gar keine Heringe daselbst zu finden sind. Damit mag denn diese lange Abschweifung über den Hering geschlossen sein [228].

Da wir von den nordischen Völkern einmal gesprochen haben, so können wir auch wohl noch einen Blick auf Rußland werfen. Aus den Annalen des Kiewer Höhlenklosters erhalten wir die Kunde, daß dort schon im Anfang des XII. Jahrhunderts ein lebhafter Salzhandel stattfand, der (vielleicht wegen der Schwierigkeit mit unvollkommenen Fahrzeugen stromaufwärts zu fahren) das Salz nicht von der Mündung des Dniepr, sondern aus Westgalizien insbesondere aus dem großen Salzorte Halicz und aus Volhinien herbeiführte [229]. Vielleicht enthält der Name Halicz auch das keltische hal. Wenigstens in der ersten Hälfte des XII. Jahrhunderts wurde auch schon am weißen Meer das Seewasser zu Salz eingekocht, eine Kunst, die wahrscheinlich durch die Raubzüge der Norweger dorthin verpflanzt war, bei denen jenes Gewerbe unter dem Namen saltsvidha schon früh bekannt gewesen sein soll*). Und dieses Salz wurde bis nach Nowgorod geliefert [230].

So sehen wir also überall in Europa, daß, sobald nur die Völker aus der Nacht der Barbarei auftauchten, das Salz bei ihnen ein unentbehrliches Bedürfniß und Gegenstand des lebendigsten Verkehrs wurde.

Salz als Geld.

So lange der Handel überhaupt noch Tauschhandel war, blieb auch das Salz ein solcher Tauschgegenstand, für den man andere Waaren eintauschte [231]. Natürlich mußte das Salz für Binnenländer, denen es an eigenem Salz gebrach, bald eins der kostbarsten Tauschartikel werden und da war denn nur ein kleiner Schritt dazu, daß es geradezu als Werthmesser für andere Waaren angesehen, daß es Geld wurde, d. h. dasjenige, wonach man bestimmt, wieviel etwas gilt. Bruce erwähnt, daß im Morgenlande harte Salzstücke als Münze umlaufen [232]. Besonders aber ist im Inneren Afrika's Salz einer der wichtigsten Tauschwaaren, ist vielfach Werthmesser und wird auch nicht selten als Geld benutzt, so in manchen Theilen der Sahara, in Abessinien, den südlicher gelegenen Gegenden von Enarea, Gurague, Sendschera u. s. w. Auch bei den Kimbundavölkern im Innern von Benguela läuft es als Münze um. An

---

*) Doch ist mir eine so frühe Zeit unwahrscheinlich.

der Südgrenze von Angola am ganzen Coanzastrom circulirt das Salz als Münze. Südwestlich von Tabschura (im Osten des mittleren Afrika's) liegt der Salzsee Ossal*), wo man das Salz in Gestalt von Wetzsteinen aushaut, welche nach Abessinien versendet werden und Amoles heißen. Sie dienen dort im Lande Shoa neben dem Maria Theresiathaler als einzige Münze: 20 Stück repräsentiren einen Thaler. Ein auffallendes Beispiel finden wir hier auch davon, wie sehr der Werth des Salzes mit seiner Entfernung vom Erzeugungs- oder Stapelplatze steigt, denn nicht viel weiter landeinwärts gelten schon 5 Stück einen Thaler [233]. Für die Westküste Afrika's zwischen Capo blanco und Sierra Leone erwähnt schon 1620 Jobson, daß Salz dort der begehrteste Artikel sei und als Werthzeichen nur dem Golde nachstehe, dem Eisen aber vorgehe. Dasselbe bestätigt 1734 Moore und für Guinea Atkins [234]. Marco Polo [235] erzählt von der Provinz Kaindu (nach Klapproth das nördlichste Bermanenland), daß das kleinste Geld daselbst aus Salz besteht. Es wird aus Salzquellen in kleinen Pfannen eingesotten, wenn es teigartig geworden zu kleinen Kuchen im Werth von 2 pence geformt, dann auf heißen Ziegeln vollends getrocknet und endlich mit dem Stempel des Kaisers gestempelt. Es ist also wirklich geprägtes Geld und darf nur von kaiserlichen Beamten bereitet werden. 80 Stück gelten $1/2$ Unze (1 Lth.) Gold, wenn sie aber von den Handelsleuten ins Gebirge geführt werden, steigen sie immer mehr im Werth, bis zuletzt nur 40 für $1/2$ Unze Gold gegeben werden. Auch in der Provinz Thebet wird dieses Salzgeld gern genommen [236]. Wenn man dies mit dem oben über Abessinien gesagten zusammenhält, so kann man wohl nicht zweifeln, daß wenigstens häufig das Salz selbst den ersten Anstoß zum Handel gegeben hat. Aber auch noch in anderer Weise hängt das Geld mit dem Salz zusammen. Jeder Mensch kennt als kleinste deutsche Münze den „Heller", dieselbe verdankt den Salz-

---

*) Das heißt wörtlich „Honig", ein Beweis wie hoch man das Salz dort schätzt.

werken in Hall, aber erst im XIII. Jahrhundert ihren Ursprung*). Von dorther hat sie den Namen Haller (Häller, Heller**).) Sie diente als kleinste Münze bei Bezahlung der Arbeiter und sonstiger Bedürfnisse in den Salinen von Schwäbisch Hall, verbreitete sich aber bald, weil sie einem Bedürfniß abhalf, durch ganz Südwestdeutschland[237]. Selbst im Kunsthandel spielt das Salzgeld eine Rolle. Ein Herzog von Baiern bot den Ammerbach'schen Erben in Basel für ein Christus=Bild von Holbein den Preis von 2000 Tonnen Salz, die Tonne zu 6 Gulden gerechnet[238].

Salz als Bundessymbol.

Die Kenntniß des Salzgebrauches führte natürlich sehr bald dazu, dasselbe als Befriedigung eines unvermeidlich nothwendigen Lebensbedürfnisses aufzufassen. Es liegt schon eigentlich von Homer an in der Erwähnung nicht Salz essender Menschen ein Anklang der Verwunderung, wie über eine seltsame unnatürliche Erscheinung. Früh schon sah man das Salz als unerläßlich für das Wohlbefinden des Menschen an, wie zahlreiche Aeußerungen der alten Schriftsteller beweisen. Plutarch nennt es das Gewürz aller Gewürze, und Plinius sagt: „Wahrlich ohne Salz ist es unmöglich ein menschliches Leben zu führen[239]." Ein alter Spruch lautet: „Allen Körpern ist nichts so nützlich als Salz und Sonne (»sal et sol«)[240]." Welche große Wichtigkeit man dem Salz beilegte, geht auch daraus hervor, daß fast kein Ort existirt, an dem Salz producirt wird, bei dem das nicht auch in dem Namen des Ortes ausgedrückt worden wäre, vom indischen Lavanápura („Salzburg") und dem östreichischen Salzburg bis zum preußischen „Salzkotten" und dem schottischen Salt-coats.

---

*) Keineswegs, aber eine der ältesten deutschen Münzen, wie Herr Dr. J. Möller in seinem ziemlich oberflächlichen Aufsatz „das Salz", Berlin 1874, behauptet. Der Heller war die kleinste Münze, die man in Deutschland bis zur Einführung des neuen preußischen (Silber=)pfennigs kannte. Daher stammen noch die Redensarten: „Er hat seinen letzten Heller verzehrt", „eine Schuld bei Heller und Pfennig bezahlen" u. s. w. Bei vielen Städten in Deutschland, z. B. Hamburg, Dresden u. s. w. liegt an der äußersten Grenze des Weichbildes ein Wirthshaus, wo der wandernde Handwerksbursche mit seinen Genossen noch sein letztes Geld verjubelte und das davon „Zum letzten Heller" genannt wurde.

**) Hallenses bei Du Cange.

Salz und Brod erschien als die engste Zusammenfassung der Lebens-
nothdurft. Es war die einfachste, das Leben erhaltende Speise und
diente daher vollkommen zum bildlichen Ausdruck für das ganze Leben:
„Salz und Brod befriedigt am besten den bellenden Magen", sagt
Horaz[241]. Salz und Brod als Repräsentanten des nothwendigsten
Lebensunterhaltes wurde der guten Vorbedeutung wegen fast bei allen
Völkern zuerst in eine neu zu beziehende Wohnung getragen. Insbesondere geschah das bei einem neu vermählten Paar, wie es noch jetzt
in Rußland fast allgemeiner Brauch ist. In Pommern geht der
Brautdiener am Ende des Hochzeitmahles mit einem Teller voll Salz
herum, worauf die Gäste ihre Geldbeisteuern legen[242]. Bei den
Russen gilt das Darbringen von Salz und Brod als ein Zeichen der
Unterwerfung[243]. Salz und Brod mit Jemand essen hieß daher das
tägliche Brod, also das Leben mit ihm theilen, ihn in den engsten
traulichsten Verband aufnehmen. Salz und Brod oder auch wohl Salz
allein werden so der Prüfstein der Freundschaft und Treue[244]. Besonders bei dem gern symbolisirenden Orientalen hieß Salz und
Brod oder auch nur Salz zusammenessen, den festesten und heiligsten
Bund mit einander schließen. Der Salzbund, melach berith, war
bei den Israeliten das festeste Band unter Menschen. Noch jetzt
schließen die arabischen Fürsten Bündnisse, indem sie Salz auf Brod
streuen und dabei ausrufen „Friede! (Salem) Ich bin deiner Freunde
Freund und deiner Feinde Feind", und noch jetzt nennt man das einen
„Salzbund" (bareth milh). Auch jeder Schwur wird durch Salz und
Brod heiliger. Bei einer Bitte sagen die Araber: „Um des Brodes
und Salzes willen, das zwischen uns ist, thue das[245]." Daher wird
Salz auch nur bei Bündnissen auf die Tafel gesetzt, um keine nicht
gewollten Bündnisse zu begründen[246]. Salz und Brod sind überall
Pfand der Gastfreundschaft, so bei Beduinen und Drusen[247].
Einzelne Beispiele sind höchst interessant. Dschellal-eddin sendete
den mit seinen Feinden verbündeten Chazaren Brod und Salz, um
sie an ein altes Bündniß zu erinnern und sogleich gingen sie zu ihm
über. Jacub ben Laith, der Stifter der Dynastie der Saffari-

ben, war früher Räuber. Bei einem nächtlichen Einbruch stieß er im Dunkeln an etwas Hartes. Er nahm es auf, kostete es und fand, daß es Salz sei, sogleich legte er seine schon gemachte Beute wieder ab und verließ das Haus unberaubt, in dem er Salz genossen hatte [248]. Ein Kaufmann wird von einem Araberscheik in der Wüste überrascht. Er ladet denselben zum Essen und erst am Ende sieht der Scheik, daß ein Salzfaß dabei steht und spricht: „Mein Schaden ist dein Vortheil. Ich habe von einer Tafel, auf der Salz stand, mit dir gespeist und darf dir jetzt nichts abnehmen [249]." Von den Israeliten wurde diese Anschauung auch auf das Verhältniß zu ihrem ohnehin ganz anthropo= pathisch gedachten Gott übertragen, der mit seinem Volke in einem oft erneuten Salzbund lebt [250].

Diese im Orient gewiß uralte Anschauungsweise ging dann auch zu den Griechen über, oder entstand hier, weil so nahe liegend, selbständig aufs neue. Schon bei dem Dichter Archilochus (700 Jahre vor unserer Zeitrechnung) finden wir die Worte:

„Gebrochen hast du den hohen Schwur",
„Hast Salz und Tisch geschändet [251]."

In Demosthenes Reden gegen den Aeschines dreht sich ein Theil der Rede de falsa legatione, um den Vorwurf der Verletzung der Commensalität, der Falschheit, nachdem man lange Zeit Tischgenosse eines anderen gewesen war [252]. Aristoteles erwähnt des „sprich= wörtlichen Scheffels Salz" bei der Freundschaft [253] und Cicero sagt: „Wohl ist es wahr, was man sagt, daß man erst einige Metzen Salz zusammen gegessen haben muß, ehe man des Freundes sicher ist [254]." Hiermit aufs engste zusammenhängend, oder eigentlich damit zusammen= fallend ist es, wenn man den zu Anhänglichkeit und Treue verpflichteten Diener als den bezeichnet, der „unser Salz ißt". So finden wir schon in der Bibel die Worte den Hofbedienten in den Mund gelegt: „Nun weil wir des Königs Salz essen, können wir den Schaden desselben nicht länger mit ansehen [255]." Besonders im Orient ist diese Be= zeichnung geläufig; Soliman II. hieb einen treulosen Beamten nieder mit dem Ausruf: „Solche Undankbare und Verräther, die mein Salz essen, habe ich²⁵⁶)." In Ostindien ist: „Ich esse sein Salz" so viel als „er giebt mir meinen Unterhalt", „dienen" heißt, „des Herren Salz essen" und ein ungetreuer Diener heißt Nemeck-haran, wörtlich „salztreulos"²⁵⁷). Ich zweifle nicht, daß diese so nahe liegenden Bezeichnungen auch bei Griechen und Römern sich eingebürgert haben, mir ist indessen keine darauf bezügliche Stelle in den Alten bekannt.

War nun das Salz ein Symbol der Treue und Freundschaft, so war das Verschütten desselben natürlich Symbol des Gegentheils, es deutet daher auf Streit und Feindschaft, ist überhaupt von schlimmer Vorbedeutung. Auch diese Anschauungsweise ist schon sehr alt²⁵⁸). Selbst die Zigeuner haben das Sprichwort: »Ha peráda la lon chingaripén«, „Das Salz des Streites ist gefallen²⁵⁹)." Christlich gewendet entstand dann der Glaube, daß man so viele Jahre vor der Himmelsthüre warten müsse, als man Körnchen Salz verschüttet habe.

Das Salz war Gegenstand allgemeiner Verehrung. Pythagoras nennt es das Symbol der Gerechtigkeit, weil es das erhält, was es durchdringt. Philo preist seine Bedeutung als Sinnbild der ewigen Dauer der Welt und im deutschen Märchen sagt die Königstochter: „Die beste Speise schmeckt mir nicht ohne Salz, darum habe ich den Vater so lieb als Salz²⁶⁰)." Beim Homer schon heißt das Salz das „Göttliche", Plato nennt es einen von der Gottheit geliebten Körper, Lycophron bezeichnet es als das heilige, reinigende und Arnobius sagt von den Heiden: „Ihr heiligt eure Tafeln durch das Aufsetzen von Salzfäßchen . . .²⁶¹)." Damit allein war indessen der Gebrauch des Salzes beim Opfer noch nicht bedingt. Dahin führt noch eine andere Betrachtung. Leben und Erhaltung des Lebens verdankt der Mensch den Göttern. Dankbar wußte er ihnen nichts besseres zu weihen, als was er von ihnen empfangen hatte, so entstand überall das Opfer als Gabe der Dankbarkeit. Dem Dionysos wurde Wein geopfert, der Demeter das Korn, der Athene die Gaben des Oelbaums und dem Ormuzd weihte man das Feuer. Allen Göttern aber weihete und opferte man, was man von Allen erhalten hatte, Speise und seine Würze, Brod (oder Fleisch) und Salz. Das Salz, das edelste Gewürz [262]), an dem die Menschen, wie wir später sehen werden, noch viele werthvolle Eigenschaften kennen und schätzen lernten, wurde Zugabe zu jedem Opfer. Jedes Opfer wurde so ein Bund mit der Gottheit. War doch eigentlich in diesem Sinne auch jede Mahlzeit ein Opfer, ein Gottesdienst, der bei den Römern auch ausdrücklich den Laren oder Hausgöttern dargebracht wurde*). Dadurch eben gewann das Salzgefäß (salinum) auf der Tafel eine Heiligkeit, die man sich ohne den angedeuteten Zusammenhang nicht würde erklären können; es war gleichsam ein Tempel- oder Altargefäß. Wenn auch diejenigen, die einmal mit ihrer Mäßigkeit schön thun wollten, wie Horaz, nur eine einfache Muschel als Salzfaß nennen [263]), so war doch im Allgemeinen dieses Stück des Hausrathes kostbarer, meistentheils von Silber und wurde sehr sorgfältig und regelmäßig in den Familien von einer Generation auf die andere vererbt, deshalb ist die Bezeichnung „väterliches Salzfaß" (paternum salinum) eine fast stehende. Der höchste Ruhm der Einfachheit und Mäßigkeit wurde nicht dadurch gemindert, daß das Salzfaß (und die Opferschale, patella) von Silber und anderem kostbaren Metall war [264]). Auch später scheint das Salzfaß noch als ein zu ehrendes Gefäß angesehen zu sein. In einem Gerätheverzeichniß von 1170 finden sich zwei kostbare Salzfässer für eine reiche süddeutsche Städterin und in großen Häusern in Süddeutschland soll noch heute die Hausfrau ihre eigne bestimmte Salzschale haben. Eduard I. gab seiner Tochter bei ihrer Vermählung mit dem Herzog von Brabant 1 großes goldenes Salzgefäß und 120 kleine Salzschalen mit. Unter den Hochzeitsgeschenken bei der Vermählung der Prinzessin Louise mit dem Marquis von Lorne erwähnten die Zeitungen auch prachtvolle goldene Salzgefäße [265]).

So bestimmte sich nun auch von Alters her das Opfer, das im Allgemeinen aus Mehl, Brod (oder Fleisch) und Salz bestehen mußte,

---

*) Noch jetzt finden wir bei den meisten Völkern Spuren dieser Auffassung der Mahlzeit als einer heiligen Handlung, als einer Festzeit des Tages, zu der sich der Engländer besonders ankleidet, bis herab zum christlichen Tischgebet: „Herr Jesus Christ sei unser Gast und segne, was du bescheeret hast."

wenn man nicht etwa einem bestimmten Gotte das Erste und Beste von dem, was er den Menschen gegeben, als Dankesgabe wiedergeben wollte. War die Mahlzeit zugleich ein den Göttern geweihtes Opfer der Dankbarkeit, so war umgekehrt auch das Opfer eine den Göttern vorgesetzte symbolische Mahlzeit, die sie bald (angeblich) wirklich verzehrten, bald nur in ihrem Duft genossen, bald nur als symbolische Darlegung der inneren Gefühle der Dankbarkeit und Verehrung aufnahmen. Die ältesten Opfer waren entschieden aus der Thierwelt entlehnt (ja vielleicht in den ersten rohesten Zuständen noch selbst Menschenopfer). Wenn Winer [266] behauptet, daß am frühesten die Erzeugnisse des Pflanzenreichs zum Opfer dienten und sich dafür auf die Geschichte beruft, so ist das nur eine von den vielen Unwissenheiten und Oberflächlichkeiten der Theologen. Er beruft sich für die Geschichte lächerlicher Weise auf Stellen aus dem ersten Buch Mosis, die noch dazu das gar nicht sagen, was sie sagen sollen [267], und er übergeht keck die Sage von Kain und Abel, in der Abel's Thieropfer doch jedenfalls das orthodoxe, also älteste Opfer repräsentirt, Kain's vegetabilisches Opfer aber die Gott mißfällige Neuerung. Soweit wir die ältesten Spuren von Völkern verfolgen können, sind sie zuerst Jägervölker, dann erst Hirten und zuletzt Ackerbauer. Man müßte also den Jägern und Hirten überhaupt den Opferkultus absprechen, was albern ist. Das Opfer wurde nun als Speise gerade so bereitet, als es der Mensch selbst genießen mochte und deshalb wurde es, sobald der Gebrauch des Salzes eingeführt worden war, auch mit Salz vermischt oder bestreut [268]. Neben dem Salze machte sich früh schon das Oel (des Oelbaums) als ein nothwendiges Lebensbedürfniß, auch als Speise, geltend und wurde daher ebenfalls dem Opfer hinzugefügt. Bei den Israeliten kann hierüber kein Zweifel sein. Die allgemeine Vorschrift ordnete den Zusatz des Salzes zu allen Arten des Opfers an, sowohl bei den sogenannten „Speiseopfern", die dem Pflanzenreich entlehnt waren (Mehl, Kuchen, Brod), als auch bei den „Brandopfern", die das Thier darbot [269]. Ebenso war es mit dem Gebrauch des Oels zum Mischen, Begießen oder Sprengen [270]. Auf dem Tische der

Schaubrode im Tempel standen Salzgefäße[271]) und in den Kellern des Tempels wurden Vorräthe von Salz und Oel aufbewahrt[272]).

Auch bei den Aegyptern wurde das Salz beim Opfer gebraucht, darüber kann kein Zweifel sein, denn es wird bestimmt erzählt, daß sie das Steinsalz vom Hammonium, weil es reiner sei, dem Meersalz beim Opfern vorzogen. Das letztere wahr wohl schon deshalb ausgeschlossen, weil das Meer den Aegyptern überhaupt ein unheiliges, das Reich des Typhon war. Deshalb wurde auch das Seesalz »spuma Typhonis«, der Schaum des Typhon, genannt[273]). Damit steht auch durchaus nicht in Widerspruch, ja auch nicht einmal in irgend einer Beziehung, daß die ägyptischen Priester sich zu bestimmten heiligen Zeiten des Salzes und aller eingesalzenen Speisen enthielten, worauf ich noch später wieder zurückkomme[274]). Dagegen darf hier nicht unerwähnt bleiben, daß bei gewissen Festen, zum Beispiel dem Osirisfeste alle Feiernden Lampen anzünden mußten, deren Oel mit Salz vermischt war[275]). Es ist das eine nicht unwichtige Angabe dafür, daß man bei heiligen Handlungen wenigstens häufig Oel und Salz, beide als wichtige erste Lebensbedürfnisse, in Verbindung auffaßte.

Salz bei der Taufe. Das neugeborene Kind mußte erst in den Bund mit Gott aufgenommen werden, ehe es Glied der Gemeinde sein konnte, das geschah bei den Israeliten durch die von den Aegyptern angenommene symbolische Reinigungshandlung, der Beschneidung, der in Erinnerung an die Nothwendigkeit des Salzes beim Bunde mit Gott das Einreiben des Neugeborenen mit Salz vorherging[276]). Die ersten Christen ersetzten die Beschneidung durch die Wassertaufe und mit dieser verband sich dann gleich bei den Katechumenen die Zulassung zum Abendmahl, das als Stellvertreter des jüdischen Opfers, des Bundesmahles mit Gott, angesehen wurde. Daher wurde das Genießen von etwas Salz auch bei der Taufe und dem Sacrament der Katechumenen festgehalten[277]). Das ging dann auf die spätere Kindertaufe als anticipirtem Sacrament der Katechumenen über*). Den Kindern wie den Katechu-

---

*) Daher gehörten die ungetauft gestorbenen Kinder auch nicht zum Gottesreich

menen wurde etwas geweihtes Salz in den Mund geschoben mit den Worten: „Empfange das Salz der Weisheit zum ewigen Leben." Dies wurde als Ritus bei der Kindertaufe im Katholicismus beibehalten und nur bei den Protestanten (mit Ausnahme der mährischen Brüder) abgeschafft. Das Weihen oder Einsegnen des Salzes war daher im Mittelalter eine wichtige Funktion der Priester, die z. B. die Klosterküchen (etwa wegen der Köchinnen?) nie betreten durften, als nur um das Salz zu segnen[278]). Ja auch das Einreiben der Täuflinge mit Salz muß an einzelnen Orten beibehalten sein, darauf deuten wenigstens Worte des H. Augustinus und des Galen[279]). Sollte das Bestreuen der kleinen Kinder mit Salz, das in den Kinderspielen von Frau Rosza u. s. w.[280]) stets als so wichtig eingeschärft wird, nicht nur aus dem christlichen ins volksthümliche übertragen sein und dadurch die heidnische Form angenommen haben?

Ich fühle bei der Behandlung des an das Salz sich anknüpfenden Aberglaubens eine Lücke (vielleicht nur meiner Kenntnisse), nämlich die Darstellung der altgermanischen und skandinavischen Anschauungen vom Salz, ein Mangel, der mich auch bei manchen der nächstfolgenden Mittheilungen unsicher macht. Man hat den jetzt als scherzhafte Neckerei festgehaltenen Aberglauben, daß man die Vögel mit der Hand greifen könne, wenn man ihnen Salz auf den Schwanz streue. Auch Wild soll so gefangen werden können. Ein Bursche warf einer Hexe, die beim Essen neben ihm saß, eine Handvoll Salz in den Nacken; da konnte sie nicht aufstehen, weil sie zu schwer geworden war. Erst als der Junge sie vom Salz befreite, kam sie wieder los. „Wild und Vögel sind Gestalten, in denen Seelen erscheinen. Man begriff sie nur, indem man ihre Schnelligkeit dem Entschweben von Geistern zuschrieb. Salz bricht Zauber, bricht die Macht der Geister, verleiht dem Körper irdische Wesenheit, Schwere und Langsamkeit." Ich bin hier Mannhardt gefolgt, gestehe aber, nicht befriedigt zu sein, weiß

---

und mußten an einem besonderen Ort, dem limbus infantum (der Zone der Kinder) warten bis auf die Wiederkunft Christi, der dann auch sie erlösen werde.

aber auch selbst nichts Besseres zu geben. Es ist eben unendlich schwer aus unvollständigen Fragmenten wieder ein Ganzes zu machen[281]. Die morgenländische syrische Kirche hielt die Bedeutung des Abendmahls als Stellvertreter des jüdischen (Bundes) Opfers noch entschieden fest und verlangte deshalb dabei die Benutzung von Salz und Oel[282]. Man sieht leicht, daß hier überall die jüdisch=heidnische Symbolik den Kern und die Grundlage bildet und nur nach den subjectiven Phantasien der christlichen Lehrer bald in dieser, bald in jener Form gestaltet wird.

An die hier betrachteten Verhältnisse knüpfen sich nun allerlei nur scheinbar wunderliche Formen des Aberglaubens, die alle wohl in christlichen Anschauungen wurzeln. Man muß sich erinnern, daß der Katechumene, der eintretende Christ, vor Allem den alten heidnischen Göttern, oder was in der orthodoxen christlichen Nomenclatur, nur kürzer, dasselbe sagte, dem Teufel entsagen mußte. Deshalb ist der Exorcismus bei der Taufe auch unerläßlich, wenn man auf dem Boden christlicher Anschauungen bleiben will*). Der Bund mit Gott und somit das Zeichen dieses Bundes, das Salz, wurde daher das dem Teufel feindliche Element. Am reinsten tritt dieser Gedanke hervor in folgenden Anschauungen. Alle Geschichtsschreiber des Zauberwesens stimmen darin überein, daß der Teufel kein Salz ißt und daß bei Teufelsmahlzeiten kein Salz aufgetragen wird. Ein Bauer, der bei einer Hexenmahlzeit gegenwärtig ist, erzwingt durch ungestümes Verlangen das Herbeibringen des Salzes und bei seinem Ausruf: „Gott sei Dank, daß einmal Salz da ist," verschwindet die ganze Gesellschaft[283]. Ein Mann, der in das Zauberschloß bei Werwick geräth,

---

*) Der Teufel kommt so bestimmt und zweifelsohne in den heiligen Schriften und besonders auch in denen des neuen Testamentes vor, daß man ihn bestehen lassen und an ihn glauben muß, wenn man die heiligen Schriften noch als heilige Schriften ansieht (was ich freilich nicht vermag). Corrigirt theologische Impotenz den Teufel aus den biblischen Schriften heraus, so habe ich das Recht ebenso gut Christus und alles damit zusammenhängende als ungültig hinauszuwerfen. Noch lächerlicher war das Unternehmen von Balthasar Becker, der zwar die Hexenprozesse, die Teufelsbündnisse u. s. w. verwerfen, aber bei Leibe die Glaubwürdigkeit der heiligen Schriften und die Existenz des Teufels nicht antasten wollte.

wird köstlich bewirthet. Bei der Tafel vermißt er das Salz und bittet darum. Da verfliegt plötzlich der ganze Spuk und er sitzt auf einem alten hohlen Baumstamm[284]. War das Salz einmal als dem Teufel feindlich angesehen, so konnte sich der Aberglaube auch ohne Rücksicht auf den Ursprung weiter entwickeln, so z. B. legten arme Leute bei den Nord- und Südgermanen (in Frankreich noch 1408) Salz zu den ausgesetzten Kindern, offenbar damit der Teufel sich ihrer nicht bemächtigen könne, bis sie getauft seien, zugleich war es ein Zeichen, daß sie die Taufe noch nicht empfangen. Ja es wurde dieses Zeichen geradezu von der Kirche vorgeschrieben[285]. In Dänemark wurde Salz und Licht zu den ausgesetzten Kindern gestellt[286]. Beim Besuche eines im Todeskampfe liegenden Menschen soll man eine Handvoll Salz ins Feuer werfen, damit der Teufel die Seele nicht davon führt[287]. In der Altmark hat die Braut im vollen Hochzeitsschmuck in der Tasche Salz, damit ihr der Böse nichts anhaben könne[288].

Endlich wurde das Salz allgemein Mittel zum Gegenzauber. Die hier her gehörigen abergläubischen Gebräuche knüpfen zum Theil noch an die ursprüngliche Bedeutung des Salzes an. In der Landschaft Kempen in Belgien nimmt der Vater, wenn das Kind zur Taufe in die Kirche getragen wird, einen kleinen Vorrath Salz mit, das er vom Priester weihen läßt, der ein Körnchen davon bei der Taufe dem Täufling in den Mund steckt. Den Rest trägt man sorgfältig (als Kerstezout = Christensalz) nach Hause. Einige Körner davon unter die Aussaat gemischt halten Rabe und anderes Unkraut vom Getreide ab und einer trächtigen Stute oder Kuh wird die Geburt erleichtert, wenn man ihr etwas „Kerstezout" eingiebt[289]. In der Normandie benutzt man Salz in verschiedener abergläubischen Weise, damit die Kuh viele Butter liefere und in verkaufte oder verschenkte Milch wirft man etwas Salz, um die Kuh, von der die Milch kommt, vor Zauberei zu schützen; auch bindet man der Kuh Salz an die Hörner. Neugeborene Kälber bestreut man in des Mark mit Dill und Salz, damit ihnen die Hexen nichts anhaben können[290]. In Paris bringt man den Teufel auch mit dem Salzverschütten in Verbindung. Wenn ein Salzfaß umfällt, so kommt man dem drohenden Unheil dadurch zuvor, daß man eine Messerspitze voll Salz über die linke Schulter, d. h. dem Teufel in die Augen wirft[291]. Dieser Salzaberglaube ging wahrscheinlich bei der Germanisirung der Esthen, was ja mit ihrer Christianisirung so ziemlich zusammenfällt, auf dieselben über. Der Zauber mit Salz, oder, wie es heißt die „Salzbläserei" spielt bei ihnen eine große Rolle. Ein Salzkorn wird angehaucht und eine Zauberformel(?) darüber gesprochen. Solches Salz heilt Krankheiten, schützt vor der Grausamkeit der abligen Tyrannen, weshalb es auch Armo-sool d. h. „Gnadensalz" genannt wird[292]. Wahrscheinlich ist mir, daß der Name daher stammt, weil es ursprünglich vom Priester geweihtes Salz war. Bei den Esthen ist übrigens durchweg das Salz ebenfalls zauberfeindlich. Man spricht bei ihnen von einer sogenannten Hexenbutter, die in der Johannisnacht an die Thüren der Viehställe gestrichen wird, um Krankheiten zu bewirken. Wenn der Esthe solche Hexenbutter an irgend einem Gegenstande seines Hofes haften findet, so ladet er Salz in seine Flinte und schießt das in die Hexenbutter hinein[293]. Auch den Wolf hält der Esthe von seinem Hof dadurch ab, daß er Salz in seine Fährte streut.

Daß das „heilige" Salz endlich beim Volk auch zum Prophezeien benutzt wird, ist wohl sehr begreiflich. So legt man in einigen Gegenden in der Christnacht etwas Salz in 12 mit den Monatsnamen bezeichnete Zwiebelschalen. Die Menge des am nächsten Morgen in jeder Schale geschmolzenen Salzes bedeutet den Grad der atmosphärischen Feuchtigkeit in den entsprechenden Monaten des nächsten Jahres[294]. An anderen Orten stellt man am Christabend ein Häufchen Salz auf den Tisch, schmilzt es über Nacht, so stirbt man im nächsten Jahr. Der Vollständigkeit wegen muß ich hier wohl noch die übrigens werthlose Notiz anreihen, daß das Salz auch in der Traumdeutung eine Rolle spielt. „Salz sehen bedeutet Krankheit[295]."

Ich habe hier den Faden, der von den jüdischen Gebräuchen durch das Christenthum selbst bis in den heutigen Volksaberglauben führt, nicht abreißen mögen, um das Verständniß nicht zu stören. Wir müssen uns jetzt aber noch nach den übrigen alten Völkern umsehen.

Wenden wir uns nun zu den Griechen, so lassen uns die Quellen im Stich und wir sind nicht im Stande, bestimmt anzugeben, ob dieselben Salz bei ihren Opfern benutzt haben oder nicht. Manche Lexicographen erklären die Worte Ulochyta und alphiton akte, die beim Opfer gebraucht werden, als „gesalzene Gerste und Gerstenmehl", aber ohne sich an die Bedeutung der Worte zu binden und ohne Autoritäten unter den Klassikern anführen zu können. Athenaeus setzt den Nichtgebrauch des Salzes beim Opfer bestimmt voraus, indem er ihn daraus zu erklären sucht, daß die ältesten Griechen kein Salz zu ihren Speisen genossen und der Heiligkeit wegen diesen alten Gebrauch beim Opfer beibehalten hätten. Indirekt geht daraus noch hervor, daß auch bei den Griechen das Opfer ursprünglich die Bedeutung einer Mahlzeit hatte 296). *Das Salz im Kultus bei den Griechen.*

Dagegen ist es keinem Zweifel unterworfen, daß bei den Römern das Salz ein Hauptbestandtheil des Opfers war. Das Wort des Plinius: „kein Opfer wird gebracht ohne gesalzenes Mehl", genügt schon als Beweis und wird von allen Schriftstellern unterstützt 297). Da das Salz bei allen Mahlzeiten unerläßlich war, so durfte es auch bei den Leichenmahlen, die zugleich Opfer waren, nicht fehlen und daher knüpfte sich auch wohl zuweilen die abergläubische Ansicht von einer schlimmen Vorbedeutung daran, wie z. B. Plutarch im Crassus erzählt, daß es die Soldaten, als ihnen im Parthischen Kriege bei ihren Rationen auch Salz ausgetheilt wurde, besorgt gemacht, es könne das gleichsam als Leichenmahl eine Weissagung kommenden Unheils sein. *Salzkultus bei den Römern.*

So wie die Wichtigkeit des Salzes für das menschliche Leben die Menschen verknüpfte, dem Opfer die Form gab und dann in den Aberglauben überging, so zeigte es seine Unentbehrlichkeit auch, indem es Ursache der Zwietracht wurde. Schon früh wurden wenigstens bei den Deutschen um den Besitz der Salzquellen Kriege geführt, so zwischen Hermunduren und Chatten 298), und später zwischen Burgun- *Salz im Kriege.*

bern und Alemannen²⁹⁹). Bei den Römern wurde der Verkauf von Salz (wie der von Schleifsteinen, Waffen und Korn) an Feinde des Staates mit dem Tode bestraft³⁰⁰). Bei der Belagerung von Enderacum im spanischen Kriege starben viele Soldaten, weil sie angeblich*) zu viel Hirsch- und Hasenfleisch ohne Salz gegessen und im illyrischen Kriege ergaben sich die Salasser den Römern in Folge des Mangels an Salz³⁰¹). Ein ähnliches Verhältniß zeigt uns die neuere Zeit. Die Tscherkessen besitzen in ihrem Lande keine Salzquellen und kein Steinsalz und mußten daher während des russischen Krieges auf den Salzgenuß gänzlich verzichten³⁰²). Vielleicht hat das mit zu ihrer endlichen Unterwerfung beigetragen. Die Kriegsnoth führte oft zu traurigen Erscheinungen. Die Calagurritaner in Spanien, von Pompejus belagert, schlachteten Weiber und Kinder und salzten sie ein, um die Belagerung länger aushalten zu können³⁰³).

Salz als Spende und Lohn.

Bei den Römern bestanden anfänglich die Spenden der Könige an das Volk (z. B. bei Ancus Martius) häufig wirklich in Salz. Auch Agrippa vertheilte noch 721 nach Erbauung der Stadt Oel und Salz unter das römische Volk³⁰⁴). Auch wurden wohl gewisse Leistungen und Dienste mit einer bestimmten Salzmenge vergütet, der man wohl später den Salzwerth substituirte, ohne den Namen zu ändern. So wird es gekommen sein, daß man für gewisse Besoldungen z. B. von Staatsbeamten und Soldaten oder für jährlich ausgesetzte Renten, oder endlich für einzelne Gaben zur Belohnung bestimmter Leistungen das Wort Salarium (wörtlich „Salzgabe") beibehielt³⁰⁵). Daher stammt denn auch das noch in unserer Zeit gebräuchliche Wort salair. Auch in Reichenhall wurden lange die Arbeiter in den Siedewerken nur mit Salz bezahlt³⁰⁶).

Formen des Salzgenusses.

Ich habe bis jetzt das Salz nur einfach als Nahrungsmittel betrachtet, als solches stellen wir es uns in fester Form in seinen regelmäßigen Krystallen oder zerstoßen als grobes Pulver vor, welches wir

---

*) Es wird wohl eine andere Ursache gehabt haben, vielleicht Krankheit der Thiere oder Verdorbenheit des Fleisches.

unseren Speisen beimischen oder aufstreuen. Es ist aber die Frage
wohl angebracht, ob dies die natürliche und ursprünglichste Form des
Salzgenusses ist. Eigenthümlich und vielleicht an die ursprüngliche
Weise des Genusses erinnernd ist es, daß bei Griechen und Rö=
mern der Ausdruck Salzlecken so außerordentlich häufig vorkommt [307].

Die westasiatischen Völker fanden das Salz in ihren Salz=
steppen schon in fester Form, ebenso, wie die Aegypter in der Am=
monsoase und bei Pelusium, aber die Griechen, die, nach
allem, was wir wissen, lange Zeit nur Seesalz kannten, mußten, ehe
sie die Abscheidung desselben aus der heiligen Salzfluth lernten, auf
das Salz verzichten oder auf ganz andere Weise genießen. Dafür
geben uns denn vielleicht die Südseeinsulaner einen Anhalt. Die
Melanesier zu Kunaje trinken des Morgens ein halbes Maaß
Seewasser (bei vorwiegender Pflanzennahrung). In Tahiti und
Neuseeland trinkt man etwas Salzwasser zum Essen und sehr allge=
mein z. B. auf Tahiti, Tonga und Samoa aß man die Fische
roh, indem man sie dabei in Salzwasser tauchte [308]. Das erinnert
auch an eigene Erfahrungen. Als ich vor bald 50 Jahren das kaum
gegründete Seebad Helgoland besuchte, fuhren wir oft mit den
Fischern hinaus, füllten einen mitgebrachten Kessel mit klarem See=
wasser, in das wir die frisch gefangenen Dorsche warfen, dann fuhren
wir zurück und kochten die Fische nur in ihrem eigenen salzigen Ele=
mente ab und ich erinnere mich nicht, je wieder so delicate Dorsche
gegessen zu haben.

Die Nothwendigkeit des Salzgenusses ist jedenfalls schon früh er=
kannt worden [309] und nach und nach glaubt man durch Experiment
und Statistik dahin gelangt zu sein, den ungefähren Salzbedarf im
Mittel jährlich auf 15 Pfd. für den Kopf feststellen zu dürfen.

Das Salz bietet aber noch viele andere Eigenschaften dar, welche
den Menschen bald bekannt wurden und die Werthschätzung desselben
wesentlich steigerten. Der noch kindliche Mensch legt allem dem eine
heilige Weihe bei, wozu ihn die Naturnothwendigkeit zwingt. Das ist
ja der Grundgedanke des selbst die Götter zwingenden Fatums. Daher

heiligte man Geburt, Ehe und Tod, daher Essen, Trinken und Schlafen*). Die südlichen Gegenden fordern durch ihre größere Wärme ganz natürlich zur Hautpflege, zu Reinlichkeit, zum häufigen Waschen und Baden auf. Auch hier entsprang der Erkenntniß der Nothwendigkeit die Heiligung des Gebrauches und Reinigung, Taufe, Waschungen werden dadurch bei fast allen südlichen Nationen schon gleich anfänglich integrirende Bestandtheile des religiösen Kultus [310]. Nur Völker, die noch auf so thierischer Stufe stehen wie die Zulu's am Zambesi, können die Reinigung scheuen, so daß Livingstone einmal einen unverbesserlichen Spitzbuben nach vielen vergeblichen Versuchen dadurch für immer aus seinem Lager vertrieb, daß er die Absicht aussprach ihn einmal gründlich abzuwaschen. Den Küstenbewohnern des Mittelmeeres bot sich die See als köstliches Bad und bald mußte man erkennen, daß dem Salzwasser vor Allem die Eigenschaft beiwohne, Schmutz aufzulösen und abzuwaschen, die Haut zu reinigen und ihr dadurch Gesundheit und Kraft zu verleihen. Da das mit Salz versetzte süße Wasser fast dieselben Eigenschaften zeigte, so konnte man diese bald als dem Salz angehörig erkennen und die reinigende Kraft des Salzes wurde somit sehr bald eine allgemein anerkannte Sache. Das Salz galt sogar bei den späteren römischen Damen geradezu als Schönheitsmittel [311]. Auch bei den Germanen scheint diese Auffassung vorhanden gewesen zu sein. Ein alter Satz nennt: »daz mer so reine daz ez keine bôsheit mac gelîden« — [312] und in vielen Küstengegenden findet man den Aberglauben, daß das Meer keinen Leichnam eines Missethäters behält, sondern ihn ans Land wirft. Diese Anschauung verflocht sich dann in alle Anwendungen, die man vom Salz im Kultus machte und wurde schon früh zu mystischen Lehren entwickelt. Schon Plato macht diese Eigenschaft geltend [313]. Bei den Aegyptern schrieb man die reinigende Kraft besonders dem hasmen (nitron, ob Natron, Soda oder Salpeter?) zu und hasmen

---

*) Ich erinnere nur an die große Bedeutung des Schlafes im Tempel bei den Alten und an Schiller's Wort: „O mordet nicht den heiligen Schlaf."

heißt geradezu der „Reiniger". So kommt indirekt das Salz auch bei den Griechen mit den heiligen Handlungen in Beziehung. Die Waschungen als Vorbereitungen zum Opfer wurden gewöhnlich mit Meerwasser oder wo das fehlte, mit künstlich gesalzenem Wasser vollzogen. Daher besprengte man auch früh Morgens die Hausflur nach dem Kehren mit gesalzenem (sühnenden) Wasser[314]. Hier wäre denn auch noch folgendes anzuschließen. An vielen Orten, besonders in Thüringen habe ich den Gebrauch angetroffen, daß man, wenn ein Brunnen trübes Wasser giebt, einige Pfund Salz hineinschüttet in der Meinung ihn dadurch wieder zu reinigen. Einen naturgesetzlichen Zusammenhang habe ich dafür nicht finden können. Ich halte es daher nur für das letzte Ausklingen eines alten, durch eine israelitische Sage geheiligten Aberglaubens. Es heißt: „Es ist gut wohnen in der Stadt Jericho, aber das Wasser ist schlecht. Da sprach Elisa zu ihnen, bringet mir eine neue Schale und thut Salz darein, und sie brachten sie ihm. Und er ging hinaus zu der Quelle des Wassers und warf das Salz hinein und sprach, so spricht Jehovah: Ich mache dies Wasser gesund, es wird fürder daher kein Tod noch Fehlgeburt kommen[315]."

Nicht nur an der eigenen Haut mußte der im Meer badende die stärkende Kraft des Salzes wahrnehmen, es konnte auch den Küstenbewohnern nicht lange unbekannt bleiben, daß in Lachen mit sehr concentrirtem Seewasser etwa hinein gefallene thierische Körper sich länger unzersetzt erhielten, als in süßem Wasser. Sobald das entdeckt war, mußte zweierlei dazu führen, diese Entdeckung weiter zu verfolgen. Die sich so leicht und in Menge darbietenden Nahrungsmittel, welche die See hervorbrachte, die Fische, waren für das Binnenland so gut wie nicht vorhanden, da sie dasselbe nicht erreichen konnten, ohne zu verderben. Aber auch an der Küste schwankte der Fischer zwischen Ueberfluß und Entbehrung, weil so viele und darunter die wichtigsten, weil zahlreichsten, Fische wegen ihrer natürlichen Wanderungen nur zu bestimmten Jahreszeiten an bestimmten Oertlichkeiten und zwar dann in unzählbaren Mengen erscheinen, um nach einiger Zeit wieder fast

Das Einsalzen.

spurlos zu verschwinden. So war denn der überflüssigste Reichthum bestimmter Gegenden oder bestimmter Zeiten nicht geeignet, dem Mangel anderer Orte und anderer Zeiten abzuhelfen, ehe man nicht ein Mittel gefunden hatte, die Fische für längere Zeit in eßbarem Zustande zu erhalten. Das Alles führte denn früh dazu, die gemachte Entdeckung von der conservirenden Kraft des Salzes anzuwenden und auszunutzen. Schon die Aegypter verstanden die Kunst des Einsalzens und sie versendeten kleine Fäßchen mit delicat marinirten Nilfischchen [316]. Die älteste Art der Erhaltung der Fischnahrung war die noch jetzt bei Naturvölkern stattfindende, des Dörrens, dem gewöhnlich ein leichtes Einsalzen vorherging (wie bei unserem Stockfisch). Die Ichthyophagen des **Homer** bereiteten aus solchen getrockneten Fischen durch Zusammenstampfen eine Art Kuchen; gleiches wird von den **Aethiopen** und **indischen Ichthyophagen** erzählt, bei welchen letzteren auch das Vieh damit gefüttert wurde; dasselbe finden wir noch jetzt bei den **Kamschadalen** [317]. In Aegypten waren große Einsalzstätten am **Mörissee** und in der Nähe von **Pelusium**, bei **Gerrhae** am **Sirbonissee**. An diesem Orte hatte man das Salz gleich zur Hand [318]. Es scheint aber, als ob man die Produkte, die am Mörissee gewonnen wurden, nur zur einheimischen Consumtion verbraucht hätte; die Aegypter waren ja überhaupt kein seefahrendes und handelndes Volk. Die Einsalzstätten am **Sirbonissee** waren wohl in den Händen von **Phönikern** oder **Lybophönikern**, die als Fischer und Einsalzer bekannt sind (befanden sich doch auch auf **Sardinien** phönikische Salzwerke [319]). Die Aegypter genossen aus Aberglauben keine Seefische. Schon früher wurde erwähnt, daß die Salzlager in **Spanien** bekannt waren und diese wurden wahrscheinlich von Kelten betrieben und von ihnen mag auch das Einsalzen der Fische eingerichtet sein, wenn auch die phönikischen Kaufleute ihre Abnehmer waren. Die spanischen Salzfische waren früh schon weit und breit berühmt [320]. Später wurden aber auch die ägyptischen Salzfische geschätzt und ein bedeutender Handelsartikel [321].

Die Römer verschmähten nach dem ganz bestimmten Zeugniß

des Ovid in der früheren Zeit alle „Früchte des Meeres"³²²), und lernten den Luxus des Fischessens erst später von den Griechen. Dann allerdings wurde auch bei ihnen ein ungeheurer Luxus mit Salsamentis (eingesalzenen Speisen), insbesondere Fischen getrieben. Wir werden hier also ganz besonders auf Griechenland verwiesen und wir haben gesehen, daß sich von da aus schon in sehr früher Zeit ein großartiger Handelsverkehr vom schwarzen Meere bis ans Westende des Mittelmeers entwickelte, der dem Salze, wenn auch zum Theil nur indirekt durch die gesalzenen Fische, vielleicht seinen Ursprung und jedenfalls seine Belebung verdankt.

Von den hier in Betracht kommenden Fischen sind eigentlich nur wenige namhaft zu machen. Der Stör (oder vielmehr alle Stör-ähnlichen Fische) aus den in den Pontus mündenden Strömen war wohl einer der wichtigsten Wasserbewohner. Ihnen reihen sich die Welse an, deren Größe im Borysthenes gerühmt wird³²³). Viele der bei den Alten vorkommenden Namen gehören nur als Bezeichnungen für Spielarten oder Alterszustände oder Bereitungsweisen demselben Thiere, dem Thunfisch an³²⁴). Der Hering des Pontus ist aus den von den griechischen und römischen Schriftstellern genannten Fischen nicht herauszufinden. Daß man ihn auch wegen seiner Menge im nördlichen Pontus gefangen und eingesalzen, ist kaum zu bezweifeln, wenn man sieht, daß die Salzfische zum Theil in Griechenland die billigste Speise waren und vorzugsweise Nahrung des gemeinen Mannes, der Sklaven und Bauern (wie noch heut zu Tage an vielen Orten der Hering). Auch war es Speise der Soldaten im Kriege³²⁵). Daher war es sprichwörtlich: „Hat man kein Fleisch, nimmt man mit Tarichos*) vorlieb" und „Tarichos kostet nur einen Obolus, aber was dazu gehört, zwei"³²⁶). Besonders in den Vorstädten und an den Thoren wurde der Salzfisch feilgehalten und die Verkäufer standen auf der niedrigsten Stufe der Hausirer, so daß es eine schwere Beleidigung

---

*) Salzfisch.

war, einem Emporkömmling zu sagen: „Hast du schon vergessen, daß du Taricha verkauft hast?"*) 327).

Die Art des Verfahrens beim Einsalzen gab sehr verschiedene Arten des Salzfisches. Man unterschied geschuppte und ungeschuppte, ganz und halb gesalzene 330). Der beste Salzfisch hieß bei den Griechen horaea, ein Wort das merkwürdiger Weise die Marseiller als horreau und die Genueser als oréol bewahrt haben 331). Ueberhaupt ist dies Gewerbe wunderbar conservativ gewesen. Die meisten Arten des Fischfangs und des Einsalzens finden sich noch jetzt im Mittelmeer genau so wie sie uns von den Alten beschrieben werden. Die feinsten Sorten des Tarichos, die nur für die Tische der Reichen bestimmt waren, wurden in Gefäße von gebranntem Thon gepackt, die in der Form ganz denen für Wein, Oel und Honig glichen. Eine besondere Delicatesse bildete eine Art allgemeiner Sauce**) aus Salzfisch bereitet, das »Garum«. Daß garon ursprünglich einen bestimmten Fisch bezeichnet habe, ist eine Faselei des späteren Plinius ohne alle Grundlage***); es wurde auch gar nicht aus den ganzen Fischen oder ihrem Fleisch, sondern aus den mit Salz in der Sonne macerirten Eingeweiden verschiedener Fische bereitet. Das Garum wurde von den gröberen Theilen abfiltrirt und der Rückstand hieß alix, alex, alec, halec. Dieses alec hat noch weniger als das garum irgend etwas mit einem bestimmten Fisch zu thun, es war ein übersalzener Brei von verschiedenen Fischresten. Späterhin wurde garum und alec auch in sorgfältigerer Weise und kostbarer für die reichen Schwelger angefertigt und beim Gebrauch mit edlem Falerner versetzt. Für den gemeinen Mann war »alec mit „Essig", c'est tout comme

---

*) Doch aber waren der Philosoph Bion und der Dichter Horaz Söhne von Salzfischkrämern. Vielleicht auch der griechische Dichter Simonides 328). Im Mittelalter wird Michael Montaigne als der Sohn eines übelberüchtigten Heringskrämers genannt 329).

**) Aehnlich wie besonders die Engländer dergleichen zu den verschiedensten Zwecken anfertigen.

***) Bei keinem Griechen findet sich auch nur eine Andeutung, daß garon je einen Fisch bedeutet habe, auch führt Plinius keine Quelle an.

chez nous!«³³²). Aechter Kaviar, d. h. eingesalzener Fischrogen wird bei den Alten niemals erwähnt, vom Arzt Diphilus, den man häufig als Zeugen anführt; wird nur bemerkt, daß der Rogen der eingesalzenen Fische beim Kochen hart werde ³³³). Der frische Kaviar, der eigentlich wohl schmeckende, ließ sich wegen des zu warmen Klima's nicht nach dem Süden versenden. Der scharf gesalzene und ausgepreßte konnte höchstens Kost des gemeinen Mannes sein. Wir haben aber Nachrichten über den pontischen Kaviar aus dem XV. wie aus dem vorigen Jahrhundert ³³⁴), auch ein Beweis, wie wenig sich in diesem Gewerbe die Gebräuche ändern.

Allerdings war bei dem weicheren, wasserhaltigerem Fleische der Fische das Einsalzen ein besonderes Bedürfniß; es wurde aber auch wohl ebenso früh auf das Fleisch der Säugthiere angewendet. Am frühesten sollen die Bewohner der kossäischen Gebirge in Persien angefangen haben, das Fleisch wilder Thiere einzusalzen. Ihnen schließen sich dann die Syrer und einige afrikanische Völkerschaften an ³³⁵). Auch das Salzen des Schweinefleisches ist schon ein alter Gebrauch und Rom erhielt große Mengen von Schinken, unter denen die Feinschmecker die der Sequaner in Gallien (Analogie der Bayonner Schinken) und die der Belgier (ähnlich dem westphälischen Schinken) leicht herauszukosten wußten. Aber auch die Iberier und Cantabrier lieferten Schinken von anerkannter Güte ³³⁶).

Es ist beim Einpökeln durchaus nicht gleichgültig, welche Sorte Salz man benutzt; das wußten schon die Alten. Plinius sagt: zum Würzen der Speisen sei das Salz, was am leichtesten schmilzt, am besten, aber zum Einpökeln sei das scharfe Euböische und Megarensische Salz allen anderen vorzuziehen. Als die holländische Heringsfischerei seit 1164 sich entwickelte und bald alle in den Hintergrund drängte, schrieb man die Vortrefflichkeit ihrer Heringe vor allem dem Gebrauche des Salzes von St. Ubes in Portugal zu ³³⁷), und die Ostseefischereien sanken, weil sie sich dieses beste Salz nicht preiswürdig verschaffen konnten. England bezieht trotz der eigenen unermeßlichen Salzschätze doch nach MacCulloch jährlich bis 350,000 Scheffel von

Portugal zum Einsalzen des für seine Marine bestimmten Fleisches. In neuer Zeit sollen sich die preußischen Ostseefischereien dadurch wieder gehoben haben, daß das Staßfurther Salz sich so ganz vorzüglich zum Einsalzen eignet. Sehr empfindlich ist natürlich die Butter; bei gesalzener Butter hängt der feine Geschmack ganz wesentlich mit von dem benutzten Salze ab. Die Holsteinische Butter hatte sich ihren alten Ruhm unter den Dauerbuttern die delicateste zu sein, dadurch erworben, daß man für dieselbe nur das feine, reine Salz der Lüneburger Saline verwendete.

Das Mumificiren. Unter den mannigfachen eingesalzenen Gegenständen sind jedenfalls eingesalzene Menschenleiber die merkwürdigsten. Es war Volkssitte, die mit religiösen Vorstellungen zusammenhing [338]), bei den Aegyptern, den menschlichen Körper auch nach dem Tode so lange als möglich zu erhalten und unter den noch vorhandenen Mumien sind gewiß viele, die ein vielleicht mehr als 5000jähriges Alter beanspruchen können. Bei dem Einbalsamiren spielte nun auch das Salz eine wesentliche Rolle. Schon Herodot giebt uns eine ausführliche Beschreibung des ganzen Prozesses. Eine Hauptsache dabei ist nach Entfernung des Gehirns und der Eingeweide ein 70 Tage dauerndes Einlegen in eine Natron- (Kochsalz oder Soda?) Lauge. Ein Papyrus belehrt uns, daß zuweilen auch der Schädel (nach Entfernung des Gehirns?) mit syrischem Salze gefüllt wurde [339]). Historisch berühmte Beispiele von eingesalzenen Leichen sind die des Mithridates, die Pharnaces als Beweis seines Sieges an den Pompejus sendete, die Leiche des Antonius von Kleopatra eingesalzen und die in gleicher Weise behandelte und dann mit ihm im Grabmal vereinigte Kleopatra selbst [340]).

Symbolik des Salzes. Die conservirende Kraft des Salzes gab auch zu einer eigenen Symbolik Veranlassung, die, ich glaube zuerst Plutarch ausführlich entwickelt. Nach dem Tode fallen alle Theile des Körpers auseinander. Im Leben erhält die Seele die Theile intact und in Verbindung. Ebenso erhält das Salz den todten Körper in seiner Form und seinem Zusammenhang und vertritt also somit gleichsam die Seele [341]). Denselben Gedanken wendete Rabbi Levi von Barcellona auf die Opfer an;

das Opfer wirkt erhaltend und Verderben abwehrend auf die Seele, wie das Salz auf das Fleisch und darum salzt man das Opfer. Bei **Philo** ist das Salz Sinnbild für die ewige Dauer der Welt, und schon **Pythagoras** soll gesagt haben, das Salz auf der Tafel solle nur an die Gerechtigkeit mahnen, die wie das Salz, alles erhält, dessen sie sich bemächtigt [342]. An diese geistige Symbolik des Salzes erinnert uns auch die deutsche Mythologie, wenn sie sagt: „Der Urriese sei aus dem Niederschlag der urweltlichen Gewässer entstanden, die Götter aber seien aus den Salzsteinen geleckt, denn das Salz bedeute das geistige Princip [343]."

Specieller noch in der Bedeutung als vornehmster Würze wendete man das Salz zu Gleichnissen an. Schon **Plato** erwähnt eine Lobschrift auf das Salz [344] und ἅλες (hales, Salze) heißen bei den Griechen allgemein witzige, beißende Reden. Ebenso bei den Römern sales, witzige Reden, sales amari, beißende Reden, salsus (gesalzen) witzig, insalsus (ungesalzen) dumm. Sal niger als beißenden Scherz hat **Horaz**; „in so großem Körper ist auch nicht ein Krümchen Salz" und „sie haben Salz und Anmuth", singt **Catull**; „bei dir herrscht mehr Salz (Geschmack) als Aufwand" findet sich bei **Cornelius Nepos**, und **Cicero** bemerkt von **Scipio** „er übertraf alle an Salz und Witzreden [345]". Bei uns ist „attisches Salz" ein geflügeltes Wort. In der andalusischen Volkssprache bedeutet sal so viel wie Anmuth und man kann einem Weibe nichts schmeichelhafteres sagen, als wenn man sie »salero« (Salzfaß) nennt oder sagt, sie sei salado (recht gesalzen). „Salzfaß meiner Liebe" bedeutet so viel als ein recht anmuthiges, liebenswürdiges Geschöpf [346]. Auch der Araber hat das Sprichwort „Auf der Tafel der Sitten ist die Sanftmuth das Salz; wenn du die Sanftmuth umdrehst, so ist sie Salz" (hilm — arab. = Sanftmuth, milh — arab. = Salz*) [347]. So wären wir denn wieder zum Orient geführt, woher die Symbolik des Salzes stammt, wo das Wort der alten Taufformel „das Salz der Weisheit" entstand

---

*) Oder, nach semitischem Gebrauch, ohne Vokale geschrieben: hlm und mlh.

und wo **Paulus** sagt: „Eure Rede sei holdselig und mit Salz gewürzt [348].“ Hier finden wir aber auch noch eine Stelle im Matthäus, mit der sich die Theologie viel unnütz beschäftigt hat: „Ihr seid das Salz der Erde, wenn aber das Salz selbst fade wird, womit soll man das denn wieder würzen [349].“ Man könnte dieses „fade werden" ganz einfach als eine bloße Voraussetzung ansehen, um daran zu erinnern, daß wenn das, was vorzugsweise im eminentesten Sinne Würze ist, seine Kraft verliert, es nichts giebt, womit man dem Salz die Kraft wieder geben kann. Man hat indessen nach realen Grundlagen gesucht und in dem Salzthal bei **Aleppo** eine Erdwand gefunden, an der Soda auswittert und da übrigens die Umgegend Salzboden ist, gemeint, hier das dumm gewordene Salz gefunden zu haben*). In starker Hitze zersetzt sich das Kochsalz nicht, da es in der Weißglühhitze sich unzersetzt verflüchtigt: ob es durch die Sonnenwärme zersetzt werden kann, weiß ich nicht [350], glaube es auch nicht. Aber auch **Plinius** spricht angeblich von fade gewordenem Salze [351]. Theologenweisheit! Näher liegt es, in diesem Salz eine Erinnerung an die damals ziemlich allgemeine Sitte zu finden, daß man das Salz selbst wirklich würzte, d. h. mit anderen Gewürzen versetzte. Salz und Kümmel zu verbinden kommt schon bei den **Griechen** vor und hat sich, wie schon erwähnt, bis in unsere Zeit erhalten [352]. Aber auch andere Gewürze hat man hinzugefügt und überall wird gewürztes Salz genannt [353].

Salz als nervenaufregend. An das Salz als Würze knüpfte sich natürlich noch eine andere Anschauung, der anregenden, nervenaufregenden, reizenden Wirkung und so schrieb man dem Salz auch die Eigenschaft zu, das liebende Begehren, die Leidenschaft zu erregen. Bemerkungen die sich auch dem noch wenig tief eindringenden Geiste nicht entziehen können, lagen dem einfach und sicher beobachtenden Auge der alten Welt offen. Das Meer war ohne Frage das befruchtende, zeugende Element. Wenn wir von den wenigen Säugethieren des Meeres absehen, so zählen bei

---

*) Die Angabe **Maundrell's**, daß die Salzadern an der genannten Erdwand vollkommen geschmacklos seien, ist jedenfalls unrichtig, mag es nun Soda, Natron oder Salpeter sein.

den Meeresgeschöpfen die Nachkommen nach Tausenden und Hunderttausenden. Das schrieb man um so leichter dem Salze zu, da man damit andere Beobachtungen, die man gemacht zu haben glaubte, verband. Man erzählte sich, daß bei der Hundezucht häufiger Salzgenuß die Nachkommenschaft vermehre, daß die Zahl der Mäuse sich gerade auf Salzschiffen so unberechenbar vergrößere, daß man schon damals zu dem Gedanken der Parthenogenesis kam, d. h. zu der Ansicht, daß die Mäuse ohne Mitwirkung eines männlichen Wesens Junge werfen könnten [345] *). So bildete sich die Ueberzeugung, daß Salz und physische Liebe in engem Zusammenhang stehen müßten, und Salz wurde das Symbol der Zeugung [355]. Auch die neuere Zeit hat diese Wirkung bei den Thieren anerkannt [356]. Die Aegyptischen Priester enthielten sich deshalb zur Zeit besonderer Weihe und heiliger Handlungen strenge des Salzes, als eines die sinnlichen Begierden zu sehr aufregenden Stoffes [357]. Bei den Römern hieß ein „verliebter Mensch" salax und diese Anschauungsweise lebt noch bei uns fort, wenn wir im Scherz sagen, die Köchin, welche die Suppe versalzen, müsse verliebt sein. Eine Sitte der Landschaft Kempen in Belgien will ich hier erwähnen, obwohl ich sie nicht geradezu mit dem vorhergehenden in Verbindung zu setzen weiß: Sind zwei Liebesleute mit einander einig, so hat der Bursche das Recht an Fastnacht, Mitfasten und Ostern einen Abend sein „lief" oder „amurtje" auf längere Zeit zu besuchen und diese drei Zusammenkünfte führen die sonderbaren Namen: „sein Lieb ins Salz legen", „sein Lieb im Salz umdrehen" und „sein Lieb aus dem Salz holen" [358]. Aehnliche Sitten oder Sagen sind mir bei den Germanen noch nicht vorgekommen.

„Jedes Gleichniß hinkt" und darin liegt das Gefährliche im Gebrauch von Gleichnissen, indem Ungebildete leicht den Vergleichungspunkt (das sog. tertium comparationis) aus dem Auge verlieren und die Gleichung auf Seiten der verglichenen Gegenstände ausdehnen, die

---

*) Die Möglichkeit und Wirklichkeit davon, wenigstens bei niederen Thieren z. B. Blattläusen ist jetzt naturwissenschaftlich festgesetzt.

nichts miteinander gemein haben. Das Symbol ist ein Gleichniß und alle religiöse Zwietracht wird hervorgerufen durch den Gebrauch der Symbole bei Menschen, in denen die reine, ursprüngliche Grundlage der Religion noch nicht zum klaren Bewußtsein gekommen ist, die daher das Symbol mit der Sache verwechseln. Ein recht schlagendes Beispiel in dieser Hinsicht bietet das Salz dar. Wir haben oben gesehen, daß und wie es zum Symbol der Zeugung und der Fruchtbarkeit wurde. Es gilt aber auch mit demselben Recht auf der anderen Seite als der Symbol der Zerstörung und der Unfruchtbarkeit. Nicht blos der ästhetische Reisende, sondern auch der tiefer blickende Naturforscher muß die trostlose Oede und Unfruchtbarkeit weit ausgedehnter Salzsteppen anerkennen. Entweder gänzlicher Mangel an Vegetation oder ein dürftiger Anflug eigenthümlicher meist saftiger und stachliger Gewächse, die zu nichts brauchbar sind, als aus ihrer Asche Soda zu gewinnen, charakterisiren den Salzboden. Kein nährendes Gras entsproßt ihm; Hirte wie Ackerbauer meiden seine Grenzen. Am lebhaftesten mußte sich das den Völkern aufdrängen, die zwischen oder in der Nähe von ausgedehnten, mit auswitternden Salzkrusten bedeckten oder mit Salzlachen und Salzsümpfen durchzogenen Ebenen wohnten. Darunter treten uns denn die Semiten vor allem entgegen. Die Schriften der Israeliten sind voll von Stellen, welche die Unfruchtbarkeit der Wüste, des Salzbodens als einen Fluch erscheinen lassen. Der Fluch über das ungehorsame Israel[359] hat: Schwefel und Salz, und Brand sein ganzer Boden, der nicht besäet wird und nichts trägt.... Und ähnlich bei Zephania: „Darum bei meinem Leben! spricht Jehova.... Moab soll wie Sodom werden, und die Söhne Ammons wie Gomorra. Nesselbesitz und Salzgrube und ewige Wüste[360]." Aber auch anderen Völkern wurde bald die Unfruchtbarkeit des Salzbodens klar. Virgil singt:

> „Aber die salzige Erde, die sich als bitter erwiesen,
> „Jeder Erndte verderblich und keinem Pfluge gehorsam,
> „Die kleine Gabe des Bacchus und nie ein Apfel geziert hat[361]."

und Plinius bemerkt, daß jeder Boden, in dem Salz gefunden wird, unfruchtbar sei*) ³⁶²⁾. Es ist natürlich, daß man darauf auch symbolische Handlungen gründete, indem man das, was zur Strafe wüste bleiben sollte, mit Salz bestreute. So finden wir im Buch der Richter: „Und Abimelech stritt wider die Stadt Sichem selbigen ganzen Tag und nahm die Stadt ein, und das Volk, das darinnen war, erwürgte er und zerstörte die Stadt und streute Salz darauf ³⁶³⁾. Aehnliches erzählt die Sage von Attila nach der Zerstörung von Padua und von Friedrich Barbarossa, der 1162 den Boden des von ihm zerstörten Mailand angeblich mit Salz bestreuen ließ. Die Geschichte bietet übrigens noch mehrere Beispiele dieser symbolischen Handlung dar. Wahrscheinlich gehört hierher auch noch eine eigenthümliche Bezeichnung für eine Verwünschung bei den Griechen „Verwünschungen ausstreuen", was man auf eine alte kyprische Sitte bezieht, wonach man vor dem, den man verfluchte, Korn und Salz hinstreute ³⁶⁴⁾.

Ich erwähne hier noch einer alten israelitischen Sage, für die ich sonst keinen Platz weiß und der ich auch überall kein Verständniß abgewinnen kann, da es ihr an irgend einem verständlichen sittlichen oder intellectuellen Kerne gebricht; es ist die Verwandlung von Lot's Weib in eine Salzsäule ³⁶⁵⁾. Daß das Gebiet des todten Meeres ein vulkanischer Boden sei, ist vielleicht möglich, aber durchaus nicht nachgewiesen; aber sehr wohl darf bezweifelt werden, daß Ausbrüche daselbst in historischer Zeit stattgefunden haben. Indeß ist es immerhin denkbar, daß das Einsinken eines Theils des Thales, durch das der Jordan früher seinen Lauf nach Süden zum rothen Meer fortsetzte, schon von Menschenaugen beobachtet ist. Dieses Einsinken bis zur Tiefe des todten Meeres vielleicht mit gleichzeitiger Bodenerhebung im Süden, wodurch der Flußlauf abgedämmt wurde, zumal wenn noch einige Feuererscheinungen sich damit verbanden, wie sie bei Salzlagerstätten ja gar nicht selten sind**), mußten einen so großen

---

*) Ich möchte hier daran erinnern, wie oft wir in der Nähe von Salinen den Namen Dürrenberg, Dürrheim u. s. w. begegnen.

**) Man vergleiche den ersten Abschnitt des zweiten Theiles dieser Arbeit.

Einbruck machen, daß sich die Erinnerung daran wohl Jahrhunderte hindurch erhalten konnte. Aber es ist im höchsten Grade unwahrscheinlich, daß diese Niveauveränderungen in der Thalsohle mit der Bildung des meilenlangen Salzgebirges an dem Südende des **todten Meeres** und mit den übergroßen Steinsalzmassen jener Gegend [366] in irgend einer Beziehung stehen, noch weniger, daß sie gleichzeitig sind. Wenn auch in jener Gegend einige Hütten an den Ufern des **Jordan** lagen, so kann diese Salzwüste doch nie so fruchtbar und bevölkert gewesen sein, daß dort zwei große Städte mit eigenen Königen hätten bestehen können. Somit entbehrt die Sage aller lokalen Grundlage, wodurch sie mit Naturerscheinungen in Verbindung gesetzt werden könnte. Daß die Bewirthung der Engel durch **Lot** und seine Frau sehr als Nachdichtung der **Philemon** und **Baukis**sage erscheint, ist nicht gut abzuweisen [367]. Die Verwandlung der Frau in eine Salzsäule haben einige Theologen ganz hinweg zu erklären versucht, was sprachlich unthunlich ist. Auch das Verbot des Zurücksehens läßt sich mit einem ähnlichen bei **Ovid** vergleichen [368]. Aber die **Römer** wissen doch (bei der auf die Oberwelt zurückkehrenden **Euridice**) einen Grund für dieses Verbot [369], der hier bei **Lot** gänzlich fehlt. So liegt weder ein natürlicher Grund noch ein sittlicher Inhalt in der Sage angedeutet und dieselbe kann deshalb ruhig an ihrem Ort gestellt bleiben. Daß man in späterer Zeit in dieser an Salzhaufen und Salzblöcken so reichen Gegend auch den neugierigen Reisenden die Salzsäule von **Lot's** Weib gezeigt hat, versteht sich von selbst. Nur ein Narr legt Werth auf dergleichen Demonstrationen [370].

Salzsteuern. Es liegt für noch rohe Zustände der staatlichen Entwicklung sehr nahe, daß die Machthaber gerade von den unentbehrlichsten Bedürfnissen der Menschen eine Abgabe erheben, weil dieselbe, alle treffend, den größten Ertrag giebt und nicht etwa wie seiner Zeit die österreichische Tabakssteuer in der **Lombardei** durch einfache Enthaltsamkeit abgewiesen werden kann. Daß in dieser Beziehung die Salzsteuer eine der schlimmsten Ausbeutungen der Armen und Schwachen durch die Reichen und Mächtigen darstellt, daß damit geradezu den Armen das

Brod genommen wird, um die Reichen damit zu mästen, konnte jene frühe, auch wissenschaftlich rohe Zeit noch nicht wissen. Ich sage die schlimmste, weil es eben eine physiologische Unmöglichkeit ist, daß der Reiche aus Luxus eine viel größere Quantität des Salzes braucht als der Arme. Maximum und Minimum des Verbrauchs sind hier in gleicher Weise durch die unabänderlichen Gesetze der thierischen Organisation bestimmt. Arme und Reiche zahlen unvermeidlich gleich viel d. h. was sonst der Reichthum tragen müßte, wird bei dieser Steuer dem Armen abgepreßt, damit der Reiche frei ausgeht. Diese Ungerechtigkeit fühlt der Instinct des Volkes freilich bald heraus und rächt sich dafür in seiner Weise. Wir dürfen dem Gesagten zu Folge erwarten, daß sich durch die Salzsteuer vorzüglich freie und despotische Staaten unterscheiden werden, und so finden wir es in der That. Die ältesten Andeutungen über Salzabgaben sind wohl die, welche Arrian uns mittheilt, wonach die ägyptischen Priester am Hammonium von dem feinen dort gegrabenen Steinsalz einen Theil in von Palmblättern geflochtene Körbchen packten und es dem Könige darbrachten [371]. Bei den Juden treffen wir die Salzsteuer auch zu einer Zeit als sie schon aufgehört hatten, selbständig zu sein. Josephus erzählt, daß Demetrius Nikator, an den Makkabäer Jonathan schreibend (um 146 v. Chr.), den Juden unter anderen auch die Erhebung der Steuern von den Salzseen zurückgegeben habe [372]. Ob eine solche Abgabe schon unter den Königen erhoben wurde, wissen wir nicht. Salzsteuern werden als vom einäugigen König Antigonus und von Lysimachos, Feldherrn Alexanders d. Gr. auferlegt, erwähnt [373]. Plinius führt den indischen Salzberg Oromenos an, von dem der König (welcher? der König von Persien?) größere Abgaben ziehe, als von Gold und Perlen. Ganz anders dagegen finden wir es in den freien Staaten des Alterthums, soweit wir davon unterrichtet sind.

Von den national-ökonomischen Einrichtungen der Griechen wissen wir allerdings sehr wenig. Ich habe aber in keinem griechischen Schriftsteller auch nur eine Andeutung über das Bestehen eines Salzzolles gefunden. Nur über Athen haben wir einige spärliche Nachrichten, die **Böckh** in seinem Buch über den Staatshaushalt der **Athener** zusammengestellt hat. Danach scheint es, daß anfänglich Salzgewinn und Salzhandel ein freies Gewerbe war. Größtentheils gehörte Salz und Fischerei den einzelnen Gemeinden in ihrem Gebiete und wurde wohl an Private verpachtet. Wir besitzen noch in einer Inschrift bei **Böckh** die Urkunde über einen solchen Pachtvertrag die Salzwerke an der Küste des **Piraeus** betreffend. Diese Pächter mochten wohl versuchen, den Preis unnatürlich in die Höhe zu schrauben und so wurde von den **Athenern** einmal durch einen Volksbeschluß der Preis des Salzes herabgesetzt[374].

Etwas mehr wissen wir von den **Römern**, die vielfach gesunde staatswissenschaftliche Ansichten hatten, wie sich z. B. in den Worten der **Latona** an die lykischen Bauern bei **Ovid** ausspricht: „Was beschränkt ihr das Wasser? Die Benutzung der Gewässer ist ein allgemeines Recht[375]." Nach **Livius** soll **Ancus Martius** die Stadt **Ostia** gegründet und dort die ersten Salinen angelegt haben, d. h. sie bestehen dort seit unvordenklichen Zeiten und gehören schon der Sage an. Der Betrieb der Salzwerke war aber in Privathänden und da hierdurch auch der Salzpreis eine ungerechtfertigte Höhe annahm, so entzog der Senat nach Vertreibung der **Tarquinier** (um 506 v. Chr.) den Privaten die Salzwerbung und den Salzhandel und machte beides zu einer Staatsangelegenheit, um den Salzpreis so niedrig als möglich halten zu können. Der Preis wurde für ganz Italien gleich angesetzt. Erst bei Beginn des zweiten punischen Krieges reformirte der Consul **Livius** das Salzwesen und legte (zur Bestreitung der Kriegskosten) einen Zoll auf das Salz, der ihm den Haß des ganzen Volkes und den Spottnamen »Salinator« (Salzknecht) eintrug; der pecuniäre Ertrag soll nach **Mommsen** nur ein geringer gewesen sei. Zu Zeit des Verfalls der Republik wurde aber das Salz nach und nach als eine bedeutende Finanzquelle angesehen und demgemäß ausgebeutet, so daß später zu den Spenden an das Volk häufig auch Salz gewählt werden mußte, um die allgemeine Unzufriedenheit zu dämpfen[376]. Dies blieb denn auch Gebrauch „im heiligen römischen Reiche". Vom Beginn des

XII. Jahrhunderts an haben wir viele Urkunden über das Droit de Salage in Frankreich und auch hier erhielt Philipp VI. wegen seiner Salzbedrückungen den Spottnamen „der Salzjude" (Salinarius)[377]. In Ungarn finden wir Salzabgabe seit Beginn des XIII. Jahrhunderts[378]. In Deutschland besteht ein Salzzoll ebenfalls schon vor dem XIII. Jahrhundert in großer Ausdehnung[379]. In England dagegen bis 1694 unter Wilhelm III. (die kurze Zeit der Republik ausgenommen), in Rußland bis auf Peter den Großen kannte man keine Salzsteuer. Daß das despotische Morgenland das Salzbedürfniß ausbeutete ist selbstverständlich und verweise ich dafür auf Marco Polo und die Mittheilungen der russischen Gesandtschaft in Peking[380]. In Afrika wird an der großen Sebcha (der Salzlache) außer dem Preis für das Salz noch eine Ausfuhrsteuer erhoben und in Mexico mußte täglich eine gewisse Menge Salz an den Hof des Königs geliefert werden[381].

Das Volk wehrte sich gegen diese Bedrückungen so gut es konnte durch (gewöhnlich wirkungslose) Proteste, die höchstens in den Händen der Kirche einen Erfolg hatten, wie die Erklärungen auf dem Concil von Avignon 1209 und von Arles 1234[382]. Ja selbst zum Aufruhr soll das Salz Veranlassung gegeben haben. Wenigstens wird von mehreren Chronisten behauptet, daß der Aufstand der Genter gegen den Herzog von Burgund vorzüglich durch die Salzsteuern hervorgerufen sei[383]. Im Allgemeinen war freilich das Volk auf das einzige Mittel beschränkt, wodurch es seine strafende Gerechtigkeit geltend machen konnte, nämlich auf die Sagenbildung[384]. So entstand die Sage, daß der Gesundbrunnen bei Aedepsus, sobald man versucht habe, von den Trinkenden eine Abgabe zu erheben, versiegt sei. Ebenso wird erzählt, daß, als Lysimachus von dem bis dahin freien Tragasaischen Salze versucht habe eine Steuer zu erheben, das Salz verschwunden und erst wieder gewachsen sei, nachdem der Zoll aufgehoben[385]. Dieselbe Bedeutung hat die folgende Sage. Der Großfürst Swiatopolk verweigerte (1100 n. Chr.) den Salzschiffen den Zugang zu seinen Landen und rief dadurch im russischen Reich einen allgemeinen Salzmangel hervor. Der fromme Mönch Prochorus im Kiew'schen Höhlenkloster sammelte aus allen Zellen die Asche, die sich unter seinen Händen in Salz verwandelte und die er so dem Volke austheilte. Darüber verklagten ihn die privilegirten Salzhändler beim Großfürsten, der dem Mönch das Salz wegnahm, welches sich aber sogleich wieder in Asche verwandelte; so blieb es drei Tage, dann ließ der Großfürst es wegschütten; als aber nun das Volk sich die Asche holte, war es wieder zu Salz geworden [386]).

Salz bei der Viehfütterung.

So haben wir das Salz in seinen Beziehungen zum Menschen besprochen. Aber der Mensch genießt es nicht nur selbst, sondern spendet es auch den Thieren, die vielleicht einstmals seine Lehrmeister im Salzgenuß gewesen waren. Schon Jesaias sagt: "Die Rinder und die Esel, die den Acker bauen, fressen gesalzenes Futter, welches man wurfelt mit der Schwinge und mit der Wurfschaufel." Bei den Griechen sagt uns Aristoteles: "Schafen und Ziegen giebt man im Sommer Salz, damit sie fett werden." Der prosaische Plinius erwähnt: "Auch alles Vieh wird durch Salz zum Weidegang angereizt, giebt reichliche Milch und schöneren Käse", und der Dichter Virgilius singt:

"Wer, ein Freund der Milch, den reichen Klee und den Lotos
"Eigenhändig und auch gesalzene Kräuter zur Krippe
"Trägt, dem lachen dann die angeschwollenen Euter
"Und es zeigt verhüllt die Milch den feineren Salzreiz."

Alle Landwirthe auch und Virgil an der Spitze rühmen die Verbesserung des Käses durch Salzzusatz [387]). Auch bei den Indiern muß der Gebrauch, dem Vieh Salz zu geben, sehr alt sein, denn Amara-Kosha (vor Chr.) führt ein Wort an, welches bedeutet: "So viel Salz als man einer Kuh giebt [388])."

Salz, Zeichen des Werthlosesten.

Endlich noch einen Widerspruch müssen wir anführen, um alle Beziehungen des Salzes zu erschöpfen. Sobald der Mensch das Salz kennen lernte, war es ihm eine kostbare Würze, ein unentbehrlicher Genuß geworden. Er suchte es auf, wo es nur zu finden war. Die Natur ist aber nicht karg gewesen mit dieser Gabe und so wurde das Salz bei all seiner Kostbarkeit und Unentbehrlichkeit doch bald im Einzelnen und Kleinen ein Gegenstand, der wenig Aufmerksamkeit zu verdienen schien. Ein paar Körnchen Salz wurden Bezeichnung des Werthlosesten, was man nennen wollte. Sagen wir doch heute noch, wenn wir etwas recht geringes bezeichnen wollen: „Damit verdient man ja nicht einmal das Salz zu seinem Brode." Aber diese Anschauung ist noch viel älter. So heißt es schon in der Odyssee:

„Du vom Eignen schenktest dem Darbenden schwerlich ein Salzkorn."

Und bei **Theokrit** sagt der Liebhaber zum Mädchen:

„Jetzt wohl gäbst du mir alles, doch später selbst nicht ein Salzkorn."

Wenn wir hier das Salz in seinen ursprünglichen Verhältnissen zum natürlichen Menschen kennen gelernt haben, so erscheint es ganz anders, wenn wir es nun unter der Herrschaft einer hochgesteigerten Civilisation und einer fortgeschrittenen Wissenschaft betrachten. Das soll uns im nächsten Abschnitt beschäftigen.

Anmerkungen zum ersten Theil.

1) Vgl. Humboldt, Aus der Natur. 3. Aufl. I, 231 ff. und G. Klemm, Das Feuer, die Nahrung, Getränke, Narcotica. Leipzig 1855, S. 255 f.

2) Homer Odyssee XI, 121—3 und XXIII, 268—70.

3) Pausanias, Descr. Graec. Lib. I, c. 12.

4) Suidas s. v. ἀλοψνητον.

5) Annales Fuldenses ad Ann. 892 bei Pertz Mon. Germ. T. I. p. 408.

6) Victor Hehn, das Salz, S. 37.

7) Sallust Jugurth. 87.

8) Karsten, Salinenkunde. Berlin 1846, Bd. I. S. 752.

9) Azara, voyage dans l'Amérique Mérid. I, 54. Dasselbe gilt von den Caraiben, Waitz Anthropol. d. Naturvölker Bd. 3. S. 377.

10) Ch. Lassen, Ind. Alterthumsk. 1. Aufl. Band I. S. 249.

11) Th. Waitz, Anthropol. d. Naturvölker Bd. 6. S. 582, S. 726.

12) A. v. Wrede, Reise in Hadramaut, herausg. v. H. v. Maltzan, S. 94.

13) Vgl. hierzu auch M. Müller, Essays, deutsch Bd. 2. S. 40 f.

14) Victor Hehn, Kulturpflanzen und Hausthiere, unv. 2. Aufl. Berlin 1874, S. 103 f.

15) Ueber die Begründung der hier in Frage kommenden chemisch-physiologischen Verhältnisse beziehe ich mich auf:

Lehmann, Lehrb. d. physiol. Chemie, 3 Bde. Leipzig 1853, insbes. I, 403—6 und III, 211—15.

Ludwig, Lehrb. d. Physiol. d. Menschen. Leipzig 1856, insbes. Bd. 2, 5—8 und 374—430.

Virchow über Nahrungs- und Genußmittel 1868.

Bunge, Ueber die Bedeutung des Kochsalzes im menschl. Organismus. München 1873.

Settegast, Thierzucht.

Liebig, Chem. Briefe, Brief 32.

16) Nach Bunge a. a. O. S. 10.

17) Athenäus Deipnos, Lib. XIV, c. 23 p. 661.

18) Dahin gehört das Wort des Plutarch (script. moral. ed. Dübner Paris 1841 Vol. II, p. 812 ff.), daß eben wegen der Zusammengehörigkeit von Brod und Salz Neptun und Ceres in demselben Tempel verehrt würden. Dann finden wir bei den griechischen Opfern, οὐλόχυτα (ulochyta) und ἀλφίτου ἀκτή (alphiton acte), das nach Einigen gesalzenes Opferbrot, d. h. Dinkel oder Spelzmehl mit Salz

Anmerkungen.

gemischt bezeichnet, was mir freilich nicht gaublich ist, da weder die Wortbedeutung, noch irgend eine andere Aeußerung des Griechen das wahrscheinlich macht. Horat. Satyr. II, 2, 16 hat: »cum sale panis« (Brod mit Salz). Ovid. Fasti I, 127: »mixta farra sale« „Mehl mit Salz gemischt". Auch Persius Sat. III, 25; Plin. H. N. XXXI, 41 führt »salem cum pane« als Sprichwort an, sowie gesalzenes Mehl beim Opfer. Statius Sylv. 1.

Wir Deutschen haben das alte Wort:
      Salz und Brod
      Macht die Wangen roth.

19) 2. Moses XXV, 28; XXXVII, 16; 3. Moses II, 13; 4. Moses IV, 7; VII. 15, 19; Esra VI, 9; Philo, de vita Mosis, l. III, pib. 669.

20) Hesekiel XLIII, 4.

21) Aristoteles Meteorol. lib. II. (p. 359); Plinius H. N. XXXI, 40.

22) Varro de re rust. l. 1, c. 7; Tacitus Ann. XIII, 57; Plinius H. N. XXXI, 39 u. 40; Nonnus de re cibaria, Antwerp. 1646, l. III, c. 9.

23) Dr. H. Barth, Reisen in Afrika. Bd. III, (Gotha 1858) S. 40 f. De Lacombe, voyage à Madagascar 1840. Bd. II. S. 43.

24) Von den Seeländern (Zeland) erzählt Levinus Lemnius (de occultis Naturae miraculis L. III, c. 9), daß sie früher Erdschollen der Küste (glebas maritimas) verbrannten und aus der Asche durch Auslaugen ein feines, glänzendes Salz gewannen, und daß sie diese Art der Salzgewinnung bis zum XVI. Jahrhundert beibehielten.

25) 5. Moses XXIX, 23; Hiob XXXIX, 6; Jeremias XVII, 6; Zephania II, 9; Psalm CVII, 33—34; Samuel VIII, 13, 1; Chron. XVIII, (XIX), 12; Psalm LX, 2, 2; Könige XIV, 7.

26) Hesekiel XLVI, 11.

27) Plinius H. N. XXXI, 39. Die große Bucht am Kaspischen Meere, der Kara-Boghas, ist eine natürliche, riesige Salzpfanne, die später einmal eine große Salzmulde werden wird. (Th. v. Baer, kaspische Studien. St. Petersb. 1859, S. 22 f.) B. Hehn, Das Salz, S. 18 f. Karsten, Lehrb. d. Salinenk. I. 578 behauptet, Plinius habe das kaspische Meer für süß ausgegeben. Er muß die Stelle bei Plinius nicht genau angesehen haben, auch giebt er selbst leider kein Citat.

28) Dr. Fr. Göbel, Reise in die Steppen des südlichen Rußlands, Th. 1, S. 316.

29) Caillé in seiner Reise nach Timbuktu und Jenné erwähnt noch solche von Steinsalz erbaute Häuser bei den Gruben von Tudeini. Caillé, Journal etc. Paris 1850, II, 404; 418.

30) Herodot IV, 181—185. J. Solinus Polyhistor. XXVIII, 1: „Auch die Dächer machen sie von Salz." Plinius H. N. XXXI, 39 u. V, 5, vergl. auch Denham und Clapperton, Reise durch Mittelafrika. Chardin, Reise nach Persien II, 361; Jaubert, Voyage en Armenie et en Perse II, 117. In Sibirien werden Statuen aus Salz gehauen. Solinus Polyhistor. XXXIII, 19. Aristoteles beschreibt (de mir. ausc. 134) die Salzlager von Utica und bemerkt, daß man dort Thierbilder und allerlei Geräthe daraus arbeite.

31) Strabo l. I, c. 3, § 4; vergl. auch Dioscorides Opera l. V, c. 126, Arrian. Anab. III, 3, 4; Solinus Polyhistor. c. 28; Plinius H. N. XXXI, 39; Plinius H. N. V, 5. Noch im V. Jahrh. rühmt Bischof Synesius (epist. 2, 147) den Salzreichthum beim Tempel des Ammon.

32) Herodot IV, 53; A. Gellius N. A. II, 22, 29; Plin. H. N. XXXI, 39; Apoll. Sidonius, Opera. Epist. lib. IX. ep. 12.

33) Plin. H. N. edit. Pankouke T. XXIII, p. 288. Ausführliches darüber in Ritter, Erdkunde Bd. XII. (Asien VIII.) S. 438.

34) Strabo l. XVI, c. 4 § 14; Plin. a. a. O.

35) Dioscorides Opera l. V, c. 126; Plin. a. a. O. Für den südlichen Zweig der europäischen Indogermanen scheint überhaupt das Seesalz das ursprüngliche, anfänglich alleinige, gewesen zu sein. Lycophron (Cassandra 133) nennt das Salz das „heilige Eis des Poseidon". Plutarch noch führt (Symp. IV, 4, 3) das Salz unter den Gaben des Meeres auf.

36) Plinius a. a. O.

37) Plinius H. N. XXXI, 40; Tacitus Ann. XIII, 57.

38) Aristoteles Meteorol. II. (S. 359); Plin. a. a. O.

39) Diogenes Laertius VIII, 1, 35.

40) Tacitus Annal. XIII. 57. Vergl. Plinius H. N. XXXI. 46. 1: »Quo apparet soli naturam esse quae gignat nitrum.« (Daraus wird klar, daß es die Natur des Bodens ist, von der die Erzeugung des Salzes abhängt.)

41) Plinius H. N. XXI, 40.

42) Hippocrates über Winde, Wasser und Ortslagen, § 11 am Ende und 12.

43) Hierfür ist im Allgemeinen zu vergleichen: L. Dieffenbach, Celtica und Zeuß, Keltische Grammatik.

44) Grimm's deutsches Wörterbuch unter „Hallor". Pott, etymol. Forsch. auf d. Gebiete d. indogermanischen Sprache, Thl. II. Abth. 3 der 2. Aufl. (nach dem Nebentitel: Indogermanisches Wurzelwörterbuch, Bd. II, Abth. 1) S. 666.

45) 1. Moses X, 14; G. Ebers, Aegypten, und die Bücher Moses S. 120—23; Herodot II, 15 u. 113; Plinius H. N. XXXI, 39; Shakespeare Hindust. Diction. p. 737. Könnte das Wort vielleicht mit dem semitischen mâlach „einsalzen" zusammenhängen?

46) Arnobii Afri Disput. advers. Gent. Pars I, lib. II, cap. 38. Gruter inscript. p. 1114.

47) Soole heißt überall das Wasser der Salzquelle, Salzwasser. Das Wort Salzsoole ist spätere Verderbniß im Munde Solcher, die die Bedeutung von „Soole" vergessen hatten, wie jetzt ja auch wohl Manche närrischer Weise „Citronen-Limonade" sagen.

48) Ch. Keferstein, Die Halloren als eine wahrscheinlich Keltische Kolonie, Halle 1843.

49) W. H. G. Eisenach, Das Sulzaer Thal u. s. w. S. 10.

50) helez (welsch) a place, where salt is made. J. Ray english words.

51) Heilbronn hat nichts mit heilen zu thun, so wenig wie Heil mit Salz; beides sind ganz verschiedene Wortstämme (Grimm, Wörterbuch unter „Heil"). Das wunderliche Sprachgefühl des Volkes vermeidet aber gerne Worte, bei denen es sich nichts (und wäre es auch nur ein Unsinn) denken kann. Wie es aus Mullwurf, was es nicht mehr verstand, Maulwurf, aus bîbiz Beifuß, aus Cambrayleinen Kammertuch, aus Aventura Abenteuer, aus dem nicht mehr verstandenen Rank (Umweg, Krümme; jemandem den Rank ablaufen) Rang u. s. w. machte, so veränderte es das längst unverständlich gewordene Halesbrunn in Heilbronn.

52) V. Hehn, Das Salz, S. 48 f. Pott, Personennamen S. 500 Anm. **)
53) Vgl. hierfür die schöne Arbeit von Victor Hehn, Das Salz, eine culturhistorische Studie; insbes. S. 40—56. Die entgegengesetzten Ansichten siehe Grimm, Deutsches Wörterbuch unter halle 3) S. 232 und Pott, Personennamen S. 500 Anm. **) Nur eine andere Form aus derselben Sprache, der das Wort Halle entstammt, ist der in Thüringen an der Saale und anderwärts so häufige Ortsname Sulza. Dem Halle entspricht auch das in England noch vielfach vorkommende wych oder wich (z. B. Greenwich, Woolwich, Middlewytch, Northwich, Droitwich u. s. w.) Ray Collection of English words S. 207. Ebenso der Salso bei den Italienern, z. B. östlich von Alessandria, in Sardinien und in Parma am Aveto.
54) Zeitschrift der deutschen zoologischen Gesellschaft, Bd. VII, (1855) pag. 250.
55) Manecke, Gesch. u. Beschrb. von Lüneburg, S. 75.
56) V. Hehn, ebenda S. 65; Ausonius Mosella, vers 127.
57) Wilson, Sanscr. Diction. u. d. W. Sara; Pott, briefl. Mittblg.
58) Spiegel, brieflich.
59) Noch 1556 heißt sie bei E. Brotuff, Chronika von Marsburg: Salah.
60) Klapproth, Asia polyglotta p. IV. u. 376.
61) Böthlingck und Roth, Sanskrit. Wörterbuch. Thl. VI, Sp. 579 ff.
62) Pott, Die Zigeuner. Bd. 2, S. 336.
63) G. Ebers, brieflich.
64) Arrian III, 3, 4. Auf eine wunderliche Angabe bei Athenaeus Deipn. II. 25 p. 67 will ich hier noch aufmerksam machen: „Dinon in seiner persischen Geschichte erzählt, daß die persischen Könige sich das Salz vom Ammonium und das Wasser des Nils zusenden zu lassen pflegten." Es erinnert das an die Sage, daß Kaiser Nicolaus sich auf seinen Reisen immer Newawasser habe nachschicken lassen.
65) Strabo l. XV. c. 1. § 30.
66) A. Böckh, die Staatshaushaltung d. Athener. Bd. 1. Berlin 1817, S. 109.
67) Livius Hist. I. 33.
68) Plinius H. N. XXXI. 41; Festus de verb. signif. s. o. »Salaria«; Livius Hist. II. 9; Plutarch quaest. conviv. V, 10, 4.
69) Noch jetzt verkauft man in Enarea (Abessynien) 2 junge Sklaven für 20 Amoles (Salzstücke). Abbadin in Augsb. Allg. Z., 11. Dez. 1844, S. 2762.
70) Strabo XV, 1, § 30.
71) Ch. Lassen, Indische Alterthumsk. Bd. 1. S. 249.
72) Lassen, ebendaselbst.
73) Die Reisen des Venetianers Marco Polo, herausg. v. A. Bürk u. K. F. Naumann, 2. Aufl. Leipz. 1855. Buch 2, K. 38 (S. 387); K. 39 (S. 392); K. 50 (S. 424); K. 56 (S. 440); K. 59 (443); K. 69 (S. 485).
74) Arbeiten d. K. russischen Gesandtschaft zu Peking über China. A. d. Russ. v. Abel u. Mecklenburg. Bd. 2 (Berlin 1858) S. 495—505.
75) Vollmer, Vollständiges Wörterbuch der Mythologie unter „Phelon". Merkwürdig bleibt es immer, daß die einzigen Völker, die eine Salzgottheit kennen, gerade die Chinesen und die Mexicaner sind.
76) Herodot IV, 108—185.
77) Vergl. Ritter, Erdkunde, Bd. XIII. S. 609—759 zur Geschichte des Kameles.

78) Siehe Movers, Phönizien in Ersch und Gruber, S. 363 f.; S. 369 und Movers, Die Phönizier, Bd. 2. c. 9 u. 10, S. 412—554.

79) Zu vorstehendem ist zu vergleichen: Barth, Reisen in Afrika. Bd. I. S. 571; Bd. II. S. 49, 152; Bd. V. S. 23. 26; Dr. C. Andrée's vortreffliche Darstellung des Karawanenhandels in Afrika in Geographie d. Welthandels Bd. 1. S. 176 ff., besonders 179—80.

80) Th. Waitz, Anthropol. d. Naturvölker Bd. 4. S. 90. 98.

81) Vollmer, Vollst. Wörterb. der Mythologie unter diesem Worte.

82) K. Andrée, Geograph. d. Welthandels. Bd. 2. S. 869.

83) Th. Waitz, Anthropol. d. Naturvölker. Bd. 3. S. 85.

„   „   die Indianer Nordamerika's. Leipz. 1865, S. 97.

84) Dr. Schmidt, Zur Urgeschichte Nordamerika's in Archiv f. Anthropol. Bd. V. (1872) S. 236. f.

85) Carl Rau, Tauschverhältnisse der Eingeborenen Nordamerika's in Archiv f. Anthropol. Bd. V. S. 8.

86) Waitz, Anthropol. d. Naturvölker. Bd. 3. S. 85.

87) K. Andrée, Geograph. d. Welthandels. Bd. 1. S. 235.

88) Herodot IV, 17.

89) „ταριχόπλεως Βόσπορος" („der Salzfischreiche Bosporos" bei Athenaeus Deipnos L. III, c. 84). Man muß sehr oberflächlich lesen, wenn man nach dieser Stelle den Hesiod citirt, denn die Verse werden ausdrücklich als untergeschoben und nur vom Athener Euthydemos herrührend anerkannt.

90) Man sehe die vortreffliche Characteristik nach den Quellen in Mover's Phöniziern in Ersch und Gruber, Encyclopädie, und in Movers, Die Phönizier.

91) L. Dieffenbach, Celtica Heft 2, S. 284.

92) Wer sehen will, was dabei herauskommt, wenn man mystischen Blödsinn in die Wissenschaft hinein trägt, der lese Herrn C. Schweigger's Abhandlung über das Electron der Alten, worin er das Electron (Bernstein) und das Kassiteron (Zinn) beides für Platina erklärt.

93) Homer Odyssee XV, 402—483. Wenn Müllenhoff, Deutsche Alterthumskunde, Bd. 1. S. 221 sagt: „nach Herodot III, 115 kommen Zinn und Bernstein auf demselben Wege nach Griechenland", so ist das ungenau, Herodot sagt nur, sie kommen aus den äußersten (ihm gänzlich unbekannten) Ländern nach Griechenland, auf welchen Wegen das geschieht, davon weiß er nichts, wenigstens sagt er nichts davon. Nur weil der Bernstein mit dem Zinn zusammengenannt wird, hat man geglaubt, daß beide zusammen von demselben Ort durch dieselben Schiffer gebracht wurden. Aber das ist schon durch die obigen Bemerkungen über den Homer widerlegt.

94) Movers, Phönizien in Ersch und Gruber, S. 363—4 u. S. 369.

95) Man vergl. hierzu Müllenhoff a. a. O. S. 211 ff. Aeschylos bei Plinius XXXVII, 11. 1; Theophrast Eresii quae supersunt ed. Schmieder I, S. 693 (über d. Steine).

96) K. E. von Baer, Historische Fragen mit Hülfe der Naturwissenschaften beantwortet. Petersburg 1873, S. 13 ff.

97) Kohl, Die Marschen und Inseln der Herzogthümer Schleswig u. Holstein. Bd. 3. S. 244 ff.

98) Vgl. Schleiden, Das Meer. 2. Aufl. Berlin 1874, S. 222 ff.

99) Herodot IV, 32—36; IV, 17.
100) Herodot IV, 53.
101) Man muß hierzu auch noch die klassische Arbeit von K. E. v. Baer vergleichen in „Historische Fragen mit Hülfe der Naturwissenschaften beantwortet". Petersburg 1873, S. 62—112.
102) C. F. Wiberg, Einfluß der klassischen Völker auf den Norden, u. s. w. a. b. Schwedischen von J. Mestorf, S. 36.
103) Grewingk, Das Steinalter der Ostseeprovinzen. Dorpat 1865, S. 95.
104) Plinius XXXVII, 11, 2; Wiberg a. a. O. S. 45 u. 50.
105) Man vergl. hier Schleiden, „das Meer" 2. Aufl. Was ich dort bei Gelegenheit des Bernsteins gesagt habe, ist hier nur nach einigen Seiten weiter ausgeführt und nach weiterem Studium auch in einigen Punkten modificirt. W. Helbig (Im neuen Reich von Reichard 1875, N. 1, S. 21) bemerkt: „In den ältesten Gräbern von Alba longa, deren Inhalt durchaus keine Spur von überseeischen Verbindungen erkennen läßt, finden sich bereits rohe Perlen aus nordischem Bernstein." Das könnte eine sehr interessante Bestätigung meiner Ansichten sein, wenn der Bernstein selbst auch nur die geringsten Merkmale darböte, um seinen Ursprung zu bestimmen. So aber hat jener Fund nicht einmal so viel Werth als die Nachricht bei Homer. Es kann ebenso gut Bernstein aus Sicilien (Oskar Schneider im Ausland 1872, S. 841 ff.) als vom Samlande oder der Nordseeküste sein.
106) Cassiodor lib. XII, ep. 24.
107) Hüttmann, Geschichte des byzantinischen Handels, S. 116, 126 u. s. w. S. 44.
108) Dr. Th. Hirsch, Danzigs Handels- und Gewerbsgeschichte. Leipzig 1858, S. 155, 171, 188.
109) Herodot IV, 33; Dio Chrysostomus Orat. XXXVI; Borysthenes p. 75, 1, 34 ed. Reiske.
110) Herodot a. a. O., auch Cratinus bei Athenaeus Deipnos l. III, c. 88: »pontica salsamenta«. Pomp. Mela II, 1, § 6; Skymnos Chius Fragm. v. 66: (Hudson I, 47) sprechen zwar vom Fischreichthum, aber kein Wort vom Einsalzen, wofür sie von einigen Schriftstellern citirt werden.
111) Strabo XI, 2. § 4 p. 374—5. Die Salzfische wurden an der Mündung des Don bei Tanais und in den Baien von Sei und Atchujeff (der große und kleine Rhombites der Alten) bereitet; Nikephor. Gregor. Hist. Byzant. l. IX, c. 5 § 6 und l. XIII, c. 12, § 7. pag. 429 c.
112) Movers, Phönizien in Ersch und Gruber, Encyclop. S. 359, Lukian Toxaris c. 4. Die Phönikier trieben auch einen großen Handel mit spanischen Salzfischen. Movers, ebenda S. 361.
113) Strabo VII, 3, § 48, p. 388, Athen. Deipn. l. III, c. 84.
114) Libanios epist. 84 p. 45 ed. Wolf, III, 87; ibid. VII, 21, p. 37, l. II; Siehe auch Strabo VII, 4, § 6.
115) Athen. Deipnos, III, 84; III, 88 (p. 119); VII, 7.
116) Demosthenes in Lacritum p. 934, l. 24 ed. Reiske; Aelian de natura animal. XV, 5. Schilderung des Thunfanges.
117) F. Simony, Alte Leichenstätte auf dem Hallstädter Salzberge in Oberösterreich in Sitzungsber. d. K. Akad. d. W. in Wien, phil. hist. Classe. Bd. IV, 1850, S. 338 f.; E. von Sacken, Das Grabfeld von Hallstadt in Oberöstreich

und deffen Alterthümer, Wien 1868, S. 146 ff. Vergl. auch J. A. Schultes,
Reifen durch Oberösterreich. Tübingen 1809, Thl. I. S. 97.

118) Das Kronland Salzburg u. f. w. Salzburg 1851, S. 9; A. von
Muchar, Beiträge z. e. urkundl. Gesch. d. altnorischen Berg- und Salzwerke in
Steyermärkifche Zeitfchrift Heft XI, S. 7.

119) Dr. Herm. Genthe, Ueber den Etruskischen Taufchhandel nach dem Norden.
Frankfurt a. M., 1874.

120) Aristoteles de mirabil. auscultationibus 138, meteorolog. l. II, p. 359.

121) Victor Hehn, Das Salz, S. 39 f.

122) M. B. Lipold, Der Salzberg am Dürnberg nächst Hallein in Jahrb. d.
K. K. geolog. Reichsanst., V. Jahrg., S. 590 ff.

123) Zeitschr. d. deutsch. geolog. Gefellsch. Bd. VII, (1855) S. 280;
U. F. C. Manecke, Kurze Beschreib. u. Gesch. d. Stadt Lüneburg. Hannover 1816,
S. 101 ff.; W. H. G. Eifenach, Das Sulzaer Thal u. f. w. Naumburg 1821,
S. 10; J. Rep. Hrabina, Gesch. d. Wieliczkaer Saline. Wien 1842, S. 11.

124) Dr. Ch. Keferstein, die Halloren als eine wahrscheinlich keltische Colonie.
Halle 1843.

125) Ueber die Grabfunde bei Nauheim in Archiv für Hessische Gesch. und
Alterthumsk., hgb. v. Dr. Ph. A. F. Walther, Bd. X, Heft 3, S. 447 ff.; Das
Soolbad Nauheim von Otto Weiß. Friedberg u. Nauheim 1871, S. 1 f.

126) Langsdorf, Vollständ. Anleitung z. Salzwerkskunde. Altenburg 1784,
S. 9; U. F. Kopp, Beitr. z. Gesch. d. Salzwerke Soden bei Allendorf. Marburg
1788; W. H. G. Eifenach, Das Sulzaer Thal u. f. w. Naumburg 1821, S. 7.

127) W. H. G. Eifenach, Das Sulzaer Thal u. f. w., S. 3; U. F. Kopp, Beitr. z.
Geschichte d. Salzwerkes Soden b. Allendorf. Marburg 1788.

128) Keferstein a. a. O.

129) Victor Hehn, a. a. O., S. 45.

130) Saxo Grammaticus Hist. Daniae edit. P. E. Müller, lib. VI. p. 264.

131) Manecke, Kurze Beschreibung und Gesch. der Stadt Lüneburg. Hannover
1816, S. 71; H. S. Macrinus, Ursprung, Güte u. f. w. der Sülzen zu Lüneburg.
Lüneburg 1710, S. 5.

132) J. C. von Dreyhaupt, Beschreibung des Salzkreises, Th. I, S. 9, 667,
Th. II, S. 435; Fr. Henr. Witzendorff, Disquis. de etymol. et primord. Lüne-
burg. in parerg. Götting, T. I, L. II, § 8, S. 177; § 12, S. 184; Dipl. Joh. D.
Lauenb. apud Lünig, Reichsarchiv P. sp. Abf. 11 p. 641 (nach F. C. J. Fischer,
Gesch. d. teutschen Handels, 2. Aufl. Hannover 1793, Th. I, S. 819, 855, 950, 954.

133) Scheible, Die gute alte Zeit. Stuttgart 1847, S. 274. 288.

134) J. C. v. Koch-Sternfeld, Gesch. v. Berchtesgaden. München 1815,
S. 20, 21.

135) V. Hehn a. a. O., S. 46 f.

136) Fischer, Gesch. d. deutschen Handels S. 124, 392. Urkunde bei Lünig
spicilegium Eccles. P. II, c. 4, p. 214.

137) V. Hehn a. a. O., S. 5 f. Vita Ottonis ap. Ludwig, script. rer.
Bamberg, T. I, p. 690.

138) W. H. G. Eifenach, Das Sulzaer Thal u. f. w., S. 9; L. Bechstein,
Thüringen. Leipzig 1847, S. 109.

139) Dr. J. B. Weiß, Gesch. Alfreds d. Gr. Schaffhausen 1852, S. 340 Du Cange Glossar. Lat. s. v. Salagium, Salinaria und Sal aquaticum et terrestre.

140) U. F. C. Manecke, Kurze Beschreib. u. Gesch. d. Stadt Lüneburg. Hannover 1816, S. 90.

141) Karl Müllenhoff, Deutsche Alterthumskunde, Bd. 1, Berlin 1870, S. 211 ff.: Pytheas von Massilia; Tacitus Germania, cap. 45; J. G. Kohl, Die Marschen nnd Inseln der Herzogth. Schleswig und Holstein. Dresd. u. Leipz. 1846, Bd. 3, S. 244 ff. hier über das noch in einigen ostfriesischen Dialecten gebrauchte Wort »glaes« zur Bezeichnung des Bernsteins.

142) Andrée, Geographie des Welthandels, Bd. 1, S. 320.

143) Strabo, L. III, c. 5, § 11, pag. 175, sq.

144) J. H. Voß, Beschränkte Weltkunde der alten Griechen in Jenaische Lit. Ztg. 1804, Bd. 2, S. III. seqq.; Humboldt, Kosmos, Bd. 2, S. 409 f.; C. F. Wiberg, Der Einfluß der klassischen Völker auf den Norden durch Handelsverkehr, a. d. Schwed. von J. Mestorf, Hamburg 1867; Karl Müllenhoff, Deutsche Alterthumskunde, Bd. 1, S. 211 ff.; Schleiden, Das Meer, 2. Aufl. „der Bernstein", S. 222 ff.

145) Caesar de bello gallico l. III. c. 8 u. 13.

146) Cimbern: Plinius H. N. IV, 37; Chauken: Tacit. Ann. XI, 18; Franken: Nazarius in panegyr. ad Constant. Aug. Lips. 1650. p. 244; Zosimus Histor. L. I, c. 7; Vopiscus vita Probi c. 18; Eumenius in panegyr. IV, c. 18; VI, c. 6; Franken und Sachsen: Eutropius Epit. Hist. Rom. Lib. IX, c. 13; Ptolemaeus Geogr. l. I, c. 11 und weiteres bei Fischer, Gesch. d. deutschen Handels, S. 136 ff.

147) Schafarik, Slavische Alterthümer, I, 452; J. Schumann, Geologische Wanderungen durch Altpreußen. 1869, S. 24.

148) Globus 1874, Bd. XXVI, No. 15, S. 239 f.

149) K. Lohmeier in Preuß. Jahrbücher, März 1874, S. 235; Adam Bremens., hist. ecclesiast. Lugd. Bat. 1595, cap. LI., bei Pertz, in der Redaction von Leppenberg ist es Lib. I, c. 62.

150) Man vergl. hierzu die ausführliche Entwicklung bei Fischer, Gesch. d. deutsch. Handels, Kap. XX. und XXI. (S. 269—299.)

151) Dr. Th. Hirsch, Danzigs Handels- und Gewerbsgeschichte. Leipzig 1858, S. 5, 83, 92, 96, 120, 146, 152, 171.

152) D. J. B. Weiß, Gesch. Alfred d. Gr., Schaffhausen 1852, S. 298; The Anglo-Saxon Version from the Historian Orosius. By Alfred the Great. London 1773. Dazu die Anmerkungen von Reinhold Forster auf S. 256 f.

153) Ich finde diese Angabe mehrfach mit Beziehung auf Marcian L. VI, § 666, (edit. U. F. Kopp.) Mir erscheint an der angegebenen Stelle nur die absolute Verwirrung unverstandener Nachrichten durch einen geographischen Ignoranten.

154) Forster, Geschichte der Entdeckungen ... im Norden. Frankfurt a. O. 1784, p. 66; Nennius Eulogium britan. (in Monumenta histor. britan. 1848) c. 25.

155) Die ältesten Handelswege Hamburgs v. Dr. Karl Koppmann in Zeitschr. d. Vereins f. Hamb. Gesch., Neue Folge, Bd. 3, Heft 3, S. 406 ff.; Th. Hirsch, Danzigs Handels- und Gewerbsgeschichte. Leipzig 1858, S. 190; Dr. J. C. W. Möhsen, Gesch. d. Wissenschaften in der Mark Brandenburg u. s. w. Berlin u. Leipzig 1781, S. 216.

156) (Anderson) Historial and chronological deduction of the Origin of Commerce etc. etc. London 1787. Vol. 1. p. 77. 84. Leider führt Anderson die Quelle, aus welcher er seine Nachricht schöpft, nicht an, auch ist dieselbe bis jetzt noch nicht aufgefunden worden. Indessen ist Anderson durchweg ein so gewissenhafter Schriftsteller, daß man ihm wohl vorläufig aufs Wort glauben darf.

157) Snorre Sturluson, Hist. Regum Norwegicorum. Hafn. 1777; Saga af Olaf Hinom Helga, cap. 168; Saxo Grammaticus edit. P. E. Müller, Historia Daniae lib. VI, p. 264.

158) (Schmidt) Allgemeine Geschichte der Handlung und Schifffahrt, Bd. II. S. 878 (nach Fischer, Gesch. d. teutschen Handels, Th. I, S. 147.)

159) V. Hehn, Das Salz, S. 69.

160) Herbordi, Vita Ottonis (Pertz monum.) 1. 36 u. 3. 1.

161) Vita S. Ottonis in Ludwigii scriptor. rerum. Bamberg, p. 93.

162) Vgl. auch Dr. Lindemann, Der schottische Heringsfang, in der Gartenlaube 1875, S. 359.

163) Wer längere Zeit in Edinburg war, dem klingt gewiß noch das »Kaller herring« (frischer Hering), der Ausruf der auf den Straßen haustrenden Fischfrauen von Newhaven (mit ihrer theilweise hochschottischen Sprache) in den Ohren, oder er hat in Newhaven bei Mß. Clare bei einem »Fish dinner«, die mannigfachen Delicatessen kennen gelernt, die sie aus dem frischen Hering bereitet. Daß die schottischen Küstenbewohner die gewaltigen Mengen gesunden Nahrungsstoffes, den ihnen die Nordsee im Hering darbot, nicht verschmäht haben und für diesen so häufigen Fisch auch schon ihren Namen hatten, kann wohl nur Gedankenlosigkeit bezweifeln. Man hat häufig gesagt, die Nordschotten hätten keine Fische genossen und sich dafür auf Dio Cassius, Hist. Rom., L. LXXVI, c. 12, berufen. Jedenfalls spricht die Stelle nicht von den Küstenbewohnern; sie scheint mir aber auch gründlich corrumpirt zu sein, da sie einen wunderlichen Widerspruch in sich enthält. Es heißt: „Die Meatae und Caledonii diesseits und jenseits der Pictenmauer bewohnen auf beiden Seiten die Berge, die dürr und wasserlos sind (was bekanntlich durchaus falsch ist), dann die Einöden mit großen Sumpfstrecken" und dann fährt Dio fort: „Fische, deren es daselbst (ibi wo? auf den wasserleeren Bergen oder den sumpfigen Einöden?) eine ganz unzählige Menge giebt, genießen sie nicht."

164) M. A. Valenciennes, Histoire naturelle du Hareng. Paris et Strasbourg 1847, S. 63; F. S. Bock, Versuch einer vollständ. Natur- und Handels-Gesch. d. Heringe. Königsb. 1769, S. 67; Nic. Humble de piscatura harengor. in Roslogia. Upsala 1744, S. 22; I. M. Mitchell, The herring its natural history and national importance. Edinburgh 1864, p. 129 f. 132, 136; W. Th. Gevers Deynort de magno sive halecum piscatu belgico. Leyden 1829, p. 5; Holmberg in Bull. d. l. Sociét. Imp. des Natural. de Moscou. 1862 No. 1, p. 171: „Frisch gefangen ist der Hering am delicatesten, gesalzen hält er sich länger;" Hist. Olai Magni de gentium septentr. var. condit . . . Basel 1567, cap. XXIX.

165) Nennius Eulogium Britannicum (858 vollendet) in Monumenta histor. brit. 1848, p. 78; Chronicon Abbatiae de Evesham ed. W. D. Macray. London 1863, ad Ann. 721.

166) Th. Wright, the homes of other days. London 1871, nach Ausland 1874, S. 625 f.

167) Globus 1872 Bd. XXI. S. 48.

168) Stve: Valenciennes Hist. natur. du Hareng. Paris et Strasbourg 1847, p. 99; Helgoland: Ul. Aldrovandi de piscib. II, 10; Gesner de piscib. fol. m. 6; Happelius relationes curiosae, pag. 67; Bohuslän: Valenciennes a. a. O., pag. 97 f.; Evesham: Valenciennes ebenda, p. 183 f.; Holmberg in Bull. d. l. Soc. Impér. des Narus. d. Moscou, 1862 No. 1, p. 167 f.; I. G. Bertram, The harvest of the sea. London 1865, p. 49; Chronic. Abbat. de Evesham ed. W. D. Macray. London 1863; Alexander III.: Keine Urkundensammlung der norddeutschen Küstenstädte hat eine solche Bulle, unter den Urkunden Alexander III. (Regesta Pontificum Romanorum von Jaffé, pag. 679—827) ist diese Urkunde nicht; weder n Sartorius und Lappenberg's Gesch. d. Hanse noch in Fischer's Gesch. d. deutsch. Handels (I, 689 ff. Gesch. d. Heringsfangs) noch in Lindemann's arktischer Fischerei wird diese Sache erwähnt*); Alter des Räucherns und Einsalzens der Heringe: Zuerius Boxhorn apologia pro navigat. Holland, p. m. 241: Ordonnances des Rois de France 1030 Statut. der Abtei St. Catherine (hareng salé).

169) Snorri Sturlusons Heimskringla, übers. von Dr. F. Wachter, 2 Bde. Leipz. 1835—6, Bd. 2; Harold Grafeld, Kap. 18; Olaf Tryggwason, Kap. 16; Valenciennes hist. nat. du Hareng, Paris et Strasbourg 1847, p. 155. — I. M. Mitchell, the herring, Edinb. 1864, p. 134. — Auberti Miraei Opp. diplomat. Tom. I. Lovanii 1723, p. 69. — Mitchell a. a. O., p. 132. In der Urkunde Davids I. heißt es; »et ibi Renfry piscariad allechtia libere« (eine seltsame Pluralform); — Mitchell ebenda, p. 134. — Delamare Traité de la Police, Tom. III, Paris 1729; Liv. V, Titre XXVII, ch. 4, p. 305. — Martene et Durand, Thesaur. novus Anecdot. Tom. III, Paris 1717, Spalte 665. 668. — Martene u. Durand, Veter. script. et monum. . . . ampliss. Collectio Tom. I, Paris 1724, Spalte 881. — Mart. et Dur., Thesaur. nov., Tom. I, Spalte 632. — Du Cange, Gloss. s. v. Harenga nach Brusset de usu feudorum T. 2, p. 188. — Mitchell a. a. O., p. 136. — Chronicon Abbat. de Evesham ed. W. D. Macray. London 1863, ad annum 1206. Die drei Verfasser lebten Ende des XII. und Anfang des XIII. Jahrhunderts. Im Texte selbst kommt der Hering gar nicht vor. Zum Jahre 1206 erwähnt ein Zusatz am Rande des Codex zu den Einkünften des Klosters: »et annuatim in capita jejunii quatuor millia allocium«. Ebenda im Context bei den Pflichten des Kellermeisters: „Auch soll der Kellermeister jedem Armen am Tische des Herren ein Brod und 3 Heringe und Bier so viel nöthig geben." — Mitchell, the herring, p. 136; Yairs acount of the Scotch trade in the Netherlands, p. 55.

170) Die dieser Berechnung zu Grunde gelegten Zahlen habe ich Holmberg a. a. O., Mac Culloch's Dictionary of Commerce u. J. J. Sturz, Der Fischfang auf hoher See, 1862, entlehnt.

171) Nach Thietmar von Merseburg und Dreger bei V. Hehn, Das Salz, S. 69.

172) Martinus Gallus (Chronikon. Warschau 1824, l. II, c. 28, p. 192) singt, daß man früher nur gesalzene Fische zugeführt erhalten habe, jetzt aber (bei der Er-

---

*) Ich verdanke diese Nachweise, die ich nur theilweise selbst nachschlagen konnte, der liebenswürdigen Gefälligkeit des hamburgischen Archivars Dr. Otto Benecke.

oberung Kolberg's durch Boleslaus III.) auch die lebendig springenden bekommen habe. Siehe Hehn a. a. O.

173) Das sagte Saxo um 1200. Die vom Parlament niedergesetzte Untersuchungscommission sagte 1863: „Ein Acre guten Bodens bringt jährlich eine Tonne Korn oder 3 Centner Fleisch oder Käse. Ein Acre Fischereigrund der Nordsee bringt ebensoviel Nahrungsstoff in jeder Woche." So sprechen kluge Männer, aber Thoren sind taub dafür.

174) Herbord vita Ottonis 2, 40; Helmold, Chronic. Slavor. 2, 12; Arnold Lubec., Chronic. Slavor. 3, 5; Saxo Grammaticus Historia Danorum regum, praefatio.

175) So erzählt Caspar Schott, Physica curiosa, L. X, daß Helgoland noch 1530 einen reichen Heringsfang hatte; aber nachdem einige Einwohner einen Hering aus Ueberm ut mit Ruthen gestrichen, sei der Fisch ausgeblieben.

176) Gewiß ist nur, daß 1411, 1412, 1416 und 1425 der Heringsfang nur geringen Ertrag gab; schon 1432 werden aber wieder reiche Ladungen erwähnt und bis 1500 versorgte Danzig von Schonen aus ganz Polen und Lithauen mit Heringen. In 1485, 1486 und 1492 war der Fang so reich, daß die Fischer einen großen Theil wegen Mangel an Absatz wieder ins Meer werfen mußten. (Dr. Theod. Hirsch, Danzigs Handels- und Gewerbsgeschichte 1858, S. 146).

177) Raczinscy, Histoire naturelle de Pologne, p. 165.

178) J. J. Sturz, Der Fischfang auf hoher See u. s. w., S. 53 ff.

179) Ausland 1874, S. 358.

180) Auch unter den Bücklingen stellten die Feinschmecker schon früh eine Rangordnung her, Neukrantz de harengo 1654 p. 42 schreibt: „Die Schleswiger Bücklinge sind von vorzüglichem Geschmack, nicht schlechter sind die Stralsunder, dann folgen die Rostocker, dann die Wismarschen, den letzten Platz nehmen die Lübeckischen ein.

181) Flügel's Geschichte des Grotesk komischen. Neu bearbeitet von Ebeling. Leipzig 1862, S. 194 ff.

182) St. v. Schonevelde, Ichthyologie, Hamburg 1624, S. 36: „Der Hering (Harengus) wird mit Salz oder Salzbrühe eingemacht, davon heißt der eingemachte (conditaneus) oder gepöckelte Hering: Gesalzener Hering, Pöckelhering, harenc salé u. s. w."

183) Pauli Neucrantzi de harengo exercitatio medica. Lubecae 1654, pag. 9 sqq.

184) Columella de R. R. sagt: Auch pflegte man in Salz aufgelöste (tabentes) Aleculas (?) und darin verzehrte (exesam) Chalcidem (?) darzubieten.

185) So Geoponica XX, c. 46, p. 1271 sq. offenbar aus einer alten, aber nicht angegebenen Quelle.

186) Ovid. Fast. VI, 173—4.

187) Aldrovandi de piscibus II, 10.

188) Plinius H. N. XXXI, 44; id. IX. 74 und Harduin zu dieser Stelle. Man braucht nur die Stelle des Martial (Epigr. III, 77, v. 5) und Seneca (Natur. quaest., L. III, c. 17, § 2) anzusehen, um zu wissen, daß garum und alec bei den Römern nie etwas anderes als eine Flüssigkeit bedeutet haben können. Dieser sagt: „einige lassen den Mullus (einen Fisch) im Garum sterben", jener spricht von „Kappern und Zwiebeln, die im fauligen alec schwimmen".

189) Columella de R. R. Lib. VIII, c. XV, § 6; c. XVII, § 12 und 14. Auch L. VI, c. VIII, § 2.

190) Prisciani Caesar. Opera ed. Krehl, Pars II, p. 233. Ich halte den ohnehin gar nicht an diesem Orte passenden kurzen Satz: „Es ist aber alec eine Art Fisch" für ein Einschiebsel eines späteren unwissenden Mönchs, der ihn abzuschreiben hatte. Vergl. auch Forcellini s. v. alec. Forcellini hat, wie es scheint, den Satz vom piscis nicht im Priscian gefunden.

191) Von den Wolfenbütteler Handschriften des Isidor hat die älteste (aus dem XI. Jahrhundert) und die vorzüglichste (aus dem XIV. Jahrhundert) »Allec« und so hat Vincenz von Beauvais gelesen, der sich für seine Allec-Faseleien ausdrücklich auf den Isidor beruft. Uebrigens sagen weder Isidor noch Vincenz, daß Allec ein eingesalzener Fisch sei. Ich werfe es keinem der geistlichen, mittelalterlichen Schmierer vor, daß sie nicht selbst beobachteten und untersuchten, dazu war ihre Zeit noch nicht reif und wenn ein Mann wie Albert der Große in dieser Beziehung wenigstens in der Pflanzenkunde eine rühmliche Ausnahme machte, so wurde doch diese seine beste Arbeit sehr bald wieder vergessen, während ihm untergeschobene Sudeleien wie die Mirabilia mundi zahlreiche Auflagen erlebten. Aber daß die geistlichen Herren in den ihnen vorliegenden Klassikern nicht einmal das lesen konnten, was mit klaren Worten darin steht, zeigt unwiderleglich, zu welchem pfäffisch verdummten Geistespöbel sie gehörten.

192) Ueber das Verhältniß der hier genannten vier Männer zu einander vergl. man E. Meyer, Gesch. d. Botanik. Bd. 4, Königsberg 1857, Zwölftes Buch und S. 198 ff.; Vincentius Bellovac. Speculum natur., s. l. et a., gr. fol. L. XVIII, c. 30 de Allece. Die sehr seltene Ausgabe des Albertus magnus, in welcher allein die Zoologie aufgenommen ist, habe ich mir leider nicht verschaffen können. Konrad von Megenberg, das Buch der Natur, hrsggb. v. Dr. Franz Pfeiffer. Stuttgart 1861, S. 245, 2.

193) Martial III, 77 vers 5, Ausgabe von Dr. F. G. Schneidewin. Grimma 1842; Nonius Marcellus de compendiosa doctrina edit. F. D. Gerlach et C. L. Roth. Basel 1842, S. 82.

194) Ul. Aldrovandi opera; Rondelet, de piscibus marinis; K. Gesner, historia animalium; Levin. Lemnius de miraculis occultis naturae. Frankfurt 1590, S. 320; Gerhard Johann Vossius Opera, T. V. de origine et progressu idololatriae 1700, lib. IV, c. 2 u. 27; Pauli Neucrantzi de harengo 1654, p. 6—14; J. Th. Klein, Historia piscium nat. Danzig 1740, Miss. X, p. 69; Nicol. Humble de piscatura harengorum in Roslogia. Upsala 1744; Fr. Sam. Bock, Versuche einer vollständigen Natur- und Handlungsgeschichte der Heringe. Königsberg 1769, S. 1—8. Vergl. auch noch Naturgeschichte der Heringe in Oekon. Physik. Abhandlungen, Thl. IX, Leipzig 1756, S. 105 ff.

195) Die alte Sage von den Zügen der Heringe aus den Polargegenden nach dem Süden ist längst bei allen sorgfältigen Beobachtern antiquirt. Sie findet sich noch bei Anderson, Nachrichten von Island u. s. w. Hamburg 1746 und bei Pennant, british Zoologie. London 1763—4; Catteau Calleville, Gemälde der Ostsee. Weimar 1815 S. 190, war wohl der erste, der dieser Ansicht widersprach. Die richtigere Auffassungsweise ist vollständig durchgeführt von J. M. Mitchell, the herring its natural history and national importance. Edinburgh 1864. Vergl. auch noch

Valenciennes, Histoire naturelle du Hareng. Paris et Strasb. 1847, p. 53. Eine gute Ueberſicht giebt der Globus, Bd. 1 (1862), S. 125 f.

196) Schon Steph. von Schonevelden führt in seiner Jchthyologie, Hamburg 1624, S. 36, eine ganze Anzahl lokaler Varietäten des Herings an. J. Anderſon, Nachrichten von d. Hebridiſchen Inſeln (a. d. Engl. Berlin 1789, S. 253, 374) bemerkt, daß zu jeder Jahreszeit zwiſchen den Inſeln und längs der Küſten im Norden von England ein Ueberfluß an Heringen zu finden ſei und theilt einige hübſche Beobachtungen über die Verſchiedenheit der Heringe aus verſchiedenen Loch's mit.

197) Solini Collectanea ed. Mommsen. Berl. 1864, p. 234.

198) J. M. Mitchell, The herring u. ſ. w. p. 130; J. Anderſon, Nachrichten von den Hebriden. A. d. Engl. 1789, S. 313.

199) Ebenda p. 131.

200) Snorri Sturluſon. Heimskringla, überſ. v. Wachter an vielen Stellen, beſonders Sage von Harald Grafeld, Kap. 17 u. 18; Saga von Olaf Trygwaſon Kap. 16; S. Laing Journal of a residence in Norway, Sec. Edit. 1837, p. 370. Was die Saga hier vom Sigurd Sir erzählt, geſchieht nach Laing noch jetzt in Nordſchottland, auf den Orkney's und Shetlandsinſeln.

201) J. B. Weiß, Geſch. Alfred d. Gr., Schaffhauſen 1852, S. 245.

202) J. Pinkerton, An Inquiry into the history of Scotland, Vol. I, Edinburgh 1814, p. 374.

203) J. Solini Collectanea ed. Mommsen, pag. 234; Dr. J. B. Weiß, Geſch. Alfreds d. Gr. S. 341; J. M. Mitchell, The herring u. ſ. w., p. 129 f.; Pinkerton a. a. O.; vergl. auch Sidonius Apollinaris, c. 7.

204) Remmich, Polyglottenlexicon unter Clupea harengus; Macleod and Dewer Diction. of the Gaelic. language. London 1844; Edw. O'Reilly, Irish-english Dictionary. Dublin 1817.

205) Zeuß, Keltiſche Grammatik, 2. Aufl. S. 807.

206) Mitchell, the herring u. ſ. w. p. 136.

207) Dr. Lindemann in Gartenlaube 1875, S. 359.

208) J. F. Bock, Verſuch einer vollſt. Natur- und Handelsgeſchichte des Herings, S. 51. Aehnliche geſetzliche Beſtimmungen finden wir 1388 in einer Urkunde des Herzogs Johann zu Görlitz für Küſtrin (Buchholz Brandenb. Geſch. T. V, Urkundenſammlung S. 161).

209) Boethius, Scotorum historia, Paris 1857, lib. II, Fol. 29 init.

210) Nennius, Eulogium Britanniae (in Monumenta histor. britan. 1848) p. 78; Mitchell, the herring u. ſ. w., p. 131.

211) Mitchell, the herring u. ſ. w., p. 131.

212) Olaus Magnus, hist. de gent. septentr. variis condit. L. XX, c. XVIII; Histoire naturelle de la Pologne, pag. 165.

213) B. Thorpe, Analecta anglo-saxonica. London 1834. Glossary, p. 220; C. W. Grein, Sprachſchatz der angelſächſiſchen Dichter. Göttingen u. Caſſel 1861 u. 63, Bd. II, p. 37. Eine Analogie zu der gegebenen Abſtammung bietet von Schonevelde (Jchthyologie p. 36): „Eine in der Schlei gefangene Heringsart wird von den Fiſchern „Stüemhering" genannt vom däniſchen Worte „Stüem = grex", weil der Hering nicht anders gefunden werde, als wo auch andere ſich in großen Schaaren vereinigen."

214) Wachter, Glossarium germanicum, Leipzig 1737, s. v. Hering; J. Anderson, Nachrichten von Island u. f. w., S. 51.
215) Einige gute Beiträge hierzu findet man in Zuerii Boxhornii Apologia pro navigationibus Hollandorum. Als Appendix zu J. Seldeni, Mare clausum, abgedruckt.
216) Fischer, Geschichte d. teutschen Handels, Thl. I, S. 257, S. 264 ff.; Du Chesne, Script. Franc., T. III, p. 246.
217) Ordonnances des Roys de France de la troisième Race, Vol. II, Paris 1729, pag. 350, p. 575; Vol. IX, Paris 1769, pag. 502, p. 508; Joh. Seldeni Mare clausum, London 1636 (in einem normannischen Steuergesetz unter Richard II.) Lib. II, c. 15.
218) Du Cange, Glossarium s. vv. Harenga, Harengaria; Littré, Dictionaire de la langue française, hareng, harangère, harengerie; die Ordonnances des Roys de France u. f. w. vom Jahre 1258 [1320], 1322, 1326, 1360.
219) J. S. Bock, Versuch einer vollständigen Natur- und Handelsgeschichte der Heringe, Königsberg 1769, S. 65: „Heringe in schottisches Salz gelegt, verderben sehr bald. Die Norwegischen mit französischem Salze in Tonnen von Tannenholz werden säuerlich und schlecht. Die Holländer salzen mit portugiesischem Baysalz und deshalb sind ihre Heringe die besten."
220) K. Koppmann in Zeitschr. d. Vereins f. Hamb. Gesch., Bd. III (1874), S. 406 ff.
221) Sartorius u. Lappenberg, Geschichte des Ursprungs der deutschen Hansa, Bd. I, S. XIX, S. 8; II, S. 60, S. 74, S. 187, S. 449, S. 470; Bd. I, S. 5, S. 275; II, S. 118, S. 188.
222) Fischer, Geschichte des teutschen Handels, Thl. I, S. 692, 669 f., 766; Sartorius und Lappenberg a. a. O., Bd. II, S. 66, 68, 449, 470... S. 229; Fischer a. a. O., S. 691 u. f. w.
223) Wachter, Glossarium germanicum unter „Hering".
224) Helmoldi Chron. Slavor. edid. Bangert et Moller, Lübeck 1702, Lib. II, c. XII, § 10.
225) Als Boleslav III. 1107 Colberg überfiel, wird es als etwas besonderes hervorgehoben, daß er hier frische Heringe erbeutet:
»Pisces salsos et foetentes apportabant alii,«
»Palpitantes et recentes nunc apportant filii.«
Mart. Gall. II, 28.
226) Th. Hirsch, Danzigs Handels- und Gewerbsgeschichte, Leipzig 1858, S. 331; James H. Bertram, The harvest of the sea, London 1865, p. 49.
227) James H. Bertram, the harvest of the sea, p. 49.
228) Mitchell, The herring. Edinburgh 1864. Ueber den holländischen Heringshandel im XVI. u. XVII. Jahrhundert kann man noch Fruin, Tien jaren van de tachtig 1856, und Müller, Mare clausum 1872, vergleichen.
229) Paterikon des Kiewer Höhlenklosters nach V. Hehn, Das Salz S. 59. Hehn nennt hier Paremyschl am Pripet; ich kann einen solchen Ort nicht auffinden, sondern nur ein Paremisl im Gouvernement Kaluga. Sollte es vielleicht eine Verwechslung mit dem ebenfalls in Westgallizien liegenden Przemysl sein? Das Original, worauf Hehn sich beruft, ist mir nicht zugänglich.

8*

116 I. Das Salz in den Anfängen der Kultur.

230) Hehn, Das Salz S. 61 nach: „Russische Denkwürdigkeiten", Thl. I, (Moskau 1815), S. 84.

231) Es ist interessant zu sehen, wie spät sich noch Anklänge an das ursprüngliche Verhältniß an einzelnen Orten erhalten haben. In Corrientes (La Plata) liefen noch 1815 eine Menge Jungen auf der Straße umher, welche „Salz für Lichter", „Salz für Lichter" u. dergl. mehr ausriefen. W. Roscher, Grundlag. d. Nation.-Oekon., 3. Aufl. 1858, S. 206, Anm. 1.

232) Marco Polo, 2, 47; Rosenmüller, das alte und neue Morgenland, Bd. 2, Leipzig 1818, S. 149.

233) Dr. K. Andrée, Geographie des Welthandels, Bd. 2, S. 123; Abbadin in Allg. Ztg., 11. Dez. 1844, S. 2762.

234) Allgemeine Historie der Reisen, Bd. III, S. 37, 41, 46, 116; Bd. IV, S. 67.

235) Die Reisen des Marco Polo ed. A. Bürck, 2. Aufl. 1855, Buch 2, Kap. 38, S. 387.

236) Vergl. auch noch Roscher, Grundlag. d. Nation.-Oekon., 3. Aufl. 1858, S. 217, Anm. 12.

237) Du Cange, Gloss. s. v. Hallenses. W. Hehn, Das Salz, S. 72. In ähnlicher Weise prägten die Bierbrauereien in Salzungen wegen mangelnder Scheidemünze sogenannte „Biergroschen" von Blei, die sich bald in der ganzen Umgegend als willkommenes Aushülfsmittel verbreiteten. In den vierziger Jahren waren sie noch dort in Kurs.

238) Königii regnum mineral., Basel 1703, Sect. IV, c. 3, p. 320.

239) Plinius a. a. O.

240) Plinius H. N. XXXI, 45; Rodigini lection. antiq., lib. X, p. 265 B. (Leipzig 1866.)

241) Horat. Satir. II, 2, 16—17.

242) Das neue Blatt 1871, No. 34, S. 128. Leider kann ich hier keine bestimmteren Nachweisungen geben. Der Artikel, auf den ich mich noch ein paar mal beziehen muß, ist von Dr. F. Hirsch. Ein freundlicher Brief, in welchem ich denselben um Mittheilung seiner Quellen bat, ist unbeantwortet geblieben.

243) J. C. Beckmann, Histor. orbis terrarum, Frankfurt a. M. 1680, p. 675.

244) Früher war es in den Weinländern Gebrauch (und kommt auch wohl jetzt noch vor) dem Gaste zum Wein Brod mit Salz und Kümmel hinzustellen. Auch diese Verbindung der beiden Gewürze ist uralt und kommt schon sprichwörtlich beim Plutarch (Quaest. conviv. V, 10, 1) vor. Sehr wunderlich aber (um nicht zu sagen albern) ist der Versuch von Becker (Charikles II, 264) nachzuweisen, daß die Griechen das Salz nur zum Weine genossen hätten, um dessen Geschmack angenehmer zu machen. Die erste von ihm selbst citirte Stelle des Plutarch (quaest. conviv. IV, 4, 3) „aber nicht nur bei der Speise, sondern sogar beim Trank dient das Salz als Würze" widerlegt ihn. Vor Allem zum Essen wurde Salz gebraucht. Die andern Stellen (Plautus Curc. IV, 4, 5; Persius III, 3, 23; Diogenes Laertius VI, 57), wo nur vom Salz oder Salzkuchen lecken die Rede ist, kann nur lächerliche Willkühr auf den Wein beziehen. Noch absurder ist die Berufung auf Horat. (Sat. 1, 3, 14; und Oden II, 16, 14) besonders wenn man Sat. II, 2, 16—17 damit zusammenhält; ebenso ist rein aus der Luft gegriffen, wenn er die mit unfruchtbarer

Gelehrsamkeit zusammengestellten Stellen über gewürztes Salz und Salzkuchen nur auf das Weintrinken bezieht.

245) Chevalier d'Arvieux, Memoir. T. III. (Paris 1735), p. 194, Rosenmüller, Das alte und neue Morgenland, Bd. 2, No. 299.

246) K. C. W. F. Bähr, Symbol. d. mosaisch. Glaubens, Bd. II, S. 324; Rosenmüller, Das alte und neue Morgenland, Bd. 2, No. 299.

247) Vollney, Reise nach Syrien und Aegypten, Thl. I, S. 314; Thl. II, S. 59.

248) Herbert, Biblioth., oriental. Artik. Dschelal-eddin und Art. Jacub ben Laiih.

249) Schulz, Leitungen des Höchsten auf Reisen u. s. w. Thl. V, S. 246.

250) 3. Moses II, 13; 4. Moses XVIII, 19; 2. Chron. XIII, 5.

251) Archilochos, Epod. V, 111, (ed. Hartung); fragm. 94 (ed. Bryk).

252) Demost. orat. contr. Aeschin. (ed. Vaemelius, Leipzig 1862, p. 567), 191.

253) Aristoteles Ethik. Eudem. 7, 2, 46 und Ethik. Nikomachia 8, 3, 8.

254) Cicero Laelius XIX, 67.

255) Esra IV, 14.

256) Chardin, voyage en Perse, nouv. Edit. par Langlès, T. VIII, p. 458 f.

257) Parkhurst, Hebräisches Wörterbuch S. 448; Harmer, Th. IV, S. 548; bei Rosenmüller, Das alte und neue Morgenland, Bd. 2, S. 149 ff. zu No. 299.

258) Festus v. s. sal; Nonnus de re cibaria, Antwerp. 1646, L. I, c. 48, p. 153; J. W. Stuckius, Antiquit. convivales, Zürich 1597, L. I, c. 30 (p. 112 b.); Laurent. de prand. u. coena veter., cap. 11.

259) Dr. A. F. Pott, Die Zigeuner u. s. w., Halle 1847, Bd. II, S. 336.

260) Diogenes Laert. VIII, 1, 35; Philo de victimis (ed. Mangey) II, 240 u. sonst; Grimm, Kinder- u. Hausmärchen No. 179.

261) Homer Il. IX, 214; Plato Timaeus, § 25 (p. 60); Lycophron Cassandra 35; Arnobius Disput. advers. gentes, P. I, l. II, c. 67.

262) Plutarch, quaest. conviv. IV, 4, 3, (edid. Dübner, Paris 1841, Vol. II, p. 812 ff).

263) Horat. Satir. I, 3, 13.

264) Horat. Oden II, 16, 13 sq.; Porphyrius ad hunc locum; Persius III, 26; Livius Hist. L. XXVI, c. 36; Plinius H. N. XXXIII, 54; Valer. Maxim. Memorabil. IV, 4 de paupertate laudata § 3; Arnob. Afr. advers. gent., P. I, L. II, c. 67.

265) Das neue Blatt 1871, No. 34 S. 128.

266) Winer, Bibl. Realwörterb. S. 177.

267) 1. Moses 1, 29 hier heißt's: „Ich gebe euch alles samentragende Kraut, das auf der ganzen Erde ist, und alle Bäume, auf welchen samentragende Baumfrucht, euch sollen sie sein zur Speise." Aber vorher geht: „Herrschet über die Fische des Meeres und das Gevögel des Himmels und alle Thiere, die sich regen auf der Erde." Sollte etwa der Mensch über die Fische herrschen, damit sie ihm das, was er ins Wasser fallen lasse, apportiren könnten? Gleich Vers 30 sagt ja schon, daß die Thiere in der Hingebung zur Speise eingeschlossen sind. 1. Mos. IX, 3 wiederholt nur den Vers I, 30 und fügt das Verbot des Blutgenusses hinzu.. Ist es nicht traurig, daß man den Theologen, die doch die sog. Bibel kennen sollten, noch solche Albernheiten corrigiren muß?

268) Solche mystische Faseleien theologischer Ignoranz, wie in von Meyer's Blättern für höhere Wahrheit. Neue Folge, zweite Samml., S. 48 ff. u. 58 wirft man am besten in den Papierkorb.

269) 2. Moses XXX, 35; 3. Moses II, 13; 4. Moses VII, 13 u. 19; XVIII, 19; 2. Chron. XIII, 5; Esra VI, 9; VII, 22; Hesekiel XLIII, 24; Fl. Joseph. Antiq. Jud., Lib. III, c. 9, § 1. Wer ein hübsches Ragout von Ignoranz und Blödsinn lesen will, sehe in den Blättern für höhere (!!) Wahrheit von J. F. v. Meyer, Dr. Theol., Neue Folge, Zweite Sammlung, S. 48 ff. das Geschwäß über die Salzanwendung beim Opfern an. — Es ist nicht der Mühe werth, die absurde Ansicht, daß das sal sodomiticum des Talmud Asphalt gewesen sei, welchen Unsinn der Engländer Lightfoot ausheckte, sowie die weitläufigen darüber geführten Controversen hier mit mehr als einem Worte zu erwähnen. — Erst sehr spät, als die Bedeutung des Salzopfers als eines Bundesmahles mit Gott längst vergessen war, oder in seiner Einfachheit nicht mehr verstanden wurde, kam bei den Theologen eine vertünstelte Symbolik des Salzgebrauchs beim Opfer auf: Geschwäß, das keiner Untersuchung werth ist.

270) 2. Moses XXIX, 2 und 40; 3. Moses II, 1—8 u. 15; VI, 21; VII, 12; 3. Mos. XIV, 10, 12 u. 15—18, 24, 26—29 (Oel bei Thieropfern); 4. Mos. VI, 15: VIII, 8; Micha VI, 7.

271) 2. Mos. XXV, 28: das Wort Schüssel (patella); XXXVI, 16; 4. Mos. IV, 7; und dazu Philo de vita Mosis, lib. III, p. 669; Carpzov. Opp. hist. crit. Antiq. sacr. Cod. S. 716 ff.

272) Joseph. de bell. Judaic. V, 13, 6; Joseph. Antiq. jud. XIII, 3, 3, Der Talmud erwähnt einer besondern Salzkammer im Tempel.

273) Arrian Anabasis III, 4; Plutarch d. Isid. u. Osir. XXXII.

274) Plutarch de Iside et Osiride V.

275) Herodot II, 62.

276) Ezechiel XVI, 4,

277) Origenes Homilia 6 super Ezechiel; Sacrament. Eccles. Roman., L. I, c. 31; Isidor de divinis Officiis c. 20; Concilium Carthaginense cap. 5. Damit in völligem Widerspruch steht die Benennung des Teufels als »creatura salis« in der Exorcisationsformel bei Assemann, cod. liturg. II, p. 45. Ich bin unfähig, diesen Widerspruch zu heben. Sollte jene Formel vielleicht aus der alexandrinischen Schule stammen und eine Erinnerung an das aegyptische »spuma Typhonis« sein?

278) Augusti, Denkwürdigkeiten der christlichen Archaeologie, Bd. 7, S. 301; Sacramentarium Gregorii M., wo auch die Benedictionsformel des Salzes. Assemann, Codex liturgicus etc.; A. E. Mirus, antiq. eccles. p. 784; Du Cange, Glossarium s. v. Salinarius u. Sallinarium. Die Geistlichen weihten das Salz im Voraus und hatten ein eigenes Salzfaß für das geweihte Salz. Auch Scheffel's Ekkehard S. 280.

279) Augustinus Confessiones L. I, c. 11, § 1: »condiebar sale Christi« (mit dem Salz Christi wurde ich eingemacht); Galen de Sanitate, L. I, c. 7. Dieser fügt einen recht medicinisch-rationalistischen Grund hinzu: »Sale modico insperso cutem infantis densiorem, solidioremque reddi.« („Durch mäßiges Bestreuen mit Salz wird die Haut des Kindes fester und kräftiger.")

280) Mannhardt, Germanische Mythen, S. 273 ff.

281) Zeitschrift f. deutsch. Mythol. I, 203; Müllenhoff, Sagen u. s. w., S. 564 No. DLXXI; Mannhardt, Germanische Mythen, S. 397 f.

282) Siehe Jac. Sim. Assemann, Orient. Biblioth. im Auszug von Pfeiffer.

Erlangen 1776, Bd. I, S. 233 u. 241; Renaudot, Liturgiarum oriental. Collect. Ed. 2 correct. Frankf. 1847, T. II, p. 64 ff.

283) Horst, Daemonomagie, Thl. 2, S. 212;' Grimm, Deutsche Mythologie S. 590.

284) J. W. Wolff, Deutsche Märchen und Sagen S. 267; vergl. auch Grimm, Mytholog. 3. Aufl. 1854, Bd. 2, S. 1001 f.

285) Du Cange, Gloss. s. v. sal juxta.

286) Mannhardt, Germanische Mythen S. 18 Anm. 3; Danske Viser No. 176.

287) R. Hocker, Bauernregeln und Aberglauben aus der Montagne-Noire (Cevennen) in Wolf, Zeitschr. f. deutsche Mythol. II, 418 ff. No. 14.

288) Das neue Blatt 1871, No. 34 S. 128.

289) Volksgebräuche in Kempen von O. v. Reinsberg-Düringsfeld in Ausland 1874, S. 471.

290) W. Mannhardt, German. Mythen S. 7; Ad. Kuhn, Märkische Sagen u. Märchen S. 388, No. 32.

291) Ausland 1840, No. 269 S. 1075: „Pariser Aberglauben". Etwas oberflächliches Geschwätz hierüber von echt französischen Ignoranten findet man auch in L'Illustration No. 1641 (8. Aug. 1874), S. 91.

292) Petri, Gemälde v. Liv- und Esthland, Leipzig 1809, Thl. I, S. 480 f.; Hupel, Topogr. Nachr. v. Liv- und Esthland, Bd. VI, S. 465.

293) W. Mannhardt, German. Mythen, Berlin 1858, S. 7.

294) R. Hocker, Aberglauben von der Mosel in Zeitschr. f. d. Mythol., Bd. 1, S. 240 No. 11.

295) Anleitung zu den curiosen Wissenschaften. Frankf. u. Leipz. 1737, S. 428.

296) Ein Schriftsteller hat behauptet, die Böotier hätten immer den größten Aal mit Mehl und Salz bestreut den Göttern geopfert. Schlägt man die angezogene Stelle (Athenaeus Deipn. VII, 50) nach, so findet man keine Silbe von Salz. Die gewissenlose Leichtfertigkeit, mit der die Alten citirt werden, geht, wie ich auch bei dieser Arbeit wieder erfahren habe, oft über alle Begriffe. — Indessen bestreut schon bei Homer Patroklus das gebratene Fleisch für die Gesandten an Achilleus mit Salz. (Ilias IX, 212—14.)

297) Plinius H. N. XXI, 41; Plinius H. N. XVIII, 2, 2; Plautus Amphitruo Act. II, sc. 2, v. 108; Virgilius Aeneid. II, 132—3; Ovid. Fasti I, 128 u. 337—8; Statius Sylv. 1.

298) Tacitus XIII, 57. Der Ort, wo diese Kämpfe stattfanden, ist wohl nach Zeuß Salzungen an der Werra. B. Hehn, Das Salz, S. 30. Wenn Grimm (Mythologie S. 588 f.) aus der obigen Stelle des Tacitus das ganze Hexenwesen, den Salzkessel (Hexenkessel) und den Walpurgisnachttritt (angebl. nach den Höhen, wo Salzquellen entspringen) ableitet, so gestehe ich, ihm darin nicht folgen zu können. Es findet sich auch keine Andeutung dafür, daß die germanischen Frauen und Priesterinnen jemals die Bereitung des Salzes in ihren Händen gehabt hätten, vielmehr sprechen alle alten Quellen von den Römern, den Angelsachsen und (den spätesten) bei den Deutschen nur von männlichen Salzbereitern. Als Versammlungsort in der Walpurgisnacht wird nie ein Berg genannt, der sich durch eine Salzquelle auszeichnet. Auch läßt sich von der Zeit des Tacitus bis zu der, wo das Hexenwesen durch nichtswürdige Pfaffen dem Volke eingeimpft (vergl. Schleiden, Studien 2. Aufl., S. 329 ff.) bei den Germanen

auftrat, schwerlich irgend eine Continuität der Nachrichten herstellen. — Auf Salzungen, als dem Kampfplatz der Chatten und Hermunduren vereinigen sich jetzt wohl die meisten und gewichtigsten Stimmen. — Es ist auch die Saline, die zuerst urkundlich erwähnt wird, nämlich schon 775 (Bernhardi, Beitr. z. e. hist. stat. Skizze der Saline zu Salzungen. Meiningen 1845, S. 3). Doch nimmt Joh. Rhenanus an, daß der Kampf bei Allendorf stattgefunden habe, und Chöricke in seiner Frankenhauser Salzpostille behauptet, daß die Schlacht bei Frankenhausen ausgefochten sei.

299) Amm. Marcellin. l. XXVIII, c. 5. Wahrscheinlich ist hier die fränkische Saale und Kissingen der Kampfplatz und das „Grabfeld" die Grabstätte für die Gefallenen. Andere denken dabei an Schwäbisch-Hall, wofür auch Gründe zu sprechen scheinen. Die Entscheidung ist wohl unmöglich und jedenfalls hier für uns gleichgültig.

300) Pandect. l. XXXIX, tit. IV, S. 11.

301) Arrian de bello Hispanico, de bello Illyrico.

302) Karsten, Salinenkunde I, 595 nach Dubois de Montpéreux, voyage autour du Caucase I, 143.

303) Val. Maximus, Memorabil. VII, 6 externa 3.

304) Plinius H. N. XXXI, 40; Dion. Cass. H. Rom. L. 49, c. 45.

305) Plinius H. N. XXXI, 41; XXXIV, 6: »salarium der tribuni militares«; Sueton Nero 10, Tiberius 46; Tacitus Agricola 42. Salarium der Proconsuln; Fabretti Inscript., p. 135, No. 104: »qui salarium per sex annos acceperat«. Digestor. II, 15, 8, § 23: »salarium annuum« ebenso XLIV, 7, 61. § 1; XXXIV, 1, 16, § 1 »salarium eines Arztes«; L. 9, 4, § 2: »salarium liberalium artium vel medicinae«. Auch Martial III, 7 ist hier noch anzuführen. Seneca epistol. XCVI, 2 kommt sogar schon etwas dem jus primae noctis ähnliches als salarium vor.

306) Matth. Flurl, Gesch. d. Saline Reichenhall in Denkschriften d. kön. Akad. d. Wissensch. zu München f. d. Jahre 1809 u. 10. München 1811, S. 153.

307) Plautus Curcul. IV, 4, 5; Persius III, 3, 23; Diogenes Laert. VI, 57; Philostrat. Epist. Apoll. Tyan. 7; Persius Sat. V, 138; Aristophanes Equit. 103, 1089.

308) Th. Waitz, Anthropol. d. Naturvölker, Bd. VI. S. 580, S. 54, S. 57.

309) Natürlich kann hierbei von einer psychologischen Erkenntniß der Nothwendigkeit des Salzgenusses bei den Alten nicht die Rede sein, die Nothwendigkeit erkannten sie an, beziehen sie aber nur auf das Geschmacksorgan, auf das Salz als Würze, so Hiob VI, 6; Plutarch quaest. conviv. IV, 4, 3. Auch Plin. H. N. XXXI, 41 will nichts anderes sagen. Noch in der Salernitanischen Schule finden wir den Vers:

Vas condimenti praeponi debet adenti,
Sal virus refugat, recte insipidumque saporat;
Non sapit esca probe, quae datuabsque sale.

„Die Schaal' des zur Würze frommenden, setz' allemal hin für den Kommenden;
„Das Salz wehrt jedem gift'gen Geschlecke und es würzet immer das fade Gebäcke;
„Und keine Speise schmecket gut, die ohne Salz man geben thut."

310) Indien: Manu's Gesetzbuch. Aegypten, Persien: Herodot 2, 37 und 1, 140; Plutarch, Sympos. V, 10, 2 sagt: „Alles, was den Menschen gemeinsam ist und einem allgemeinen Bedürfnisse dient, wird von ihnen als göttlich angesehen, so das

Wasser, das Licht, der Lenz; ja die Erde gilt nicht nur als göttlich, sondern ist selbst eine Göttin."

311) Ovid. Medicam. faciei 94.
312) Grimm, Mythol. 3. Aufl. Bd. 1, S. 567.
313) Platon Timaeus § 28 (p. 65).
314) Homer Ilias IX, 214 und Eusthatius a. h. l.; Ilias I, 313—4; Odyssee II, 261—2; Euripides Iphigenia in Taurid. 1140: „Es spült die Seefluth allen Sündenschmutz hinweg"; Theokrit XXIV, 98, in welcher Stelle das ἀβλαβὲς ὕδωρ offenbar epitheton ab affectu „das unschuldig machende, reinigende Wasser" ist. So entspricht es ganz dem ἁγνίτης des Lycophron in Cassandra 135.
315) 2. Könige II, 19—21.
316) Herodot II, 77; Diodor I, 36, 53; Lutian, Das Schiff oder die Wünsche, c. XVI; Pollux Onom. VI, 9; Athenaeus Deipnos III, 88, p. 469 und 93, p. 458; Synesius epist. 147, p. 285 c.
317) Herodot II, 77; Diodor III, 16; Agatarchid. de Mare rubro, p. 27 ff. ed. Hudson (L. I, c. 34, ed. E. Müller, Paris 1855); Hieronymus adv. Jovinian. L. II, c. 7, column. 334, ed. Vallars et Maff.; Arrian hist. ind. c. XIX, p. 156 ff. ed. Schmieder; Starck, Hist. stat. Gemälde d. Russ. Reichs II, 5 Abschn. S. 141. „Alexander d. Gr. soll den Ichthyophagen (den Fischessern) das Fischessen verboten haben". Dergl. Unsinn kann natürlich nur ein so urtheilsloser Kopf wie Plinius irgendwo herauslesen (H. N. VII, 3, 2; VI, 23, 25).
318) Diodor I, 52; Herodot II, 15 u. 113. Es ist gewiß nichts verkehrter als die Tarichaea für Mumificirungsstätten zu erklären, denn einestheils hatte das Salz beim Mumificiren doch nur eine für damalige Anschauungen untergeordnete Bedeutung, aber anderntheils existirt auch nicht die leiseste Andeutung darüber, daß man jemals Leichen an dieses äußerste Ende von Aegypten transportirt habe, um sie hier zu mumificiren und dann wieder zurückzuführen und beizusetzen; auch würde Herodot, der (II, 86—88) ausführlich vom Einbalsamiren spricht, gewiß nicht versäumt haben, die größeren Mumienfabriken (sit venia verbo) zu nennen, wenn es solche überhaupt gegeben hätte. Man vergl. noch Ebers, Aegypten und die Bücher Mose's, Kasluchim S. 120 ff.
319) Ebers, Aegypten und die Bücher Mose's S. 126.
320) Athen. Deipn. III, 88, 92; Strabo III, 4 (Neu-Carthago).
321) Athen. Deipn. III, 93; Synesius Epistol. 147; Pollux Onomast. VI, 9.
322) Ovid. Fast. VI, 173—4; Varro apud Nonium s. v. Ostrea.
323) Plinius H. N. IX, 17.
324) Sostrat. bei Athen. Deipn. VII, 66, p. 107 f.; Plinius H. N. IX, 18; Aristoteles, Hist. animal. V, 15 § 2, p. 372.
325) Aristophan. Vesp. v. 511, ders. Pax v. 564—5; Demosth, in Lacrit. p. 533, l. 26 ed. Reiske; Hesychius Miles de homin. doctrin. clar. p. 28 ed. Meurs; Aristophan. Acharn. v. 978.
326) Diogenian Paroemia Cent. I, par. 5; Michael, apostolic. paroem. Cent. XIV, par. 9.
327) Aristoph. equit. v. 1255; Macrob. Saturn. VII, 3; Platon Charmid. c. 10 (p. 163 B); Lukian Nekyom. XVII.
328) Die griechischen Lyriker übers. v. Dr. H. Thudichum, S. 229.

329) The french Humorists from the XII. to the XIV century by William Besant. London 1873, Chap. VI, p. 125.

330) Hesychius s. v. τιλτὸν; Athen. Deipn. III, 88, p. 459 f.; III, 91, p. 465.

331) Athen. Deipn. III, 84, 85; Pollux Onomast. VII, 8 und VI, 9 s. v. ὡραῖα; Hesychius s. v. ταριχοπώλης; Sonnini hist. nat. des poissons VII, pl. 33, p. 351.

332) Plinius H. N. XXXI, 43; Geoponica XX, c. 46 (p. 1271—2); Martial epigr. III, 77 v. 5; Cato R. R. c. 58, pag. 60 (ed. Schneider).

333) Athen. Deipn. III, 93, p. 468.

334) Platina de honest. voluptat. l. X; Paul Jovius de Roman. pisc. c. IV, 42; Aldrovand. de piscib. et aquat. l. IV.

335) Diodor. Sic. XIX, 19; Strabo XVI. 4 § 10, p. 407; Galen de aliment. fas. III, 2, p. 373 F; Agatharch. de Rubr. Mar. p. 42.

336) Strabo IV, 3, § 2, p. 45; IV, 4; Varro R. R. XII, 55, p. 622 f.; Strabo IV, 4, § 3, p. 58 f.; Athen. Deipn. XIV, 75. Die von mir angeführten Stellen werden genügen, um das über das Einsalzen mitgetheilte festzustellen, eine Vollständigkeit konnte hier nicht von mir beabsichtigt werden, zumal, da die späteren Classiker, was Essen und Trinken betrifft, fast unerschöpflich sind. Was ich in meinem Werke, „das Meer" beiläufig über den Kaviar der Alten gesagt habe, muß ich nach genauem Studium der Originalquellen zurücknehmen.

337) Vergl. unter vielen anderen auch Lessep in Ann. des mines, 3. Sér. 153.

338) Dio Cassius l. L, c. 24: ἐς δόξαν ἀθανασίας ταριχεύοντες („Die mit Bezug auf ihren Unsterblichkeitsglauben einbalsamirenden").

339) Herodot II, 86—88; Papyrus Rhind, edit. Brugsch I, Taf. VI, 4 nach Ebers, Aegypten und die Bücher Mose's S. 122, Anm. 2.

340) Dio Cassius XXXVII, 24; LI, 2; LI, 15.

341) Plutarch, quaest. conviv. V, 10, 3.

342) Rabbi Levi nach Hottinger de juris Hebraeorum lgg. CCLXI; Philo de victimis II, 240 (ed. Mangey) und sonst; Pythagoras bei Diogenes Laertius VIII, 1, 35.

343) K. Simrock, Handb. d. deutschen Mythologie, 2. Aufl. 1864.

344) Plato Symposion 5 (S. 177).

345) Horat. Epist. II, 2, 60; Catull Carm. LXXXVI, 4 und XVI, 7; Corn. Nep. Att. 13; Cicero Brutus 34.

346) Globus von K. Andrée, Bd XI. 1867, S. 140.

347) Dr. Peiper, Stimmen a. d. Morgenland S. 150.

348) Paulus Colosser VI, 6.

349) Matthaeus V, 13 und ganz ebenso Marcus IX, 50.

350) Maundrells Reise von Aleppo nach Jerusalem in Paulus, Samml. d. merkw. Reisen in d. Orient, Thl. 1, S. 188 f. und ebenda S. 342 die Anmerkungen eines angeblichen Naturforschers.

351) Plinius H. N. XXXI, 39: »sal iners u. 44 sal tabescit«; iners heißt hier nur „weniger scharf", weil unrein, tabescere heißt hier nur in dem gegohrenen Garum sich auflösen.

352) „Bei Salz und Kümmel wird man Freund". sprüchwörtlich bei Plutarch, Quaest. conviv. IV, 4, 3 (Script. moral. ed. Dübner, Vol. II, p. 812).

353) Plinius H. N. XXXI, 41: »conditur etiam odoribus additis«; (es wird

auch durch hinzugefügte Wohlgerüche gewürzt.") Athen. Deipn. IX, p. 336 b; Pollux VI, 71; Aristophan. Acharn. v. 1099.

354) Plutarch quaest. conviv. V, 10, 4 (Script. moral. ed. Dübner, Vol. II, p. 812).

355) Konrad Schwenk, Die Sinnbilder der alten Völker S. 375.

356) Desaive in Journal de Chemie medicale 1849, S. 127.

357) Jablonski, Pantheon Aegypt. L. V, c. II, § 16; Plutarch de Iside et Osiride V. Eine zweite Stelle bei Plutarch [de Iside et Osiride XXXII.] darf nicht so verstanden werden, als ob den Priestern überhaupt der Salzgenuß versagt gewesen wäre, sonst hätte die erste Stelle keinen Sinn. Auch ist das undenkbar, weil reines Steinsalz beim Opfer gebraucht wurde und daher heilig war. In der erwähnten Stelle kann daher nur eine Ungenauigkeit Plutarchs gefunden werden; er hätte sagen sollen, es sei den Priestern verboten worden, Seesalz auf die Tafel zu setzen, denn wahrscheinlich war das Seesalz vom Sirbonissee und ähnlichen Salzstätten am Meere, weil es billiger war, als das von der Oase des Ammon, beim Volke allgemein in Gebrauch.

358) Volksgebräuche in Kempen von Freih. v. Reinsberg-Düringsfeld in Ausland 1874, S. 472.

359) 5. Moses 29, 23.

360) Zephania 2, 9 und Aehnliches Hiob 39, 6; Jeremias 17, 6; Psalm CVII, 33—34. Ein einzelnes Beispiel mag hier erwähnt sein in der Schilderung, die Maundrell, (Paulus, Samml. merkw. Reisen in d. Orient, Thl. I, S. 188 f.) von dem Salzthal zu Aleppo giebt.

361) Virgilius Georgica II, 2, 38—40.

362) Plinius H. N. XXXI, 39.

363) Richter 9, 45.

364) W. H. Engel, Kypros S. 507 f.

365) 1. Moses XIX, 26.

366) Robinson, Palästina ꝛc. Bd. III, S. 23 ff.

367) Literatur bei Winer, Bibl. Reallexikon Art. Lot No. 2.

368) 1. Moses XIX, 17; Ovid. Metam. 10, 50 ff.

369) Virgil Georgica l. IV, vers 485 ff., vergl. mit Virg. Eclog. VIII, 102 f.

370) Vergl. noch Rich. Pocoke, Beschreibung des Morgenlandes. Erlangen 1791, Bd. 2, S. 55.

371) Arrian Anabasis III, 3, 4.

372) Joseph. Antiq. Judaic. L. XIII, c. 4, § 9 (ed. Dindorf, S. 490); 1. Maccab. X, 29.

373) Athen. Deipn. L. III, c. 3 (ed. Schweizhäuser, Vol. I, p. 288).

374) A. Böckh, Die Staatshaushaltung der Athener, Bd. I. (Berlin 1817), S. 109, S. 325 Not. 24, S. 329 und dazu die Inschrift Bd. 2, S. 336 f.

375) Ovid. Metamorph. VI, v. 349.

376) Livius histor. I, 33; II, 9; XXIX, 37.

377) Du Cange, Gloss. s. v. Salagium, Salinaria, Salinarius.

378) Du Cange, Gloss. s. v. sal aquaticum et terrestre.

379) Reyscher, Württemb. Gesetzsammlung Bd. XVI. (Von Schwäbisch Hall 1230); Lang, Die deutschen Steuerverfassungen 1793 (von Dortmund 1231); Du Cange, Gloss. s. v. Sal amplum et minutum (v. Oestreich 1359).

380) Reisen des Benetianers Marco Polo, herausg. v. A. Bürck und Neumann, 2. Aufl. 1855, Buch 2, 39, S. 392; 2. 50, S. 424; 2, 56, S. 440; 2, 59, S., 443; 2, 69, S. 485. Arbeiten d. kaiserl. russ. Gesandtschaft zu Peking über China. A. d. Russ, v. Abel und Mecklenburg, Bd. 2 (Berlin 1858), S. 495 ff.

381) K. Andrée, Geograph. d. Welthandels, Bd. 1, S. 180 Anm.*), Th. Waitz, Anthrop. d. Naturvölker Bd. 4, S. 90.

382) Du Cange, Gloss. s. v. Salinaria.

383) Ebenda s. v. Salina.

384) Schleiden, Die Rose S. 165.

385) Athen. Deipn. L. III, c. 3, p. 73.

386) V. Hehn, Das Salz S. 59 nach dem Paterikon des Kiewer Höhlenklosters neueste Ausg. Petersb. 1872, S. CLIV.

387) Jesaias XXX, 24; Aristoteles Hist. animal. VIII, 10; Plinius H. N. XXXI, 41; Virgilius, Georgica III, 394 ff. und III, 403; Varro R. R. L. II, c. 11; Columella R. R. L. VIII, c. 8, § 4.

388) Sanskrit. Wörterb. von Böthlingck und Roth, Thl. VI, S. 519.

Zweiter Theil.

Das Salz unter dem Einflusse der modernen Kultur.

Erster Abschnitt.
Natur des Salzes, Vorkommen und Ursprung desselben.

Wenn man sich fragen wollte, was denn das Salz wirklich ist, von dem ich im ersten Abschnitt gesprochen habe, so müßte ich eigentlich die Antwort schuldig bleiben, denn Salz ist ein so unbestimmter Begriff, daß zu verschiedenen Zeiten, sowie von verschiedenen Menschen sehr verschiedene Dinge unter diesem Namen zusammengefaßt sind, bald mehr, bald weniger, bis endlich die zur Wissenschaft entwickelte Chemie bestimmte Normen festsetzte, mit denen aber selbst der Gebildete der Neuzeit sich ohne wissenschaftliche Vorbildung nicht wird verständigen können. Wie viele Menschen giebt es nicht, die kuriose Gesichter machen werden, wenn ich ihnen sage, daß die weiße Kreide und das prachtvolle Berliner Blau, daß der giftige Bleizucker und der schön blaue Kupfervitriol Salze, ja eigentlich im wissenschaftlichen Sinne ältere und ursprünglichere Salze sind als das Kochsalz, das wir im gemeinen Leben fast ausschließlich unter „Salz" verstehen. Die Beantwortung der Frage: was ist Salz? ist nahebei dieselbe als die der Frage: was ist Chemie? An die Untersuchung über das Wesen des Kochsalzes knüpfen sich fast alle bedeutenden Fortschritte, wodurch das unbeholfene Herumtappen der Alchemie zu einer festen Wissenschaft von umfassendster und eingreifendster Bedeutung geworden ist.

Bei den Alten ist der Begriff „Salz" noch ein höchst unbestimmter, schwankender. Gewisse Einwirkungen auf die Geschmacksnerven, sowie die auf reichlicheren Genuß folgende Steigerung der Eß= und Trinkluft, bestimmten das, was als Salz angesehen werden sollte; was dem reinen Kochsalze, wie es etwa im Steinsalze sich darbot, nicht ganz entsprach, wurde als besondere Art, oder als unreines Produkt, aber immer als Salz angesehen. Aus den Mittheilungen über Gewinnungsweise, Farbe und sonstige Eigenschaften können wir schließen, daß das hebräische »Neter« und »Kinit«, das griechische »hals« und »nitron«, das lateinische »sal« und »nitrum« wohl Kochsalz, Soda, Pottasche und Salpeter und vielleicht noch Salmiak zusammenfaßte[1]). Es schmeckte besser oder schlechter, es genügte den Zwecken des Einsalzens u. s. w. mehr oder weniger gut, aber es war doch immer Salz. Die ganze Verschwommenheit und Nebelhaftigkeit der damaligen Kenntnisse vom Salz zeigt sich bei Plinius, der am Schlusse der alten Zeit ihre Schätze zwar sammelt, aber auch schon im Uebergang zur Folgezeit aufhört, Beobachter, Forscher zu sein und nur aus Büchern Worte, die er offenbar zum Theil nicht einmal versteht, zusammenklaubt. Vieles von dem, was er und seine Zeitgenossen über das Salz erzählen, müssen wir dahin gestellt sein lassen, weil den Mittheilungen kein Sinn abzugewinnen ist. „Salzblumen", „Salzasche", „Salzschaum" so wie Plinius sie beschreibt, lassen sich nicht auf etwas greifliches zurückführen, noch weniger das plastische Salz des Aristoteles, das als zähe, halbflüssige Masse in der Landschaft von Utika gefunden, erst an der Sonne getrocknet hart wie parischer Marmor wird und welches man zu Thiergestalten und verschiedenen Geräthen verarbeitet[2]).

Das Mittelalter, wo alles Verkehrte und Unfruchtbare durcheinander schwatzte: kirchlicher Aberglaube, neuplatonischer Mysticismus, spitzfindig=logischer Dogmatismus und die großartigste reale Ignoranz, war völlig unfähig, die natürliche Unzulänglichkeit der ersten naiven Beobachtungen zu vervollständigen und Ordnung in die noch schwankenden Auffassungen zu bringen. Es konnte nur, was vorlag, durcheinander rühren und selbst bis zum Blödsinn verwirren. Die alles Wissens und aller Anschauung baaren Mönche in ihren düsteren Zellen machten aus den theoretischen (naturphilosophischen) Anschauungen der

Alten reales Wissen, die aristotelischen Elemente, als Principien alles
Werdens, faßten sie als reale greifbare Dinge auf. So entstand die
Alchemie, welche versuchte, die reine Erde, das reine Wasser u. s. w.
darzustellen und aus deren Verbindung dann alles mögliche nachzuschaffen.
Vieles blieb auch hier nur Faselei des bornirten Grüblers in der Zelle.
Aber zum Glück waren auch einige so kühn, diese Grübeleien in die
Wirklichkeit überführen zu wollen. Daß dabei alle ihre Träumereien
Banquerott machten, ist selbstverständlich, aber es traten ihnen doch
dabei eine Menge realer Erscheinungen entgegen, die sie, noch immer
in ihren utopischen Erwartungen befangen, weiter verfolgten, bis endlich
die sich häufenden Beobachtungen schon in einer günstigeren, zum neuen
geistigen Leben erwachten Zeit, zu einer Aufgabe besonderen, wissen=
schaftlichen Studiums gemacht und so endlich die Grundlagen zur wahren
Chemie gelegt wurden. Die Alchemie kam allmälig auf einige Stoffe,
die sie noch mehr zu vereinfachen nicht im Stande war (zwei davon
waren wirklich einfache Stoffe im Sinne der jetzigen Wissenschaft).
Sie verließ daher nach und nach die Aristotelischen Elemente und
setzte diese gefundenen Stoffe an deren Stelle. Lange Zeit wurden
Schwefel und Quecksilber als die nunmehr wirklich gefundenen Elemente
angesehen, aus denen wenigstens alle Metalle zusammengesetzt seien,
obwohl sie zugeben mußten, daß die real vorkommenden Dinge: Schwefel
und Quecksilber noch lange nicht die reinen von ihnen gesuchten Ele=
mente seien. Hierzu fügte Basilius Valentinus noch das Salz
als drittes Element und von Paracelsus wurde diese Lehre weiter
entwickelt[3]). Aber Gold daraus zu machen, gelang doch nicht. Die
Kunst des Trennens und Vereinigens der Stoffe, um zu diesem Ziele
zu kommen, die sogenannte „Spagirische Kunst" war es eben, welche
geistreiche Männer bewog, auch mit Verzicht auf das Endziel des Gold=
machens alle dabei hervortretenden Erscheinungen zu studiren, zu sam=
meln und unter gewisse Gesichtspunkte zu ordnen. Man fing an, zwei
Klassen von Stoffen zu unterscheiden, „Säuren" und „Alkalien" (Li=
xivien oder Salzlaugen), die einen Gegensatz darboten, sich leicht ver=
einigten und dann in der Vereinigung ihre früheren Eigenschaften voll=

ständig aufzuheben, sich gegenseitig zu neutralisiren schienen. Ein deutscher Arzt aus Hanau, Franz Sylvius, führte zuerst diese Ansicht aus und wendete sie auf Physiologie und Medicin an. Ein französischer Forscher, Nicolas Lemery aus Rouen, verfolgte die Sache weiter und schied die Alkalien in „mineralische" (weil aus Steinsalz gewonnene), Soda, „vegetabilische" (aus der Pflanzenasche gezogene), Pottasche und „flüchtige" (durch Destillation z. B. von Hirschhorn hergestellte), Ammoniak (Hirschhorngeist). Die Verbindung dieser Alkalien mit Säuren nannte man Neutralsalze. Hier hatte man noch übersehen, daß jene Alkalien schon Salze, Verbindungen der wirklichen Alkalien mit einer Säure, der Kohlensäure, sind; da aber die Kohlensäure bei der Verbindung z. B. mit Schwefelsäure in Luftform entwich, entzog sie sich zunächst der Beobachtung. An diesem Experimentiren mit Trennungen und Verbindungen, wenn auch vorläufig noch in einem sehr eng begrenzten Kreise, entwickelte sich allmälig durch Becher, Stahl, Geoffroy, Bergmann, Proust, die Lehre von der chemischen Anziehungskraft (Verwandtschaft) und ihrer verschiedenen Stärke (Wahlverwandtschaft). Unter den chemischen Prozessen war sodann eine Klasse, die die Aufmerksamkeit und den Scharfsinn der Forscher aufs äußerste in Anspruch nahm. Es war Becher, der zuerst (1681) darauf kam, die Darstellung des Schwefels aus der Schwefelsäure und die Gewinnung der Metalle aus ihren Kalken (Oxyden, wie wir jetzt sagen), z. B. die Bildung des Zinnes aus der Zinnasche mit einander zu vergleichen. Stahl, darauf eingehend, meinte (1697), es verbände sich in beiden Fällen mit dem fraglichen Körper ein gewisses Element der Verbrennbarkeit. Er nannte dasselbe Brennstoff (Phlogiston). Zinn ist also nach ihm Zinnasche mit Phlogiston. Entzieht man einem Metall das Phlogiston durch Verbrennen, so verwandelt das Metall sich wieder in Metallkalk. Wenn sich aus Schwefel durch Verbrennen Schwefelsäure bildet, so lag es dem verständigen Menschen damals am nächsten, anzunehmen, daß durch das Verbrennen irgend ein Theil des Schwefels zerstört werde und eben diesen zerstörten Theil nannte man Phlogiston. Es war immerhin ein weiterer Schritt zum Ziel.

Die Untersuchungen hatten bis dahin eigentlich nur dem Aristotelischen Element der „Erde" gegolten; Stahl zog durch seine Verbrennungstheorie das „Feuer" mit in den Kreis der Forschung. Es blieben nun noch „Luft" und „Wasser" zu betrachten. Von verschiedenen Luftarten hatte man bis dahin so wenig eine Ahnung, als man an eine Zusammensetzung des Wassers dachte. Den Anfang in der großen Reihe von Entdeckungen, der später sogenannten pneumatischen Chemie, bildete die Entdeckung der gasförmigen Kohlensäure als Bestandtheile des Kalksteins, der Kreide u. s. w. durch Black und der Nachweis, daß gebrannter (lebendiger oder kaustischer) Kalk nur durch den Mangel an Kohlensäure vom rohen Kalkstein sich unterscheide. Da die luftförmige Kohlensäure in der Verbindung mit Kalk ihre Flüchtigkeit verliert, so nannte Black (1755) sie fixe Luft und fand sehr bald, daß lebendiger Kalk der Soda und Pottasche eben diese Luft in der Berührung entziehe und dieselben ganz in den Zustand des gebrannten Kalkes überführe, sie ätzend mache. Cavendish entwickelte 1766 durch die Vermischung von Wasser, Zink und Schwefelsäure eine Luftart, die er brennbare Luft nannte (unser jetziges „Wasserstoffgas"). Den 1. August 1774 entdeckte Priestley im Salpeter und rothem Quecksilberoxyd eine Luftart, die er dephlogistisirte Luft nannte (jetzt „Sauerstoff") und gab dadurch den Anstoß zu einer ganz neuen Entwicklung der Chemie. Schon 1772 hatte Rutherford das Stickstoffgas gefunden, Priestley stellte es ebenfalls dar und nannte es phlogistisirte Luft. Endlich wies Cavendish 1784 nach, daß, wenn man Wasserstoff verbrennt, derselbe sich mit der dephlogistisirten Luft zu Wasser verbindet. Angeblich im XV. Jahrhundert soll Basilius Valentinus die Salzsäure entdeckt haben. Das wird wohl immer apokryph bleiben, aber gewiß ist, daß Glauber 1652 Kochsalz mit Schwefelsäure destillirte und so eine rauchende stehend saure Flüssigkeit erhielt, die er Spiritus salis fumans (rauchenden Salzgeist) nannte. Priestley gelang es, diese Säure als ein Gas darzustellen, und Scheele (1774) lehrte ihre Zusammensetzung aus dephlogistisirter Salzsäure und Phlogiston. Was aber dephlogistisirte Salzsäure und in diesem speziellen Falle das

Phlogiston sei, war damals noch nicht zu sagen; hier mußte erst wieder eine ganz andere Untersuchungsreihe dazwischen treten und zu Ende geführt werden.

Ein Mann, den die entfesselte Bestialität der Pariser (den 8. Mai 1794), zu früh für die Wissenschaft, ermordete, Anton Laurenz Lavoisier wurde der eigentliche Schöpfer der wissenschaftlichen Chemie, indem er zuerst alle chemischen Prozesse der Wage unterwarf und damit allen hypothetischen Erklärungen der chemischen Vorgänge durch erträumte Stoffe (z. B. Phlogiston) ein Ende machte. Er fand (1774), daß die Metalle bei ihrem Verkalkungsprozeß gerade so viel an Gewicht gewinnen, als die Luft an Gewicht verliert und die in demselben Jahre durch Priestley erfolgte Entdeckung der dephlogistisirten Luft ließ ihn erkennen, daß bei der Verkalkung und fast allen ihm bekannten Verbrennungsprozessen diese Luft die eigentliche Rolle des Verbrenners spiele, indem sie sich mit dem brennbaren Stoffe verbindet. Da diese Luftart es eben auch war, die mit brennbaren Stoffen, z. B. Schwefel, Kohle u. s. w. verbunden Säuren bildet, so nannte Lavoisier dieses Gas „Sauerstoff". Er vollendete die Untersuchungen über die Zusammensetzung des Wassers aus Sauerstoff nnd Wasserstoff und zeigte, daß überall, wo bei chemischen Prozessen brennbare Luft (Wasserstoff) auftrete, diese aus zersetztem Wasser herstamme, dessen Sauerstoff während des Prozesses anderweitig gebunden werde. Bei vielen chemischen Vorgängen, die durch Mischung von Flüssigkeiten hervorgerufen werden, spielt die Zersetzung des Wassers und die Bildung desselben aus seinen eben gegenwärtigen Elementen eine wichtige Nebenrolle. Nur wenn im ersten Falle Sauerstoff oder Wasserstoff frei ausgeschieden werden, ist ein solcher Vorgang leichter wahrzunehmen, sonst entzieht er sich vollkommen der Beobachtung, so lange nicht alle einzelnen Stoffe vor und nach dem Prozesse mit der Wage controlirt werden. Wenn wir z. B. Kochsalz in Wasser auflösen, so haben wir kein Mittel zu bestimmen, ob die Auflösung salzsaures Natron oder Chlornatrium enthält. Endlich konnte auch die Thatsache, daß sich die verschiedenen Stoffe immer nur in ganz bestimmten Gewichtsverhältnissen mit einander verbinden, nicht eher entdeckt werden, als bis Lavoisier die Wage zum wesentlichen Apparat des Chemikers erhoben hatte. Die alte phlogistische Theorie war durch Lavoisier gestürzt und derselbe arbeitete in Folge dessen mit dem zu der neuen Anschauungsweise bekehrten Guyton de Morveau die ganze Terminologie der Chemie aus. Hierbei trat denn zuerst die Bezeichnung Oxyd für die Sauerstoffverbindungen, die weniger Sauerstoff als die Säuren enthalten, auf, und die Verbindungen der Säuren mit Oxyden wurden nun in bestimmterer Weise Salze genannt, z. B. „schwefelsaures Eisenoxyd" (grüner Vitriol), „kohlensaures Bleioxyd" (Bleiweiß) u. s. w. Unter den Salzen war schon wegen des leise nachklingenden alchemistischen Vorurtheils das Kochsalz ein Gegenstand großen Interesses. Man betrachtete es als aus Soda und einer Säure, der muriatischen (Salz-) Säure, bestehend, deren Zusammensetzung aus dephlogistisirter Salzsäure und Phlogiston bereits Scheele gelehrt hatte, nach der neueren Theorie wurde die dephlogistisirte Salzsäure als eine vermeintliche höhere Oxydationsstufe als die Salzsäure oxy-muriatische (übersaure Salz-) Säure genannt. Da traten fast gleichzeitig Gay Lussac, Thenard und Davy mit der Behauptung (und dem Nachweis) auf, daß die sogenannte oxy-muriatische Säure ein einfacher Körper sei, der, weil er im reinen Zustande als ein gelbliches Gas erscheint, Chlorine oder Chlor genannt wurde. Zugleich wurde dann die Salzsäure auch als sauerstofffreie Verbindung von Chlor und Wasserstoff erkannt und bald schlossen sich daran noch andere Wasserstoffsäuren, als Schwefel-, Jod-, Fluor-Wasserstoff u. s. w., so daß Wasserstoff als ein zweites Säure-bildendes Element neben dem Sauerstoff erkannt werden mußte. Kochsalz erschien also jetzt als kohlensäurefreies Soda (oder Natron) verbunden mit Chlorwasserstoffsäure.

Aber, was Natron sei, blieb noch ebenso unbekannt, als die eigentliche Natur der Kalkerde, Schwererde u. s. w. Da griffen nun die Arbeiten und Entdeckungen auf einem scheinbar ganz entfernt liegenden Gebiete der Naturwissenschaft mit entscheidender Bedeutung in den Fortgang der Chemie ein, nämlich die Electricitätslehre. Die Wirkungen des Voltaismus (oder wie man gewöhnlich sagt, Galvanismus) machten so großes Aufsehen, daß man in jeder Weise damit herum experimentirte, um die Ursache dieser wunderbaren Erscheinungen zu ergründen. Im Jahre 1800 fanden Nicholson und Carlisle, daß, wenn man die beiden Drähte einer voltaischen Säule in Wasser taucht, an jedem derselben ein Strom von Luftbläschen entsteht und daß die eine dieser Luftarten Sauerstoff, die andere Wasserstoff ist, die nur aus der Zerlegung des Wassers entstanden sein konnten. Man probirte nun auch mit anderen Substanzen und einer der begabtesten naturwissenschaftlichen Köpfe der Neuzeit und zugleich einer der edelsten Menschen Humphry Davy (geb. 1778, gest. 1829) entdeckte auf diesem Wege (1807), daß die Alkalien „Natron und Kali" Oxyde von Metallen seien, die er Natrium und Kalium*) nannte. Nun war endlich nur noch ein leichter Schritt zu thun, nämlich sich klar zu machen, daß bei der Verbindung von Salzsäure mit Natron, Natrium und Chlor zu reinem Kochsalz, der Wasserstoff der Salzsäure und der Sauerstoff des Natron aber zu Wasser zusammentreten. Man nannte diese Verbindungen, die nur aus zwei Elementen, z. B. aus Chlor und Natrium, Jod und Kalium u. s. w. bestehen, von denen das eine die Rolle der Säure, das andere die der Basis spielt, „salzähnliche Verbindungen", Haloide.

In der vorstehenden Auseinandersetzung habe ich natürlich Fachmännern nichts Neues gesagt und manches davon mag selbst Laien bekannt sein. Es schien mir aber der Mühe werth, diese Zusammenstellung zu machen, um zu zeigen, wie vieler Männer Geist und Fleiß durch mehr als ein Jahrhundert zusammenwirken mußten, um die scheinbar so einfache Frage zu beantworten: Was ist Kochsalz?

Chemische und physikalische Eigenschaften des Salzes. Ich überhebe mich hier der Weitläufigkeit, die chemischen und physikalischen Eigenschaften des Salzes auseinanderzusetzen; warum das

---

*) Die beiden Metalle haben das eigene, daß sie im regulinischen Zustand leichter sind als Wasser und daher auf demselben schwimmen. Sie haben eine so große Verwandtschaft zum Sauerstoff, daß sie nur unter Steinöl aufbewahrt werden können und daß sie auf Wasser geworfen, dasselbe zersetzen, den Wasserstoff ausscheiden und mit dem Sauerstoff sich zu Natriumoxyd oder Natron und zu Kaliumoxyd oder Kali verbinden.

schon hundertmal gut gesagte noch einmal sagen? Jeder meiner Leser, der seine Kenntnisse in dieser Beziehung noch vervollständigen will, findet das, was er braucht, in jedem guten Handbuche der Chemie aus den letzten 25 Jahren oder in Karsten's Salinenkunde im Anfang des zweiten Bandes. Nur einen Punkt will ich hier hervorheben, eine physikalische Eigenschaft des Salzes, die in keinem jener Handbücher berührt wird und mit unserer Ansicht, daß alles Salz ursprünglich Meersalz ist, in gewisser Beziehung steht. In meinem Werke „Das Meer" habe ich schon 1867 ausgesprochen[4]) und im Großen bestimmt bewiesen, daß die Farbe des Meeres von seinem Salzgehalt abhängt und daß alle anderen darüber aufgestellten Ansichten durchaus unhaltbar sind. Zu meiner Freude ist das durch die auf dem Schiffe „Gazelle" unter Leitung des Herrn von Schleinitz (1874) angestellten Untersuchungen bis zu dem Grade bestätigt, daß selbst kleine Farbenabstufungen vom Salzgehalt abhängig sind, so daß man im Stande ist, aus dem specifischen Gewichte des Meerwassers die Farbe der betreffenden Meeresfläche mit Sicherheit vorherzusagen[5]).

Plinius theilt das Salz ein in natürliches und gemachtes. Diese Eintheilung gilt auch noch, nachdem wir den Begriff „Salz" wissenschaftlich festgestellt haben; aber alles Salz, welches Plinius kannte und kennen konnte, fällt jetzt in die Abtheilung natürliches Salz und das gemachte, so zu sagen künstliche Salz kommt gar nicht in Betracht, denn außer etwa zum Zweck eines Experimentes im Laboratorium der Wissenschaft wird es Niemand einfallen, Salz aus der Verbindung von Chlor und Natrium herzustellen. In der Natur aber, wollen wir gleich bemerken, kommt das Salz wohl niemals ganz rein als „Chlornatrium" vor; es ist immer mehr oder weniger mit anderen Salzarten vermischt, von denen wir es, wenn wir es rein haben wollen, erst trennen müssen. Diese Verunreinigungen erklären sich sehr leicht, wenn wir die Quelle der Salzvorräthe auf der Erde ins Auge fassen. Ein gründlicher Ueberblick aller einschlagenden Thatsachen giebt uns nämlich das Resultat, daß wir kein anderes Salz haben, als das See- oder Meersalz. Es kann wohl keinem Zweifel unterliegen, daß alles Kochsalz auf der Erde zuerst im Meere sich gefunden hat und erst aus dem Meere als Steinsalz ausgeschieden ist.

Wenn wir in der Geschichte unserer Erde möglichst weit zurückgehen, so führt uns eine „genügend sichere Induktion" [6] auf eine Zeit, in der die Erde ein Ball in feurig flüssigem Zustande war, deren Oberfläche nach und nach durch Abkühlung zu einer Kruste erstarrte. Der feurig-flüssige Zustand aller auf der Erde befindlichen Stoffe setzt aber eine Temperatur voraus, bei der ein großer Theil der Elemente flüchtig ist, also einen Theil der ebenfalls in sehr hoher Temperatur befindlichen Atmosphäre ausmachte. Dazu gehört vor allen Wasserstoff und Sauerstoff, die sich bei der hohen Temperatur zu Wasser verbinden mußten. Dasselbe gilt von vielen anderen Bestandtheilen unseres Erdkörpers, so von Kalium, Natrium, Calcium, Chlor [7], Brom, Jod u. s. w., die alle noch weit unter dem Schmelzpunkt des Eisens (ca. 1500º) zum großen Theil schon bei Rothglühhitze, flüchtig sind. Auch für diese waren die Bedingungen für ihre chemische Verbindung gegeben. Die Atmosphäre war durch solche Beimengungen so dicht, wie wir es jetzt etwa nur künstlich in abgeschlossenen Räumen würden herstellen können. Ihr Druck mußte ein ungeheurer sein. Das Wasser in ihr wurde zu Wasserdampf und dieser nahm natürlich die leicht löslichen Verbindungen in sich auf. Bei dem großen atmosphärischen Drucke konnte aber auch trotz der hohen Temperatur sich nicht alles gebildete Wasser, schwerer gemacht durch die in viel größerem Verhältniß als sie jetzt dem Seewasser beigemengt sind und wohl bis zur vollkommenen Sättigung aufgenommenen Salze in der Luft erhalten; es stürzte wiederholt in Wolkenbrüchen kochenden Wassers auf die sich bildende Erdkruste herab und löste hier von dem schon erhärteten Gestein noch manches auf, spülte noch manches los, was es dann in die tieferen Stellen der Oberfläche zusammenführte. So war das erste Wasser, was überhaupt auf der Erde Raum fand, ein concentrirtes Meerwasser*), ein süßes Wasser war damals noch nicht möglich [8]. Deshalb

---

*) Wir dürfen wohl sagen eine gesättigte Soole mit 33 % Salzgehalt.

sind auch alle Formationen der Uebergangsgebirge, deren Bildung vielleicht Millionen von Jahren bedurft hatte, ausschließlich submarinen Ursprungs. Erst zur Zeit der Steinkohlenbildung hatte sich die Erde soweit abgekühlt, die Atmosphäre so weit verändert, daß auch Süßwasserbecken sich bilden konnten, obwohl sie immer noch auf der Erde eine untergeordnete Rolle spielten [9].

Wenn auch vielleicht anfänglich die erstarrende Kruste der Erdmasse ein concentrisches Niveau um den Mittelpunkt bildete, so mußte doch diese Ebene sehr bald, indem die abkühlende Kruste sich zusammenzog, durch Ausbrüche hier, Erhebungen dort und Einsenkungen an anderen Stellen vielfach gestört werden. Es war unvermeidlich, daß sich dabei von dem Gesammtmeere abgeschlossene Becken bildeten, in denen das Meerwasser bei der hohen Temperatur rasch verdunstete und die aufgelöst gewesenen Salze als dickere oder dünnere Bänke absetzte. Solche Becken des Meeres, zukünftige riesige Salzpfannen sind nun in der That von Whywille Thomson auf der Fahrt des Challenger nachgewiesen worden. Es sind bis jetzt 4 bekannt, bei denen es der nur verhältnißmäßig geringen Erhebung von etwas über 1300, 900, 700 und 400 Faden bedarf, um ungeheure Massen des Meerwassers vom ganzen Ocean abzuschließen und der Abdunstung Preis zu geben [10].

Durch erneuerte Wolkenbrüche konnten dann die Becken mit neuem Meerwasser gefüllt werden oder Niveauveränderungen konnten zeitweilige Einbrüche des Gesammtmeeres veranlassen. Dadurch wurden denn bei wiederholtem Abdunsten des Wassers die Salzablagerungen verstärkt. Wenn auch eine Zeit eintrat, in der die Atmosphäre sich vollständig ihrer Salze entledigt hatte, so daß das meteorische Wasser forthin nur süßes Wasser war, so dauerten doch die Schwankungen der Erdoberfläche, wodurch Becken mit Meerwasser vom Gesammtmeer abgeschlossen und der Verdunstung Preis gegeben wurden, oder tiefe bereits ausgetrocknete Becken durch Einbrüche des Meeres mit neuem Meerwasser gefüllt und dann vielleicht abermals vom Meere getrennt wurden, bis auf den heutigen Tag fort, und so waren die Bedingungen zur Bildung solcher Becken mit Salzwasser, man könnte sie große natürliche

Salzpfannen nennen, immer fort vorhanden. Es können daher die Salzlager auf der Erde nicht an irgend eine Periode, an irgend eine Formation gebunden sein, wie man früher wohl aus noch unvollständigen Kenntnissen ableitete. Vielmehr ergeben schon jetzt die vorliegenden Erfahrungen und die noch immer sich mehrenden Entdeckungen, daß die soeben gegebene theoretische Ableitung vollkommen von den Thatsachen gestützt wird [11]).

Zunächst finden wir in den kryptogenen und eruptiven Gesteinsformationen, die wir als Theile der zuerst erhärtenden Erdkruste anzusehen berechtigt sind, Salzquellen, die nur aus der allmäligen Auflösung von Salzlagern entstehen können, so bei Kreuznach (Rheinpreußen) aus dem Porphyr hervorquellend und in Neu-Granada bei Guayeval aus dem Glimmerschiefer, bei Salina aus Hornblendschiefer, bei Rio grande und Cuaco aus Syenit entspringend. In Navarra tritt eine Soolquelle unmittelbar aus dem Granit hervor.

Umfassender und sicherer sind schon die auf die Uebergangsgebirge sich beziehenden Beobachtungen. In Nordamerika kennt man Soolquellen, die aus der silurischen Formation entspringen, so in den Grafschaften Oneida, Ononbaga, Madison, Ontario, Senega u. s. w. des Staates New-York. In den Staaten Pensylvanien, Ohio und Virginien fließen Quellen in der Steinkohlenformation, die wahrscheinlich einen tieferen Ursprung haben, andere entspringen sicher unter den Steinkohlen. In Abingdon in Virginien wurde 1840 unter Gyps- und Mergelschichten in silurischen Schichten Steinsalz erbohrt und mit 186' noch nicht durchsunken. In Rußland erscheint bei Staraja-Russa, Gouvernement Nowgorod, eine Salzquelle in den devonischen Schichten und eine andere ist bei 700' erbohrt. Deuschland bietet nicht minder Beispiele dar. Bei Altensalza im Voigtlande brechen die Salzquellen aus dem alten Schiefergebirge hervor und bei Werbohl an der Lenne in Westphalen nach Karsten aus dem Uebergangsgebirge. In England liefert nach Murchison und Sedgewick die unterste Abtheilung den Cumberlander Schiefergebirges bei Reswick und ebenso der

Cornwalliser Schiefer bedeutende Salzquellen. Die Steinsalzbildung am Fuße der Saltrange in Punjab liegt nach Flemming und Murchison noch unter dem Oldredsandstone, einem Gliede der Devonischen Formation.

Die Steinkohlenformation hat uns bis jetzt noch keine Salzlager gezeigt, um so häufiger dagegen finden sich Salzquellen, die in der Steinkohlenformation entspringen, obwohl der Einwand, daß die zu ihnen gehörigen Salzlager tiefer liegen, zur Zeit nicht zu widerlegen ist. Nordamerika hat in seinem ausgedehnten Steinkohlengebiet namentlich in Pensylvanien, Ohio, Virginien, Kentucky, Illinois u. s. w. zahllose Salzquellen. Auch auf der Insel Breton bei Neuschottland ist die Kohlenformation reich an Soolquellen. In Deutschland treten die Salzquellen bei Sulzbach im Saarbrücker Kreise, bei Löbejün in der Nähe von Halle, bei Zwickau in Sachsen ebenfalls aus der Steinkohlenformation hervor.

Gehen wir zur Permischen Formation über, so zeigen sich uns nicht nur zahlreiche Salzquellen nördlich von Perm*) bei Solikamsk in Rußland, nicht minder bei Talma, Bolachina und bei Mertoisol in der Kirgisensteppe, sondern auch ein mächtiges Lager anstehenden Steinsalzes bei der Festung Ilezkaja und ein zweites bei Ussollie in demselben Gouvernement. Auch das große Salzgebirge von Staßfurth liegt, wie es scheint, noch unter dem bunten Sandstein und gehört dann wohl hierher, wie nicht minder das bei Speremberg erbohrte Salzlager.

Der bunte Sandstein umschließt bedeutende Lager von Steinsalz in seinen oberen Abtheilungen, so bei Schöningen in Braunschweig, bei Liebenhall (nahe Salzgitter), bei Sülbeck in Hannover und bei Elmen unweit Steinbeck. Im Muschelkalk kommen Gyps, Salzthon und Steinsalz oft enge verflochten und so häufig vor, daß man früher fast geneigt war, das Vorkommen des Salzes auf den Muschelkalk zu beschränken**). Beispielsweise erwähne ich die Stein-

---

*) Welche Stadt der Formation den Namen gab.
**) Diese Ansicht wurde noch dadurch bestärkt, daß das Steinsalz im bunten

Salzstöcke von Wilhelmsglück und Friedrichshall in Württemberg, überhaupt die Salinen im Muschelkalkgebiet Thüringens u. s. w. Endlich zeigt das dritte Glied der Triasformation, der Keuper ebenfalls die erwähnten Bildungen des Steinsalzes und seiner Begleiter in mächtig entwickelten Lagern, so in Frankreich, England und vielleicht auch im Keuper nördlich vom Harze. Im Gebiete der Alpen sind es besonders die der Trias angehörenden Werfener Schichten, welche die umfassenden Steinsalzlager von Oberösterreich, Salzburg, Tyrol einschließen, die hier in Betracht kommen, wobei dann auch Bex in der Schweiz, ebenfalls hierher gehörig, nicht zu übergehen ist. Selbst in Nordamerika am Felsengebirge und an der Sierra madre fehlt die salzführende Trias nicht und aus Ostindien scheinen die salzführenden Bildungen von Lehon hierher zu gehören.

Aus der Formation der Lias, einer großen submarinen Ablagerung, sind merkwürdiger Weise keine Steinsalze bekannt. In dem Thal von Saline im französischen Jura sind Salinenwerke im Betrieb, ob das durch sie gewonnene Salz aber dem Lias selbst angehört, weiß ich nicht. Ganz dasselbe gilt auch von der Juraformation, da ich keine Erwähnung von Salzlagern in diesem Schichtensysteme*), ja auch nur Andeutungen davon (Salzquellen u. s. w.) auffinden konnte. Es scheint mir überhaupt, daß das Salz von den Geognosten noch viel zu nebensächlich behandelt wird; freilich liefert es keine Versteinerungen für das Cabinet und führt keine Leitfossilien, aber für die Entwicklungsgeschichte der festen Kruste unserer Erde ist es doch jedenfalls so wichtig, daß es wohl eine ganz besondere Aufmerksamkeit verdiente. Sollte es wirklich in der ganzen Periode des Lias und Jura und gerade nur in dieser an den Bedingungen zur Bildung von Salzbecken gefehlt haben?

Sandstein fast nur in den oberen Schichten, im Keuper in den unteren, also beide Male im engen Anschluß an den Muschelkalk vorkommt.

*) Nur Blum erwähnt der Salzlager von Hallein als dem Jura angehörig, was mir zweifelhaft erscheint [12]. Ebenso unsicher ist die Mittheilung, daß die Salzquellen von Slonsk oberhalb Thorn wirklich aus dem Jura entspringen [13].

Gehen wir nun zur Kreideformation über, so finden wir unzweifelhaft Steinsalzmassen und Gyps in dem der Kreide angehörigen Hippuritenkalk in Algerien, z. B. bei Constantine, wo es oft förmliche Berge bildet, z. B. bei Biskra und bei Medeah. Nach Crouzat kommt auch in der Kreide des Adourbassins Gyps und Steinsalz vor.

Endlich hätten wir die Tertiären Bildungen zu erwähnen, welche ebenfalls unzweifelhaft Salzlager einschließen. Die große Nummulitenformation in Sicilien und Catalonien, hier besonders bei Cardona, kann einige der bedeutendsten Massen von Steinsalz aufweisen. Auch die Salzlager von Baltierra unweit Tudela gehören dem tertiären Gebiet. Nach Verneuil und Collomb sind auch die ungeheuren Steinsalzstöcke von Kulpi und Nachitschewan in Armenien hierher zu rechnen [14]).

Ehe ich weiter gehe und auch die Jetztzeit in Betracht ziehe, sei es mir erlaubt, auf einige der interessanten Erscheinungsweisen des Steinsalzes etwas näher einzugehen. Freilich wenn wir einmal bei Langro*) die 1200 in reines Steinsalz gehauenen Stufen hinabstiegen, um in die unterste der vier Etagen jenes ungeheuren Salzberges zu gelangen, wenn wir durch die Förderstrecken von Staßfurth geschritten sind, wo uns nach allen Seiten nichts umgiebt, als der fast immer krystallhelle Salzfels oder endlich, wenn wir die in Salz gehauene Kapelle und den im Salz ausgeweiteten Tanzsaal mit ihrem feenhaften Schimmer in Wieliczka bewundert haben, so führt uns fast nichts mehr in die unterirdischen Salzschatzkammern ein als unsere Phantasie; wir müssen aber zusehen, wie wir ihren Bildern durch wissenschaftliche Beobachtungen wenigstens eine feste Zeichnung unterlegen können [15]).

Ich beginne mit den Steinsalzablagerungen, die geradezu als gebirgsbildende auftreten, ein Fall, der viel häufiger ist, als man gewöhnlich annimmt. So finden sich zu Tage stehende Steinsalzfelsen

---

*) Nördlich von Altamonte in Calabrien.

in Usbum an der Südseite des todten Meeres. Es ist dies die Gegend, in der die angebliche Katastrophe von Sodom und Gomorrha spielt; das Salzgebirge ist hier in die wunderlichsten Formen zerrissen, Pyramiden, Pfeiler, Säulen u. s. w., so daß man hier die Auswahl von ein paar Hunderten in Salz verwandelter Weiber hat, aus denen die Sage einen ganzen Harem für Lot hätte bilden können [16]).

Siebenbürgen. In Siebenbürgen bildet das Steinsalz eine Gebirgsmasse von in ihrer Tiefe noch nicht ergründeten Mächtigkeit. Häufig geht diese Masse zu Tage aus oder ist doch nur durch eine dünne Lage Dammerde bedeckt. An vielen Orten erhebt sich das Salz zu Hügeln und Bergen, in denen steile Schluchten zugleich das Innere blosstellen, besonders bei Szovata und Parayd im Udvarhelyer Stuhl. Bei Szovata ziehen sich die Berge über eine deutsche Meile fort, sind aber bis auf die steilen Schluchten mit dichtem Wald bedeckt. Durch Unterwaschungen, besonders bei Frühlingsregen, stürzen oft ganze Berggehänge mit ihrem Wald krachend herab, den Salzstock entblösend und dafür andere Theile wieder bedeckend. Die steilen Abstürze mit ihren oft mehr als 200' hohen schneeweißen Wänden gewähren dann einen herrlichen Anblick. Es giebt in Siebenbürgen allein 120 Ortschaften, die Salzquellen besitzen. In dem Steinsalz sind sehr oft Wassertropfen eingeschlossen. Sehr häufig sind Kohlenstückchen und bei Visackna wurde ein starker noch mit Aesten versehener Holzklotz mitten im Steinsalz gefunden [17]). Im Steinsalz von Thorda und Maros Ujvar fand Reuß Foraminiferen und Conchylienreste. Eins der normalsten und ungestörtesten Steinsalzflötze ist das von Deeseckna [18]). Große und weite Thäler, die im Steinsalzgebirge ausgewaschen sind, zeigen Thalwände von diesem Material, so bei Parayd und Beretz in Siebenbürgen und ebenso südlich vom Himalaja, da wo der Indus die Salzkette durchbricht; am Hualaya in Peru wird das ganze Flußthal von 60 Quadratmeilen Ausdehnung nach Pöppig nur durch ein einziges, ungeheures Steinsalzgebirge dargestellt. Zur eingehenderen Beschreibung greife ich aber zwei Punkte heraus, wo das Salzgebirge noch besonders interessante Züge darbietet.

Am südlichen Abhang der Pyrenäen liegt Cardona am Eingang eines Thales von dem man auf den ersten Anblick glaubt, es sei von einem riesigen Gletscher ausgefüllt. Der obere Theil des Salzes füllt das Thal in seiner ganzen Breite und ist auf seiner freien Fläche ganz wie ein Gletscher mit zahlreichen Hörnern und Pyramiden besetzt, die durch die allmälige Einwirkung des fallenden Regens gebildet werden [19]). Die allseitigen steilen Abstürze gestatten dem Wasser aber nur eine sehr geringe Zeit zum Auflösen und so nimmt die Höhe der ganzen Masse nach Cordier's Berechnungen durch Abschmelzen nur etwa 4 Pariser Fuß im Jahrhundert ab. Das zu Grunde gelegt, muß dies Salzgebirge, zur Zeit als die Römer es kennen lernten (M. Cato 100 v. Chr.) noch etwa 80' höher gewesen sein. Die untere Partie, etwa 800' breit und 400' lang, hängt mit der anderen in der Tiefe zusammen, liegt näher an der Stadt, ist besonders in ihren oberen Theilen vollständig regelmäßig geschichtet, indem sich zwischen die einzelnen Salzlager Bänder eines röthlichen Mergels hinziehen und enthält übrigens Salzthon und Gyps eingemengt (wie?) [20]). Dieser Theil wird noch jetzt wie schon zur Römerzeit regelmäßig abgebaut. Schon zur Römerzeit betrachtete man den Salzberg als unerschöpflich in dem Glauben, daß immer ebenso viel nachwachse, als man davon nehme [21]). Wahr ist, daß der Raum, der die Stadt vom Salzberg scheidet, immer schmäler wird, und daß der Salzberg auch darin einem Gletscher gleicht, daß er allmälig gegen den Thalausgang vorrückt und eine unvollkommene Auffassung dieser Thatsache konnte wohl jene Ansicht der Alten, die sich bis heute als Volksglaube erhalten hat, veranlassen. Der Abbau des Salzes, vollkommener Tagebau wie in einem Steinbruch, ist sehr alt und war schon zu Cato's Zeit im Gange [22]). Der Salzberg liegt zwar oben frei, aber seitlich rings umgeben von Sandstein, dessen Schichten sich an ihn anlagern, so daß man annehmen muß, daß der ganze Salzberg durch plutonische Kräfte gehoben, die ihn bedeckenden Schichten durchbrochen habe, deren Reste von seiner oberen Fläche weggespült seien*).

---

*) Ganz gleiche Lagerungsverhältnisse zeigen die Kalkfelsen (Kreide), welche die Thalbildung umgeben, in der die Soolquellen von Anana entspringen [23]).

II. Das Salz unter dem Einflusse der modernen Kultur.

Aus dieser Ansicht folgt aber keineswegs, daß das Steinsalz selbst vulkanischen Ursprungs sei, es ist eben als schon bestehend empor gehoben worden, wie unzählige andere Gebirgsarten. Nach Marcel de Serres und Joly enthält das Steinsalz von Cardona zahlreiche Infusorienreste, wodurch allein schon erwiesen ist, daß es als Absatz aus dem Wasser und nicht etwa als vulkanische Sublimation entstand [24]). Daß ohnehin dieses Salzlager der neuesten Zeit der Tertiärformation angehört, ist schon oben erwähnt.

Ilezkaja. Ich schließe hier die Schilderung eines zweiten Salzberges an, der in einer älteren Schicht unserer Erde, in der Permischen Formation auftritt. In der ganzen Kirgisensteppe, soweit sie dieser Formation angehört, sind zahlreiche Salzquellen bekannt. Mitten in der unendlichen Ebene erhebt sich aber auch unweit der Festung Ilezkaja aus den rothen sandigen Mergeln und weißen Gypsen ein gewaltiger Steinsalzfelsen, dessen freie, nur mit Flugsand bedeckte Oberfläche dieselbe gletscherähnliche Zerklüftung zeigt, wie der Salzberg von Cardona. Das Salz ist sehr rein und weiß, grobkörnig und umschließt bisweilen Stücke von bituminösem Holze, was auch hier beweist, daß der Salzfels auf nassem Wege gebildet ist. Der Berg wird abgebaut und liefert jetzt jährlich 280,000 Centner Salz [25]).

Die alpinen Salzlager. Ich gehe nun zu ein paar Beispielen über von Salzwerken, in denen das Salz durch bergmännischen Tiefbau gewonnen wird. Beide Beispiele sind wohl die ältesten des Bergbaues auf Salz, von denen wir genauer unterrichtet sind und das erste können wir wohl mit Sicherheit auf eine Zeit von mehreren hundert Jahren vor Beginn unserer Zeitrechnung zurückführen. Es ist das, wie nach den Ausgrabungen und Gräberfunden am Hallstädter See bewiesen ist, schon von den Kelten abgebaute große Gebiet von Salzwerken in den österreichischen und bairischen Voralpen von Hall in Tyrol bis Aussee in Steiermark*).

---

*) Die Saline Hall, später das „reiche Hall" (Reichenhall) kommt schon 720—30 in Schenkungsurkunden, als lange bestehend, vor.

An der Nordseite der Alpen zieht sich von Bex in der Schweiz bis in die Nähe von Wien ein (ununterbrochener?) Zug jüngerer Kalkgebirge, die in engster Verbindung mit großen Salzlagern zu stehen scheinen. Wie die anderen Flötzschichten, so bäumt sich auch das Salzgebirge an jener großen Erhebung auf. Insbesondere aber tritt an einem Punkte in dem Salzkammergut und den zunächst daran stoßenden Regionen das Salz in mächtiger Entwicklung auf. Es sind hier die großen Salzstöcke von Hall, von Berchtesgaden (mit den reichen Soolquellen von Reichenhall), Hallein, Ischl, Hallstadt und Aussee. Meistentheils erheben sich dieselben so hoch, daß man sie mit Stollen (ohne Schachtbau) anfahren kann. So erhebt sich z. B. der Salzberg von Hallstadt 1623' über den See und selbst der unterste der 17 Stollen liegt noch 1100' über seinem Spiegel und dieser hat 1900' über dem Meere. Wie weit diese Salzberge in die Tiefe reichen, ist noch an keiner Stelle ergründet. Alle diese Salzberge zeigen keine großen Steinsalzmassen, sondern sind hauptsächlich aus sehr salzreichem Thon (Haselgebirge), Anhydrit, Gyps, Mergel mit größeren oder kleineren Steinsalznestern zusammengesetzt. Die Kuppen dieser Salzberge bestehen meist aus Salzthon, der aber in seinen oberen Theilen vollständig vom Regen ausgelaugt ist. Nur der Salzberg von Aussee ist auf der Spitze theilweise von Kalkmassen bedeckt. Die Salzflötze, so wie die sie bedeckenden Kalkflötze, wo sie vorhanden sind, fallen etwas nach Süden, also gegen die Alpen, ein.

Die eigenthümliche Natur dieser Salzgebirge bedingt eine ganz besondere Art der Ausnutzung. Es ist nicht vortheilhaft, die vereinzelten kleinen Steinsalzmassen aufzusuchen und auszuhauen, man gewinnt daher das Salz durch sogenannte Sinkwerke. Man stellt nämlich große abgeschlossene Räume (sogenannte „Kammern") her, läßt diese vom Grubenwasser sich füllen oder leitet künstlich Wasser hinein, was so lange stehen bleibt, bis es sich möglichst mit Salz gesättigt hat. Der Boden (oder die „Sohle") einer solchen Kammer wird fast gar nicht ausgelaugt, weil die gesättigte Soole, die also kein Salz mehr aufnehmen kann, wegen ihrer specifischen Schwere immer auf dem Boden ruht;

mehr werden die Seitenwände (oder „Ulmen") angegriffen, was man möglichst befördert; am schnellsten löst sich das Salz aus der Decke (der „Firste" oder dem „Himmel") auf, wenn das Wasser dieselbe berührt, was man aber gewöhnlich zu verhindern sucht, da dadurch leicht Einstürze der Decke veranlaßt werden. Die in diesen Sinkwerken gewonnene Soole leitet man dann durch Röhren nach Salinen, wo sie versotten wird. So wird die Soole von Berchtesgaden nach Reichenhall, Traunstein und Rosenheim geleitet, um versotten zu werden; die zu diesem Behufe hergestellten Röhrenleitungen haben eine Gesammtlänge von 14 deutschen Meilen. Nur Reichenhall hat auch (16) eigene zum Theil sehr reiche Soolquellen (z. B. die „Edelquelle" von 23%), deren Wasser ebenfalls versotten wird. Der Berchtesgadener Salzberg (der Liebfrauenberg bei Frauenreith) ist von der Sohle des Almthals 480' hoch. Er trägt die Spuren von uraltem Abbau, der von Oben her durch Schachte und kleine Sinkwerke betrieben worden ist. Beim Eintreiben der Stollen traf man auf ausgelaugte Thonmassen, worin sich Holzspähne, Kohle, Gemshaare, ja sogar antike Münzen und Opferschalen vorfanden.

Weiter von Berchtesgaden nach Westen liegt der mächtige Salzberg von Hall in Tyrol mit sehr gestörten Lagerungsverhältnissen. Wahrscheinlich aber in unmittelbarem Zusammenhang mit dem Liebfrauenberg und nach Osten von demselben treffen wir den Salzberg von Hallein, der fast 1300' hoch ist. Die Salzburgischen Salzwerke sind wohl auch keltische Einrichtungen. Weiter nach Osten und etwas südlich liegt der Hallstädter See mit seinem kolossalen Salzstock, den schon die Kelten abbauten. Seine Produkte führt der See und die aus ihm entspringende Traun nordwärts nach Ischl und weiter. Ein Theil der Hallstädter und Ischler Soole wird aber auch in Röhrenleitungen nach Ebensee an der Traun geleitet und dort versotten. In der Nähe von Ischl beim Dorfe Perneck wurde 1562 wieder ein großer Salzberg entdeckt, der jetzt mit 12 Stollen in verschiedenen Etagen und 28 Sinkwerken abgebaut wird. Auch dieses Salzgebirge erhebt sich über 1200'. Endlich treffen wir noch etwas östlicher auf Aussee, wo sich eine halbe Meile nördlich (zu Altaussee, schon 2593 Par. Fuß über dem Meere) ein 3000' hohes Salzgebirge erhebt, das bereits auf 5500' in seiner Längenerstreckung verfolgt ist.

Die sämmtlichen hier erwähnten bairischen und österreichischen Salzwerke liefern jährlich circa 2,300000 preuß. Centner Salz oder (1845) mehr als ein Drittheil der Salzproduktion des gesammten Deutschlands[26].

Den zweiten hier zu erwähnenden Bergbau auf Steinsalz bilden die berühmten Werke von Wieliczka und Bochnia, von denen feststeht, daß sie nach 906 n. Chr. und vor 1136 n. Chr. eröffnet sein müssen. Die älteste Urkunde von 1044 nennt die Saline das „große Salz"[27]. Die Karpathen, die im Wesentlichen von Südost nach Südwest sich erstrecken, scheinen bei ihrer Erhebung ein großartiges Salzbecken durchbrochen und die Salzmassen theils gehoben, theils zerrissen zu haben. An beiden Längsseiten des Gebirges kann man die Steinsalzlager verfolgen. Im Nordosten von Wieliczka und Bochnia bis Thaczika in der Buckowina, Rynnoik und Okna in der Moldau sowie drei gleichnamigen Orten in der Wallachei ist an einigen 30 Orten das Steinsalz aufgefunden und die Südostseite bietet uns in Ungarn Soovar im Saroser Comitate, Sosartany und schließt dann an die kolossalen Steinsalzgebirge von Siebenbürgen an. Auf der 200 Meilen langen Ausdehnung der Karpathen zählt Brogniart 16 Steinsalzbergwerke im Bau, 43 nicht abgebaute und 420—430 Soolquellen. Nicht die Vorräthe geben hier das Maaß für die Ausbeutung, sondern nur die Möglichkeit des Absatzes. Jener Salinenkranz um die Karpathen herum liefert (1846) im Ganzen 3,346,666 preuß. Centner[28]. Die wichtigsten Werke bleiben immer die von Wieliczka. Die hier vorhandenen großen Salzlager sollen, wie alle karpathischen, den untersten Schichten der Kreideformation angehören und zwar dem sogenannten Grünsand[29]. Die Kreidegebirge sind nach ihrer Bildung durch plutonische Erhebungen vielfach in ihrer Lagerung zerstört und zeigen Risse, Spalten, Klüfte und Schichten-

Das ungar. Salzgebiet.

verwerfungen an vielen Orten und sind daher von Zwischenmassen: Thon, Sand und Geröllle durchsetzt, lauter Gebilde, die sich bei dem Absatz aus einem großen heftig bewegten Meere einfinden mußten. Diese gestörte Lagerung finden wir nun auch bei Wieliczka. Bei der Erhebung der Karpathen sind die Schichten des Grünsands gehoben, zertrümmert, die Bruchstücke verschoben und viele Schichten stehen ganz auf dem Kopfe, so daß von regelrechter Lage im ganzen Salzwerke fast nirgends die Rede sein kann. Oft ist das Steinsalz mit dem Sandstein unmittelbar verwachsen, seltener ist Gyps, häufiger Mergel und Salzthon dazwischen gelagert. Im Ganzen aber sind es Schichten in paralleler Lagerung von unten nach oben: Szybiker Salz — Spizasalz — Salzthon mit Grünsalz — Salzthon, Hangendtegel — Mariner Tertiärsand [30]. Der allgemein bekannte Ort liegt in einem Gebirgskessel, der von Osten nach Westen etwas verlängert ist und von hier seine Wasser nach der Weichsel abfließen läßt. Nach den Untersuchungen von Thürnagel ist das Salzlager, soweit es gegenwärtig abgebaut wird, von Osten nach Westen etwa 8—9000' lang, bei einer Breite von 3500' und ist bis zum Grunde des Wasserschachtes etwa 1200' tief. Zu oberst kommen wechselnde Lager an Lehm, Sand und Mergel, darauf folgt Salzthon mit etwas Gyps. Bei 238' erreicht man die obere Etage des Salzbaues; hier ist für die unterirdische Gemeinde der Salzarbeiter im Steinsalz eine kleine Kapelle ausgehauen, mit mehreren aus Salz gearbeiteten Statuen, in der seit 1337 jährlich einmal Messe gelesen wird. Außerdem finden sich im Ganzen etwa 60 durch das Aushauen des Salzes entstandene sehr große Räume. Darunter zeichnet sich der sogenannte Tanzsaal durch seine Größe aus; derselbe ist mit einem kolossalen österreichischen Adler, dem Namenszug des Fürsten Lobkowitz und 6—8 Kronleuchtern, alles aus Salz gehauen, geziert; außerdem finden sich daselbst zwei transparente auf Steinsalztafeln gemalte Bilder, welche sämmtliche beim Grubenbau angewendete Geräthschaften darstellen. Wie ausgedehnt hier die unterirdischen Werke sind, zeigt folgende Begebenheit: Joh. Harasiut hatte in der Tiefe des Trinitatisschachtes zu Bochnia das Glockenzeichen zum Ausfahren überhört. Als er spät folgen wollte, verlöschte sein Grubenlicht. Niemand war noch vorhanden, der seinen Hülferuf hören konnte. Er tappte von Angst getrieben im Dunkeln fort, traf tastend fast instinktmäßig die Verbindungsgänge, vermied die Abgründe, Bergrisse und Salzwasser. Endlich nach viele Stunden langem Wandern erblickte er Licht und fand sich unter Bergleuten wieder, vor denen er mit einem Freudenschrei bewußtlos zusammenstürzte. Man brachte ihn auf die Oberfläche, er war in Wieliczka und hatte also in der dunklen Tiefe 4 deutsche Meilen durchwandert. Nach Hauer ist die Gesammtlänge der unterirdischen Grubenstrecken von Wieliczka 11 geographische Meilen [31]).

In älteren Zeiten wurde der Bau sehr leichtsinnig als Raubbau betrieben und man hieb alles Salz weg, wo man es fand; so entstanden zahlreiche geräumige Höhlungen, die zum Theil zusammenbrachen und einstürzten und dann mit ungeheuren Kosten wieder ausgefüllt werden mußten*). Von der erwähnten (obersten) Etage erstreckt sich das Grünsalz (wegen seiner Farbe so genannt) mit Salzthon wechselnd über 350' tief. Dieses Grünsalz, so wie der dazwischen gelagerte Salzthon schließen häufig bituminöses Holz, Muscheln und Haifischzähne ein. An das Grünsalz legt sich dann das reinere Spyzasalz**), graulich zum Theil aus spießigen Krystallen bestehend. Es ist oft so eng mit dem Sand verbunden, daß beide in einander übergehen und enthält häufig Versteinerungen [33]). Dann folgt durch eine Salzthonlage geschieden das Szybiker Salz, das reinste von allen. Hin und wieder wiederholt sich der Wechsel von den beiden letzten Sorten zweimal. Beide Salzarten werden nur zerstoßen und sind so zum Gebrauch fertig, besonders das letztere als Tafelsalz. Aus dem Szybicker Salz, als dem härtesten, werden eine Menge Kunstwerke verfertigt: Kron- und einfache Leuchter, Urgehäuse, Dosen, Salzfässer, Rosenkränze u. s. w. Damit sie nicht an der Luft zerfließen, werden sie

---

*) Aehnliches hat auch wohl in neuerer Zeit der Leichtsinn der Beamten herbeigeführt
**) Bergleute aus Zips (Górnici ze Spiza) entdeckten zuerst diese Salzschichten, von ihnen wurde es Spiska-sool, Zipfer Salz, genannt [32]).

mit frisch ausgepreßtem Olivenöl eingerieben und dadurch dauerhafter gemacht. Hin und wieder kommt im Wieliczkaer Bergwerk sogenanntes Knistersalz vor, das bei seiner Auflösung im Wasser eine Anzahl kleiner Detonationen veranlaßt und dabei aus kleinen Hohlräumen das darin comprimirt enthaltene Wasserstoff- und Kohlenwasserstoffgas ausstößt. Außerdem ist das Knistersalz bis jetzt nur noch in Staßfurth aufgefunden. Offenbar muß dieses Salz bei der Gegenwart jener Gase unter sehr hohem Druck krystallisirt sein. Aus der Szlatinaer Steinsalzgrube im Marmoroser Komitate strömen auch aus den Spalten des Steinsalzes brennbare Gasarten aus*), welche man dort zu einer von der Natur freiwillig gegebenen Gaserleuchtung der Gruben benutzt. Philippi und Rendschmidt haben im Salze von Wieliczka Infusorien, Polythalamien, Muscheln, Schnecken und andere thierische Reste nachgewiesen. Reuß hat darin 270 Arten niederer Thiere von den Polythalamien bis zu den Decapoden gefunden [34]. Schon Sternberg beschrieb eine Frucht (Juglans salinarum Sternb.) aus dem Steinsalze. Dann charakterisirte Göppert 2 Arten Juglans, zwei Zapfen von Coniferen und fossiles Holz von drei Arten. Unger faßte dann alle bisherigen Entdeckungen von Pflanzenresten aus Wieliczka zusammen und beschrieb 10 Arten von Früchten und 5 Arten bituminöses Holz daher. Die Pflanzen sind neuerdings genauer untersucht von Dr. Stur. Er fand: Föhrenzapfen, Caryafrüchte, Stückchen von Buchen und Birkenholz, selten Blattabdrücke. Viele der Zapfen waren sichtlich von Eichhörnchen angenagt [35]. Die sämmtlichen Grubenwasser fließen durch einen eigenen Schacht in ein Reservoir („den Sumpf"), von wo sie als starke Soole sich in die Weichsel ergießen. Bochnia kann als zu Wieliczka gehörig betrachtet werden. Es hat fast alles mit demselben gemein. Das ganze Salzlager von Bochnia ist aber von bituminösen Substanzen durchdrungen. Häufig strömt Kohlenwasserstoff aus Höhlungen und Spalten. Im

---

*) Aehnliches erfuhr man in Staßfurth beim Abteufen des „von der Heydtschachtes", wo den oberen Schichten, dem sogenannten Abraumsalz (circa 800—1000' unter der Oberfläche) auch brennbare und explodirende Gase entströmten.

Salze selbst finden sich Braunkohlenstückchen, auch Tannenzapfen und Nüsse [36]).

Ich sollte jetzt gleich zur beispielsweisen Betrachtung der Salzquellen übergehen, wenn sich nicht ein so guter Uebergang dazu darböte in den seit alten Zeiten in Betrieb seienden Salzquellen von Staßfurth bei Magdeburg, die erst in neuerer Zeit in eines der großartigsten Steinsalzbergwerke umgewandelt sind.

Das Thüringer Salzbecken bis Magdeburg.

Dem großen Salzlager der Salzburgischen Voralpen tritt ein nicht minder bedeutendes Salzbecken gegenüber, welches am Anfang der deutschen Tiefebene sich ausbreitet. Besonders nach Westen und Süden, scharf begrenzt von Harz, Thüringer Wald und Fichtelgebirge bildet es eine Vertiefung, in welche sich von allen Seiten her die Flüsse: Bode und Wipper vom Harz, Weida, Unstrut und Ilm vom Thüringer Wald, Saale und Elster vom Fichtelgebirge, die Mulde vom Erzgebirge und die Elbe vom Riesengebirge her ergießen, deren Gewässer dann zusammen durch die Elbe ihren Abfluß nach Norden gewinnen. Hier scheint sich in einer älteren Periode wahrscheinlich zur Zeit der Permischen Formation ein großes Salzlager aus dem Urmeere abgesetzt zu haben, das an den Grenzen jener Gebirge etwa gehoben ist, aber auch in seiner Mitte nicht so tief unter der Oberfläche liegt, daß man dasselbe nur durch Bohrarbeiten und nicht auch durch Bergbau erreichen könnte. Um jenes Becken herum bilden Soolquellen, zum Theil schon in uraltem Betrieb einen Kranz von Salinen. Beginnen wir mit Halle, so folgen sich rings herum Kötschau, Dürrenberg mit Teuditz, Kösen, Sulza, Heinrichshall bei Köstritz, Ernsthall bei Bufleben, Johannisfeld bei Erfurt, Louisenhall bei Stotternheim, Salza, Auleben, Frankenhausen, Artern, Seeburg, Langenbogen und Schochwitz bei Eisleben. Den Beschluß machen am Ausgange des Beckens die reichen Salzlager von Elmen, Schönebeck und Staßfurth in der Magdeburger Gegend. Von diesen Orten kann man noch das Salzgebirge im ununterbrochenem Zusammenhang nach Nordwesten verfolgen, indem die Soolquellen fast vier der Erhebungslinie des Harzes parallele Reihen bilden: 1. Sülbeck, Salzderhelben, Rüden, Pyrmont, Salzuffeln. 2. Juliushall bei Neustadt an der Harzburg, Salzbettfurt, Salzhemmendorf, Hasperde, Neusalzwerk bei Rehme, 3. Staßfurth, unbenutzte Soolen im Halberstädtischen, Salzliebenhall, Heyersen, Elbagsen, Münder Masch bei Rodenberg, Soolborf, 4. Elmen bei Magdeburg, Schöningen, Salzdahlum und Linden bei Hannover. Diese Linien würden von großer Bedeutung sein, wenn sie zugleich sogenannte geognostische Horizonte d. h. Linien gleichaltriger Schichten bezeichneten; da das aber nicht der Fall ist, so haben sie zunächst nur ein geographisches Interesse. Ein Theil der angeführten Salinen steht in uraltem Betrieb, ein Theil ist erst in neuerer Zeit erbohrt, ein Theil endlich wurde wegen geringer Menge des Quellwassers oder zu geringem Gehalt der Soole entweder gar nie ausgenutzt oder ist in neuerer Zeit aufgehoben*), da sich besonders seit der Aufschließung des Staßfurther Salzlagers der Betrieb nicht lohnen würde. Zu den älteren Salinen gehören **Halle, Sulza, Frankenhausen**[37]. Von den neu erbohrten oder durch neue Bohrungen vertieften Quellen sind einige durch die dabei gewonnenen geognostischen Aufschlüsse interessant. Die deutschen Salzwerke werden immer mit dankbarer Pietät sich dreier Männer erinnern müssen, deren regem, patriotischen Eifer sie ganz besonders ihren Aufschwung verdanken. Der Name **Langsdorf** knüpft sich vorzugsweise an die Wimpfener Salinen; Herr **von Oeynhausen** ist der, welcher das Bad Rehme-Oeynhausen hob und dort die für damalige Zeit tiefste Soolquelle, den 2200′ tiefen Brunnen von Neusalzwerk erbohrte. Den am weitesten verbreiteten Ruf durch seine unermüdliche und fast durchweg von Erfolg gekrönte Thätigkeit erwarb sich **K. Ch. Fr. Glenk**, 1845 als gothaischer Oberbergrath gestorben. Sein erster Versuch 1819 gab dem Neckargebiete bei Wimpfen die reichsten Soolquellen; eine seiner letzten Arbeiten versorgte (1837) die Schweiz durch Anlage der Sa-

---

*) Z. B. Eldagsen, Juliushall, Salzdahlum u. s. w.

line Schweizerhall in Basel mit dem lange ersehnten Salz. Die umfangreichste Thätigkeit aber entwickelte Glenk auf dem eben von mir umschriebenen thüringisch-sächsischen Gebiete. Die von ihm eröffneten Salinen (1828) Ernsthall bei Bufleben; (1829) Louisenhall bei Stotternheim und (1831) Heinrichshall bei Köstritz zwischen Gera und Eisenberg haben ihrer Umgebung einen so reichen Segen gebracht, daß eine dankbare Nachwelt den Namen des Urhebers nie vergessen wird. Betrachten wir nun einige dieser Bohrlöcher näher, so zeigen sie merkwürdige Uebereinstimmungen, die auf einen geognostischen Zusammenhang Aller hinzudeuten scheinen. Das neue Bohrloch neben dem Borlachschachte bei Dürrenberg an der Saale von 1831—37 niedergebracht durchteuft den ganzen bunten Sandstein, dann $1^{3}/_{4}'$ Gyps, worauf das Steinsalz mit 986 Fuß erreicht war; die Soole steigt im Borlachschachte mit großem Druck bis auf $17^{1}/_{2}'$ unter der Oberfläche und fließt von hier durch horizontale Kanäle in die Saale ab, soweit sie nicht in der Saline verwerthet wird. Ihr Gehalt war nur 3,483%, und nach weiterer Aufbohrung bis 712' 7,5%, ihre Temperatur in der erreichten Tiefe war 15°R.; was vielleicht auf einen noch tieferen Ursprung der Quelle (von etwa 1200') schließen ließ[38]. Das neue Bohrloch ergab eine fast gesättigte Soole[39].

Das Bohrloch von Heinrichshall (Köstritz) beginnt auf rothem Letten und Schieferletten, dem bunten Sandstein angehörig, durchteuft dann den Zechstein und erreicht mit 126,7' die den Salzflötzen angehörigen Wechsellager von Gyps und Thon bis mit 289,3' das Steinsalz ganz angebohrt wurde[40]. Jedenfalls beginnt hier das Steinsalz noch einige 50' über dem Spiegel der Ostsee.

Das Bohrloch von Ernsthall bei Bufleben, durch die hohe Thalebene, worauf Gotha liegt von den Seebergen getrennt, durchsetzt mit 134' 10" den Keuper, dann mit 367' 11" die obere Abtheilung des Muschelkalkes, endlich mit 111' 10" den mit Thon und Kalklagen abwechselnden Gyps. Bei 614' 8" Gesammttiefe wird der Salzthon erreicht, der immer salzhaltiger wird bis bei 677' 7" das

Bohrloch auf reines Steinsalz aufsetzte. Die Soole enthält 27 % und hat eine Temperatur von 11°R., weist also auf einen weniger tiefen Ursprung der Wasser [41]).

Nördlich von Erfurt auf den Höhen zwischen der wilden Gera und der Wippach treffen wir auf Stotternheim. Mächtige Keuperschichten (157') bedecken hier Gyps, Salzthon, Steinsalz und Anhybrit in Wechsellagern, dann finden sich von 610' an festere Muschelkalkbänke von etwa 400' Mächtigkeit und dann wieder aufs Neue Gyps, Salzthon und Anhybrit-schichten. Bei einer Tiefe von 1174' erreichte man das reine Steinsalz. Die Soole hält 27 % und hat eine Temperatur von 8°R. was für die erreichte Tiefe zu wenig scheint [42]).

Zu den ältesten Salzorten in Deutschland gehört Frankenhausen an der Wipper und nicht weit davon liegt Artern an der Unstrut. Auch hier floß seit älteren Zeiten eine Salzquelle. Nicht weit von derselben wurden seit 1837. mehrere Bohrlöcher aufgesetzt, durch welche in verschiedenen Tiefen reines Steinsalz erreicht wurde. Die Mundlöcher liegen etwas über 400' über dem Spiegel der Ostsee. In der Nähe von Artern gehen von einem an den Kyffhäuser anschließenden Höhenzug die älteren Glieder des bunten Sandsteins zu Tage aus, in denen sich Einsenkungen mit Gyps finden. Die ersten Bohrlöcher ergaben ca. 300' aufgeschwemmtes Land, Sand und Geröll, etwa 290' Schichten des bunten Sandsteins, 195' Gyps zur selben Formation gehörig, dann etwa 200' Zechsteinkalk und Zechsteingyps; mit 986', respect. 970' wurde dann das Steinsalz angebohrt. Die Soole hat durchschnittlich 25 %. Die Soole der alten Quelle hat nur 3,7 % und dient jetzt nur noch als Aufschlagwasser für die Pumpwerke der neueren Bohrlöcher [43]).

Das Resultat aus diesen Untersuchungen ist, daß, wo die Zechsteinformation erreicht ist, sich in derselben auch große Salzflötze finden. Nur bei Stotternheim scheint das erreichte Salzlager dem unteren Muschelkalk oder dem oberen bunten Sandstein anzugehören und gewiß ist daß hier und zwar durch starke Bänke des oberen Muschelkalks geschieden, auch ein minder mächtiges Salzlager im Keuper vorkommt. Das große Thüringisch=sächsische Becken scheint also schon in der Periode des Zechsteins, dann aber auch noch auf der Grenze zwischen buntem Sandstein und Muschelkalk und nachher noch im Keuper die passenden Verhältnisse zur Bildung abgeschlossener Meeres= becken und damit zur Bildung von Salzlagern dargeboten zu haben. Soweit die bis jetzt allerdings noch nicht über allen Zweifel erhabenen Untersuchungen in der tiefsten Stelle des Beckens, da wo alle Gewässer desselben durch die Elbe nach Norden abfließen, reichen, scheint hier die Hauptmasse des großen Salzflötzes im Zechstein zu liegen; es ist das das Salinengebiet von Schönebeck und Staßfurth. Charak= teristisch ist noch, daß das Salz der Oberfläche näher liegt, je weiter man sich von der tiefsten Stelle des Beckens entfernt und dem begren= zenden Gebirge nähert; die Salzflötze sind also bei Erhebung der Ge= birge mitgehoben worden.

Staßfurth besaß schon seit den ältesten Zeiten Salzquellen, die eine reiche Soole von 17,75 % lieferten. Neben dieser Quelle begann man 1839 die Abteufung eines Bohrschachtes, der mit 62′ Tiefe auf festes Gebirge (bunter Sandstein) aufsetzte. Von hier aus wurde ge= bohrt. Bei 790′ erschienen die ersten Spuren des Steinsalzes im Anhydrit; auf diesen folgten blaue Mergel, Gyps, und grauer Kalk= stein (Zechstein?) und bei 826′ 3½″ begann das Steinsalzlager (bei= läufig 605′ unter dem Spiegel der Ostsee). Dieses wurde bis 1851′ durchsunken, dann aber das Bohren abgebrochen, damit nicht etwa in der Tiefe erbohrtes Wasser den Abbau erschweren möchte. Die Tem= peratur im Bohrloche stieg ganz regelmäßig von 11^{0} R. bei 50′ Tiefe bis zu $16^{0},2$ bei 906′. Seit 1865 ist das Staßfurther Steinsalz noch an der Bode aufwärts bei Löberburg, Rothenförde, Par= thum und Westernegeln durch 7 Bohrlöcher in einer Ausdehnung von 17 Kilometer verfolgt worden. — Nicht weit von Staßfurth wurde auf Anhaltischem Gebiete (jetzt Leopoldshall) ebenfalls ein Bohrversuch vorgenommen, an einer Stelle, wo Anhydrit und Gyps schon zu Tage lagen. Hier folgte nachdem die zu Tage liegenden

Schichten mit 424' durchsunken waren, sogleich Salzthon, reinere und unreinere Salze von 84' Mächtigkeit, dann wieder Salzthon, Gyps und farbiges Salz bis mit 634' das reine Steinsalz erreicht und noch 365' 3" weit bis 1000' Tiefe verfolgt wurde. Das höhere Lager Steinsalz fehlt bei Staßfurth gänzlich und das zweite mächtigere Flötz liegt im Anhaltischen 372 1/2' höher als in Staßfurth. Nach den beim Bohren in Staßfurth gefundenen Resultaten wurde dann daselbst das Bohrloch als I. (Manteuffel-)Schacht abgeteuft und daneben noch ein II. als Kunstschacht (von der Heydtschacht) niedergetrieben. Die Schachte wurden dann durch Querschläge verbunden und vom Schacht II aus Strecken in das feste Steinsalz getrieben. Sowohl die begleitenden Gebirge, als auch das Steinsalz selbst fallen von O. N. O. nach W. S. W. also etwas gegen den Harz zu. Eine sonderbare Erscheinung bei der Bohrarbeit war es, daß die Soole des Bohrlochs zwar mit der Tiefe und besonders in der Nähe des Steinsalzlagers ziemlich plötzlich immer salzreicher wurde, aber auch immer werthloser; bei einer Tiefe von 963' hatte die Soole zwar 33, 28 % Rohsalzgehalt, aber davon nur 7, 15 % Kochsalz. Erst die Schachtabteufung und die dadurch ermöglichte genauere Kenntniß der Lagerung des Salzes klärte dies Verhältniß auf. Unmittelbar über dem ganz reinen, nur von 1—6 Linien dicken Schnüren von Polyhalit mit Anhybrit durchzogenen festen Steinsalze, das schwerer auflöslich ist, liegt eine bis 200' dicke Schicht von unreinen Salzen, sogenanntem „Abraumsalz", das größtentheils aus den leicht löslichen, zum Theil an der Luft zerfließenden bitteren Chlorsalzen besteht, die neben dem Kochsalz im Meer vorkommen, die sich natürlich zuletzt aus dem Meere absetzen mußten und nun dem die Soole bildenden Wasser sich leichter und schneller mittheilen als das schwerer lösliche Kochsalz. Dieses Abraumsalz bietet einen prachtvollen Anblick dar, indem sich dasselbe in bunten, weißen, blauen, gelben, rothen Bändern darstellt*). Bei dem

---

*) Ein hübsches Bild davon sieht man in dem Aufsatz von Reichardt in den Akten der Leopold. Carol. Akademie.

Eindringen in das Abraumsalz zeigten sich zumal in dem Schacht II brennbare explodirende Gase (Kohlenwasserstoff-Verbindungen). Die reineren Stücke des Abraumsalzes verhielten sich ganz wie das Knistersalz von Wiliczka. Die blaugefärbten Salzbänder enthalten stets organische und bituminöse Substanzen beigemengt. Im Steinsalz finden sich abgesehen von den dazwischen liegenden Schnüren auch im reinsten Salze zuweilen beigemengt ganz feine (microscopische) Gypskrystalle. Der Anhydrit enthält eingeschlossen kleine Krystalle von reinem Schwefel, der Gyps des Steinsalzes freien durch Schwefelkohlenstoff ausziehbaren Schwefel. Im Carnallit (oberes Abraumsalz) wurden von Reichardt und Pringsheim unbestimmbare organische Substanzen gefunden. Nach Bischoff und Karsten kommen ebenda deutliche Zellen von Sphagnum und einer holzigen Pflanze (Cycadee?) vor.

Die Produktion des zum Gebiete Schöningen-Staßfurth gehörigen Salzlagers ist übrigens so außerordentlich, daß sie nur durch die Möglichkeit des Absatzes beschränkt wird. Staßfurth allein könnte jährlich 5 Millionen Centner Steinsalz liefern [44].

Das Salzbecken der Wetterau.

Ich lasse nun hier die kurze Beschreibung von zwei wichtigen Salzquellen folgen, die noch manche interessante Eigenthümlichkeit darbieten. Die erste ist die Nauheimer Quelle, die schon höchst wahrscheinlich von den Kelten in Betrieb genommen und sicher schon zur Römerzeit ausgebeutet wurde. Dieser Ort gehört einem Salzbecken an, das sich zwischen dem östlichen Abhang des Taunus und dem Vogelsberg ausbreitet (der sogenannten Wetterau), dessen Gewässer von der Wetter, der Nidda u. s. w. nach Süden in den Main abgeführt werden. Zu diesem Becken gehören Büdingen bei Gelnhausen, Salzhausen bei Nidda*), Nauheim und Schwalheim bei Friedberg, Herrchern und Wisselsheim an der Wetter und Homburg vor der Höhe als äußerster und südwestlicher Punkt. Als Saline ist, außer etwa Salzhausen, nur Nauheim von Bedeutung, schon dadurch, daß seine Gradirwerke, die längsten in ganz

---

*) Salzhausen kommt schon in Urkunden von 1187 und 1329 vor.

Deutſchland, 12,500′, alſo über eine halbe Meile ſich hinſtrecken. Die ſeit alten Zeiten benutzten Sinkbrunnen hatten nur eine Tiefe von 15′—60′, jetzt ſind ſie theils verſiegt, theils dienen ſie nicht mehr zur Salzgewinnung. 1824 wurde ein neues Bohrloch 330′ tief niedergetrieben, womit man das Uebergangsgebirge erreicht zu haben glaubte. Die hierbei und bei einem ſchon 1823 gemachten Verſuch erbohrten Quellen verſiegten aber auch nach Vollendung der ſpäteren Bohrarbeiten. Daſſelbe gilt von einer dritten und vierten Quelle, die man anbohrte. Erſt 1839 hatte die Arbeit einen für Nauheim glänzenden Erfolg. Man trieb das Bohrloch bis auf den Uebergangskalk, dann 121,39 Meter durch dieſen durch, hörte dann aber den 4. Juni in einer Geſammttiefe von 159,14 Meter auf, weil man doch nur eine Soole von 1¼ % Salz erhalten hatte und deckte das Bohrloch zu. Am 22. Dezbr. 1846 Morgens 7 Uhr brach aber plötzlich aus dieſem Bohrloch mit Gewalt eine ſchäumende Quelle von 3,03 % Salzgehalt und einer Temperatur von 25° R. hervor. Die Quelle ſteigt noch jetzt, nachdem ſie gefaßt worden, als ein kleiner Springquell empor. Es iſt die urſprünglich als „Großer Sprudel" oder Bohrloch Nr. 7 bezeichnete Quelle. Ich übergehe einige andere Bohrungen und wende mich zu der letzten bei weitem intereſſanteſten, dem Bohrloch Nr. 12, der jetzigen Friedrich-Wilhelmsquelle*,. Im Jahr 1852 ward das Bohrloch angeſetzt und mit 180,1 Meter der Thonſchiefer unter der Grauwacke angebohrt, aber ebenfalls die Arbeit dann eingeſtellt, da man ein günſtiges Reſultat nicht mehr erwartete. Am 15. Mai 1855 wurde die Soole Abends durch ein enges Saugrohr mittels Handdruckwerks ausgeſaugt. Nach 15 Minuten zeigte ſich die Quelle wieder als weißer Schaum und kam nach weiteren 20 Minuten aus dem etwa 4 Zoll weitem Einſatzrohr mit ſolcher Kraft zum Ausfließen, daß ſie dem Arbeiter das Saugrohr aus der Hand riß, gegen die Zimmerung der Bohrhütte ſchleuderte, daß es zerbrach. Die Quelle ſprang 16,11 Meter hoch

---

*) Weil dieſe Quelle höher ſpringt als Nr. 7, wird ſie jetzt häufig, aber ganz falſch, der große Sprudel genannt, z. B. von Meyn, das Salz, S. 134.

mit 30° R. und 4,3 % Salzgehalt. Nr. 7 hat 0,12 und Nr. 12 noch 0,10 Gewichtsprocente freier Kohlensäure. An diesen Quellen fällt zunächst ihre hohe Temperatur auf, sie müssen also entweder aus einer viel größeren als der erbohrten Tiefe entspringen oder vulkanisch erhitzt sein. Das zweite bemerkenswerthe ist der große Gehalt an freier Kohlensäure. Dieser kann aus vulkanischen Tiefen stammen, kann aber auch erst näher der Oberfläche sich in das Quellwasser eingedrängt haben, wie das neuere Untersuchungen bei der **Biskirchener** Quelle an der **Lahn** als gewiß nachgewiesen haben [45]. Die ganze Umgegend, man möchte sagen, der ganze Boden der **Wetterau** ist nämlich außerordentlich kohlensäurereich. Wenn man den Kies des **Usathals** oder der Höhen zwischen **Nauheim** und **Wisselsheim** durchbohrt, treten sogleich Ausströmungen von Kohlensäure auf, die selbst zur Bereitung künstlicher Mineralwasser benutzt werden. In allen Kellern **Nauheims** ist Kohlensäure verbreitet, und Vögel, die zu tief in Kiesgruben hinabfliegen, fallen todt zu Boden, gerade wie in dem großartigeren Todesthal auf **Java**. Auch steigen in der **Usa** und den Wassergräben der Nähe fortwährend Kohlensäure-Bläschen auf. Endlich will ich noch bemerken, daß die Nauheimer Soole besonders aus dem großen Sprudel nicht nur im Gehalt an Rohsalz (2,63 %), sondern auch in dem Verhältniß des Kochsalzes zu den Chlor- und Bromsalzen sehr genau der Zusammensetzung des Meerwassers entspricht. So bleibt denn hier mehr als bei vielen anderen Salzquellen noch sehr vieles Räthselhafte [46].

Die zweite Soolquelle, die ich hier noch anschließen möchte, ist Das fränkische Salzbecken. die Quelle von **Kissingen**, ebenfalls eine schon in sehr altem Betrieb stehende Saline speisend. Der Name lautet ursprünglich kizziche oder chizzicha und stammt wahrscheinlich aus dem Slavischen (nach **Miklosich**) [47]. **Kissingen** mit dem benachbarten **Bocklet** liegen an der **fränkischen Saale**, die für sich ein kleines Salzbecken zwischen der **Röhn** und den **Haßbergen** zu durchfließen scheint. Zwar weiß man jetzt nur noch von **Kissingen** und Salz bei **Neustadt**, aber die

---

*) Sie wird schon 823 in einer Urkunde genannt.

vielen Ortsnamen wie Salzthal, Salzburg*), Sulzdorf, Sulzfeld zeigen, daß man in älteren Zeiten viele schwache, später werthlos gewordene Quellen hier ausgebeutet hat. Die älteste und Hauptquelle ist 325′ tief niedergebracht, ohne den bunten Sandstein zu durchteufen. Sie ist interessant durch die bei vielen kohlensäurehaltigen Quellen z. B. auch bei Bocklet vorkommende Periodicität ihres Ausflusses. Im Zustand der Ruhe steht das Wasser 15′ unter der Tagöffnung des Brunnens. Sobald die stärkere Entwicklung der Kohlensäure beginnt, fängt das Wasser an aufzuwallen, steigt heftig aufschäumend, bis es in $1/4$ Stunde die Erdoberfläche erreicht und dann abfließt. Das dauert etwa 2 Stunden, dann fängt es an bei verminderter Gasentwicklung zu fallen und erreicht etwa nach 20 Minuten seinen früheren tiefsten Stand, um nach $1/4$ Stunde (selten mehr) dieselbe Erscheinung aufs neue zu zeigen. Ganz genau regelmäßig ist indessen die Periodicität nicht. Das Wasser hat eine Temperatur von $16^0,5$ R. ($15^0,6$ R.?) und einen Gehalt von 2,24 % Rohsalz. Dieses enthält 63,15 % Kochsalz und an löslichen Chlor-, Jod- und schwefelsauren Salzen 32,03. Es steht also einer Mutterlauge des Meersalzes viel näher als dem Meerwasser, oder mit anderen Worten, die Quelle nimmt einen großen Theil ihrer Salze aus den oberen Schichten eines normalen Salzlagers auf. Die Temperatur zeigt, daß vulkanischer Einfluß hier nicht ausgeschlossen ist oder daß das Wasser aus einer viel größeren Tiefe als die des Bohrloches aufsteigt. Die Kohlensäure beträgt 0,21 Gewichtsprocent, also beträchtlich mehr als bei der Nauheimer Quelle**). Die Periodicität solcher kohlensauren Quellen ist darin begründet, daß dieselben in ihrem unterirdischen Laufe durch Höhlen kommen, in welchen sich die freie Kohlensäure nebst einem Theil des Wassers ansammelt,

---

*) Salzburg, noch jetzt ein kleiner Badeort, ist sehr alt. Die Sage führt die Erbauung der „Burg Salz", wie sie früher hieß, bis 622 zurück; offenbar war die Soolquelle damals schon bekannt. Später wurde die Burg Kaiserpfalz, auf der auch Karl der Große oft residirte; seit dem XIII. Jahrhundert heißt sie „die Salzburg"[48].

**) Noch reicher an Kohlensäure ist die Quelle von Bocklet.

bis der Luftdruck so groß geworden ist, daß die Kohlensäure plötzlich das Wasser vor sich hertreibt und mit demselben sich ins Freie entleert, worauf dann wieder Stillstand eintritt, bis die Höhle abermals mit gespannter Kohlensäure sich gefüllt hat[49]).

Ehe ich aus den vorgeführten Beispielen ein allgemeines Resultat ziehe, muß ich noch einen Blick auf die natürlichen Salzpfannen, die Salzseen werfen. Wir finden sie überall in Weite und Höhe, vom Titicacasee der südamerikanischen Anden 18,000′ über dem Meere, dem Wansee in Kurdistan, dessen Spiegel 5460′ über dem Meere liegt, bis zum todten Meere, dessen Oberfläche nach Seymonds noch 1312′ (nach Humboldt 1230′) unter der des Mittelmeers sich befindet*). Ich erwähne nur die großen Salzseen in Amerika, den vorzugsweise so genannten „großen Salzsee", an dem die Mormonen sich niedergelassen haben und den See von Teczuko in Mexico, da wir von beiden nicht mit wünschenswerther Genauigkeit unterrichtet sind.

Die Salzseen.

In der alten Welt sind die beiden größten Salzseen, der Aralsee und das kaspische Meer. Auch bei ihnen sind unsere Kenntnisse noch mangelhaft. In den Aralsee strömen salzige Flüsse aus den Salzsteppen. Sein Spiegel liegt 250′ höher als der des kaspischen Meeres, welcher wieder 415 über dem des Mittelmeeres liegt[50]). In den Aralsee ergießen sich von Osten her zwei aus den Salzsteppen kommende schon den Alten als salziges Wasser führend bekannte Flüsse Syr- und Amu-Derja (Ochus [?] und Oxus des Plinius). Ueber den Salzgehalt des Aralsee's haben wir nur wenige ungenaue und sich widersprechende Nachrichten. Das kaspische Meer ist ohne Frage ein ehemaliges Meerbecken, was die in ihm lebenden Seehunde und demselben eigenthümliche Heringe[51]) beweisen, die nie in einem erst später entstandenen oder erst später salzig gewordenen Wasser sich finden könnten. Daß es seit undenklichen Zeiten schon bei seiner ersten Ufergestaltung salzig war, beweisen die überall auch in seinen höchsten

Der Aralsee und das kaspische Meer.

---

*) Dabei ist die größte Tiefe des todten Meeres 2100′.

Schleiden, Das Salz.

Umgebungen sich findenden Cardiaceen (Herzmuscheln) 52). Auch ist es entschieden salzig 53), obwohl der Salzgehalt geringer als selbst im schwarzen Meere (weniger als 1 %) angegeben wird. Doch bezieht sich dies Resultat nur auf den flachen nördlichen Theil, in den sich von Norden her die großen Süßwasserströme, besonders der Embra, Ulu-Ujil, Ural und die Wolga ergießen. Erst vom Kap Tup-Karaghan wird das Meer plötzlich tiefer und immer salziger, je mehr man sich dem Südende nähert. Aber auch zwischen Ost- und Westseite ist in dieser Hinsicht ein Unterschied, da sich von Westen her ebenfalls recht ansehnliche Süßwasserflüsse in den See ergießen, z. B. der Kuma, Tereck und Kur. Am salzigsten ist das Meer an der Ostseite und hier ist der große durch eine Barre fast abgeschlossene Meerbusen, der Kara-Boghas*). Derselbe enthält gar keinen Zufluß weder süßen noch salzigen Wassers 54), nur rückt natürlich wie sein Wasser verdunstet ein entsprechender Theil vom Meere her nach. Dabei wird sein Wasser immer salziger und beträgt der Gehalt jetzt schon viel mehr als der des Oceans. Der Kara-Boghas verhält sich also zum kaspischen Meere genau so, wie ein Hauptbecken der Salzgärten von St. Ubes zum Weltmeer 55). Im Kara-Boghas lebt kein Thier, den Boden bedeckt eine Salzschicht von unbekannter Mächtigkeit. Seine Oberfläche beträgt etwa 2000 Quadrat-Seemeilen. Durch den täglichen Einfluß wird dem Kaspisee mehr Salz entzogen (täglich etwa 8,400,000 Centner), als alle seine Zuflüsse ihm zuführen können. Dem Kara-Boghas gleichen noch mehrere kleinere Bassins an der Ostseite, namentlich der Kara-Su 56).

Das todte Meer. Ein noch merkwürdigerer Salzsee ist der Bahr el Lut**) oder das todte Meer. Von Norden nach Süden zieht sich durch Palästina eine auffallende Einsenkung der Oberfläche der Erde, die vielleicht gleichzeitig mit der Erhebung des Libanon und Antilibanon ent-

---

*) „Der schwarze Schlund", wahrscheinlich nach der Farbe des Wassers so genannt, ähnlich wie der stark gesalzene Japanische Küstenstrom nach seiner dunkeln Farbe der „schwarze" genannt wird.

**) „Das Meer des Lot".

standen ist. Der Seespiegel des Tiberias liegt 625', der des todten Meeres 1312' niedriger als der Spiegel des Mittelmeeres. Beide werden durch den Jordan verbunden, beide sind salzig. Der See Tiberias ist im Norden, wo der Jordan einfließt, noch süß und fischreich, im Süden, wo derselbe ausfließt, salzig und fischarm. Im todten Meer leben am Einfluß des schwach salzigen Jordan noch einige kleine Fische, sonst ist das thierische Leben von ihm ausgeschlossen. Das Wasser in der Mitte und am Südende ist salziger als das Meerwasser. Es enthält 24,5 % Rohsalz und in diesem nur etwa ein Drittheil an Kochsalz. Das andere sind leicht lösliche Chlor- und Bromsalze. Das Wasser ist also eine Mutterlauge wie sie beim Abdampfen des Meerwassers entsteht, nachdem sich ein Theil des Kochsalzes niedergeschlagen. Meerwasser hat im Mittel 2,35 % Rohsalz und in demselben mehr als siebenmal so viel Kochsalz als andere leicht lösliche Salze. Die Umgegend besonders im Süden ist reich an Steinsalz, wie schon erwähnt, und hat viele bituminöse Produkte (Steinöl, Asphalt), die aber nicht dem See entstammen. Der Zufluß des Jordan scheint ungenügend um das vom todten Meere verdunstende Wasser zu ersetzen, so daß also die Soole immer mehr concentrirt wird. Nach Plinius ist das todte Meer 20 Meilen lang und 5 Meilen breit, nach Josephus 14 4/7 geographische Meilen lang und 3 4/5 Meilen breit; Diodor giebt etwas geringere Maaße. Josephus, der aus eigener Kenntniß urtheilt, ist wohl am glaubwürdigsten. Dagegen hat das todte Meer nach Seetzen nur 2—3 Meilen Breite auf 10—11 Meilen Länge, es hat sich also in 1800 Jahren entschieden auf ein geringeres Areal zurückgezogen [57]).

Wir wissen gewiß, daß die ganze Mittel- und Nordasiatische Ebene sich erst spät (zuletzt zur postpliocenen Periode im Zeitalter des Mammuths und der ersten Menschen) aus dem Meere erhoben hat. Diese ganzen unendlichen Strecken, die zum Theil durch die Erhebung vom Meere abgeschnitten wurden, auf denen die letzten Reste desselben verdunsteten, sind daher durchsalzt. Zahlreiche größere und kleinere Salzseen bedecken die weiten Ebenen vom Altai bis zur Krim und vom

Die Salzseen in Westasien.

kaspischen Meere und Aralsee hoch hinauf nach Norden zu beiden Seiten des Ural. Auf dem trockenen Boden wittert oft Salz in feinen Krystallen aus und läßt weite Flächen wie beschneit erscheinen. Salzige Lachen dunsten in der trockenen Jahreszeit ab, bedecken sich mit Salzkrusten wie mit Eis. Die Salzseen erhalten meist Zuflüsse von salzigen Bächen und Flüssen, die entweder nur durch Auslaugen des überall salzigen Bodens, ihren Gehalt gesammelt haben oder auch namentlich an beiden Seiten des Ural, vielleicht aus Salzquellen sich sammeln, die aus älteren durch den Ural mit gehobenen Steinsalzlagern stammen. Rußland besitzt in diesem Gebiete ganz unerschöpfliche Reichthümer an Steinsalz.

Nur einen jener Seen will ich näher betrachten, der wegen seiner Größe und seiner regelmäßigen Ausnutzung als Hauptrepräsentant betrachtet werden kann. Es ist das der Eltonsee, den wir durch Göbel, Erdmann und Rose[58]) genauer haben kennen gelernt. Dieser See, etwas südwestlich von der Wolga in der astrachanischen Steppe gelegen, ist etwa 3 Meilen lang und 2½ Meilen breit. Nach den in der Steppe gefundenen Muscheln war der Eltonsee in ältesten Zeiten nur das Nordende des kaspischen Meeres. Seinen Namen (kalmück. Alton-nor, „der goldene See") verdankt er dem eigenthümlichen goldfarbigen Scheine, den er oft des Abends annimmt. Er enthält den Zufluß mehrerer kleinen stark salzhaltigen Flüsse, hat aber keinen Abfluß und die Verdunstung scheint größer zu sein als der Ersatz durch Flüsse und Regen. Der Gehalt des Wassers nach den allerdings ganz unnatürlich von einander abweichenden Analysen der genannten drei Männer ist im Mittel 37,1 % Rohsalz und darin 21,6 % Kochsalz und 78,2 % auflösliche Chlor= und Bromsalze; das Wasser gleicht daher einer Mutterlauge des Meerwassers. Wir können an diesem See die noch jetzt fortgehende Bildung eines Steinsalzlagers beobachten. Auf der Oberfläche sondern sich fortwährend kleine Salzkrusten aus, die sich vereinigen, zu Boden sinken und so auf dem Boden eine neue Salzschicht bilden. Anfänglich ist diese Schicht locker, zerfließlich und bitter. Allmälig wird sie fester und im nächsten Frühjahr vom Regen=

wasser ausgelaugt. Das von den leicht löslichen Theilen gereinigte Salz sintert dann fester zusammen, wird steinähnlich und heißt nun „altes Salz". Auf dieses alte Salz lagert sich dann eine schwärzlich schlammige Masse (Salzthon) ab und trennt das Salz von der nächstfolgenden Schicht. Göbel ließ 1805 in dem sehr flachen*) See 2 Werste vom Ufer entfernt bohren. Er fand 42 abgesonderte Lagen Steinsalz, die obersten 1—4", die untersten 9" dick. In der Tiefe wurde das Salz immer fester und reiner. Bei der hundertsten Lage (in 12' Tiefe) war das Salz so hart, daß die eisernen Geräthe zerbrachen und es entwickelte sich eine so faulig-stinkende Luft (Kohlenwasserstoff-Verbindungen?), daß man den Ort verlassen mußte. Merkwürdig ist, daß 14 in unmittelbarer Nähe der Salzniederlagen am See gegrabene Brunnen schönes süßes Wasser liefern. Fast noch interessanter und jedenfalls für die leichtere Verwerthung des gewonnenen Salzes ist der Baskuntschatskoj-See, der erst in neuerer Zeit genauer bekannt geworden ist. Er enthält nach Göbel 25 % Salz [59]).

<small>Meer- oder Baisalz.</small>

Schließlich will ich hier noch einen Blick auf die Gewinnung des Salzes aus dem Meere werfen. In den heißeren Ländern, wo die Sonne das Abdampfen unentgeltlich übernimmt, hat das Seesalz (Meer-, Bai- oder Boy-salz) eine außerordentlich große Bedeutung.

<small>Italien.</small>

Am rohesten ist die Gewinnungsweise in dem faullenzenden Italien, wo ohnehin so wenig wie in Spanien von einer Salz consumirenden Industrie die Rede ist, weshalb auch die reichen Steinsalzlager Italiens und seiner Inseln größtentheils unbenutzt daliegen; ihre Ausbeutung würde ja Arbeit erfordern und die Italiener im Schwatzen und Faullenzen stören. Man begnügt sich daher größtentheils mit natürlichen Lagunen an der Küste (italienisch Salinas), die tiefer sind als der Meeresspiegel. In diese läßt man das Meer einlaufen, dämmt sie dann ab und räumt das Salz aus, wenn das Wasser verdunstet ist. Noch jetzt sind im ehemaligen Kirchenstaat,

---

*) Zum Gewinnen des Salzes und zum Transport an das Ufer werden in dem festen Steinsalz Kanäle für die Kähne ausgebauen, um das aus dem Boden gebrochene Salz zu bergen.

wie bei den Römern, die alten Lagunen von Ostia die wichtigsten Produktionsorte; ihnen am nächsten, an Umfang sie noch übertreffend, sind die Lagunen von Comachio und Cervia am adriatischen Meere. Endlich sind noch als sehr bedeutend in ihrem Ertrag die Lagunen von Barletta (in der Provinz Terra di Bari) und von Trapani auf Sicilien zu nennen [60]).

Portugal und Spanien.

Ungleich mehr Fleiß wird in Portugal auf die Gewinnung des Seesalzes gewendet. Man nennt die hierzu bestimmten Anlagen »Marinhas« oder „Salzgärten". Sie bestehen aus einem großen Reservoir, das mittelst einer Schleuße mit Meerwasser gefüllt wird. Um dasselbe herum sind kleinere nur etwa 6" tiefe Behälter, deren Wände und Boden aus fettem festgestampften Thon bestehen und „Salzbeete" genannt werden. Diese füllt man aus dem großen Reservoir mit dem schon durch Verdunstung etwas concentrirten Wasser und läßt hier das Kochsalz fast vollständig auskrystallisiren; dieses wird dann vorsichtig von den Wänden und dem Boden abgelöst, herausgezogen und am Rande der Beete zum Ablaufen der Mutterlauge zusammengeschaufelt. Nach 1—2 Tagen wird es dann auf freie Plätze geschafft, wo es unter einer Strohdecke gegen den Regen so lange stehen bleibt, bis es verwendet wird. Größere Magazine zum Aufbewahren des fertigen Salzes kennt man nicht. Am bedeutendsten durch ihren Ertrag und die Güte des Salzes sind die Marinhas von Sétubal, zumal die von St. Ubes, welches letztere besonders für das Einsalzen der holländischen Heringe und des englischen Marinefleisches gesucht ist. Lissabon liefert nur eine zweite Qualität und noch weniger geschätzt ist das Salz von Oporto, Figueyras und Avapo. Ganz ähnlich sind die Marinhas von Spanien, die vorzugsweise im südlichen Theil an der Küste des Mittelmeers wie des atlantischen Oceans liegen. Das Salz von Torrevieja bei Alicante wird dem von St. Ubes gleichgeachtet und fast ebenso das von Cadix. Inglis erzählt, daß, wenn man zu Lande die Straße von Sta. Maria bis Cadix verfolgt, die Küste zwischen dem Wege und dem Meere von großen Lagunen besäet sei und eine solche Anzahl großer weißer aus Salz zusammengeschaufelter Pyramiden zeige, daß man glaube, an den Zelten eines ausgedehnten militärischen Lagers vorbeizufahren[61]).

Auch in **Frankreich** stimmt die Salzbereitung mit der portugiesischen vollkommen überein, nur hat man in neuerer Zeit Vorrichtungen getroffen, um das Wasser in den Reservoirs in lebhafte Bewegung zu setzen, um die Verdunstung zu beschleunigen; auch hat man zwischen dem großen Reservoir und den Beeten noch Hülfsreservoirs zur Concentrirung der Soole angelegt. Ganz verschieden ist aber die Einrichtung in den Norddepartements, wo die Sonne nicht mehr hinreicht, das Abdampfen des Meerwassers zu bewirken. Man nennt diese Anstalten Laveries („Salzwäschen"). Man legt einen Damm an, der nur bei den Springfluthen vom Meerwasser überstiegen wird. In der Zwischenzeit bedeckt sich dann der theilweise austrocknende Sand hinter dem Damme mit einer Salzefflorescenz; diese wird gesammelt in Schlemmgräben mit Meerwasser ausgewaschen und dann die so gebildete starke Soole in bleiernen Pfannen versotten[62]).

Es sei hier noch erwähnt, daß im äußersten Norden die Kälte für das Salz in kleinem Maaßstabe dasselbe thut, wie die Sonnenwärme im Süden. Auf die großen Eisschollen spritzen die bewegten Wellen an der Küste von **Sibirien** das Meerwasser. Dieses gefriert oder verdampft theilweise, wobei es jedenfalls das Salz ausscheidet und da der Prozeß sich fortwährend wiederholt, ohne daß das Salz weggespült wird, so sammelt sich nach und nach auf der Oberfläche der Eisschollen eine Salzschicht an. Dies Salz (Rassol genannt) wird von den Fischern, die sich daher selten mit Salz versorgen, abgekratzt und benutzt[63]).

Nur noch ein paar Striche seien mir gestattet um die Skizze, die ich von dem Vorkommen des Salzes auf der Erde entworfen habe, zu vollenden. Man hat einige Male die Erfahrung gemacht, daß bei vulkanischen Ausbrüchen auch Kochsalz in Dampfform aufsteigt (sublimirt wird) und sich in Krystallen absetzt, z. B. nach Monticelli und Covetti 1805 beim Ausbruch des Vesuvs. Im Jahr 1822 warf der Vesuv eine so große Menge Salz aus, daß die benachbarten

Dörfer sich davon ihren Hausbedarf holten, bis die jetzt der allgemeinen Verachtung jedes halbwege ehrenhaften Mannes preisgegebene brutale Despotie der Bourbonen dieses Salz als Regal erklärte und die armen Leute vertreiben ließ [64]). Durch Kochsalz, Chlorkalk, Glaubersalz und eine Spur von Gyps bewies auch dieser Auswurf seine Abstammung aus dem Meerwasser [65]), mag nun ein Arm des Feuerstromes ein Steinsalzlager gestreift haben oder ein Einbruch vom Meere aus in den Feuerraum erfolgt sein. So finden wir das Kochsalz auf der Erde überall in jedem Welttheil, in jeder Zone und in vertikaler Verbreitung von dem Steinsalz bei St. Maurice an der Isère (Savoyen), das in 6800', also über der Schneelinie, zu Tage tritt bis zu dem Steinsalzlager von Speremberg 4000' unter der Oberfläche [66]).

Ausschließlicher Ursprung des Kochsalzes aus dem Meere. Nun können wir noch einmal die Frage nach dem Ursprung des Kochsalzes auf der Erde aufwerfen und, auf die gesammten Thatsachen der Beobachtung gestützt, besser und mit größerer Sicherheit beantworten als oben schon angedeutet wurde. Es giebt in jeder Wissenschaft Beispiele dafür, daß eine einseitige Beobachtung Vorurtheile hervorruft, die dann allen Thatsachen und allen anerkannten Methoden zum Trotz lange Zeit mit Hartnäckigkeit festgehalten werden. Eine solche jeder vernünftigen Grundlage entbehrende Theorie war es, die lange Zeit geherrscht hat und das Kochsalz als ein ausschließlich vulkanisches Produkt angesehen wissen wollte. Man vergaß dabei vor allem zu erklären, wie denn Natrium und Chlor, beide schon bei gewöhnlicher Rothglühhitze flüchtig in die Tiefen der Erde, die doch einmal feurig flüssig war, habe hineingelangen und sich daselbst halten können. Ja selbst das weniger und erst bei Weißglühhitze flüchtige Kochsalz mußte zur Zeit des Glühens der Erde doch auch als Dampf in der Atmosphäre sich befinden. Man übersah ganz, daß gerade die ältesten Vulkane, die wir kennen, die der Eifel, keine Spur von Salzlagern aufweisen, während sie doch gerade vor allen das so flüchtige Kochsalz hätten auswerfen müssen [67]). Auf der anderen Seite konnte bei der Bildung der festen Kruste der Erde die Entstehung von abgeschlossenen Meeresbecken und die Abdunstung des so eingeschlossenen

Wassers gar nicht ausbleiben, also mußte man doch mindestens einen doppelten Ursprung des Kochsalzes und zwar den einen als Absatz aus dem Meere zugeben. Aber worauf stützte sich denn jene Theorie vom vulkanischen Ursprunge des Salzes? Auf die paar vereinzelten Beobachtungen über Sublimation einer sehr geringen Menge von Salz bei vulkanischen Ausbrüchen und das räumliche Zusammenvorkommen von vulkanischen Erscheinungen und Steinsalz und endlich auf gewaltige Lagerstörungen in einigen Steinsalzgebirgen an der Hebungsgrenze bedeutender Gebirgszüge. Die beiden letzten Verhältnisse finden sich ja aber ohne Ausnahme bei allen Formationen und können daher für den Ursprung der Salzgebirge nicht verwerthet werden, wenn man nicht gleichzeitig alle Schichtensysteme ohne Ausnahme für vulkanischen Ursprungs erklären will.

Es ist gut, daß man nicht überall so oberflächlich zu Werke gegangen ist, sonst ständen wir mit unserer gesammten Geognosie noch weit selbst hinter Werner zurück. Es versteht sich wohl ganz von selbst, wenn man sich über die geognostischen Verhältnisse irgend einer Gebirgsart — und als solche tritt das Steinsalz auf — eine vernünftige Vorstellung machen will, daß man sie vor allem da aufsucht und studirt, wo dieselbe möglichst in ungestörter und daher ursprünglicher Lagerung anzutreffen ist. Aber gerade diese beim Steinsalz doch nichts weniger als seltenen Verhältnisse hat man ganz naiv ignorirt und sich immer auf die wildesten Zerrüttungen bezogen.

Ein solches Normalgebiet, wie es hier gefordert ist, bietet sich uns nun in dem Magdeburg-Halberstädtischen und Thüringischen Saalebecken dar. Die große norddeutsche Ebene war früher ein flacher Seeboden, der später langsam und ohne gewaltige Störungen über das Niveau der Nord- und Ostsee gehoben ist. Die Grenzen des denselben bedeckenden Meeres sind uns noch heute ganz genau durch natürliche Grenzsteine, nämlich durch die von scandinavischen Gebirgsgletschern auf Eisinseln und Eisbergen herübergetragenen und nach Wegschmelzen des Eises liegen gebliebenen Findlingsblöcke (erratische Blöcke) vorgezeichnet. Die erwähnten Becken bildeten einen großen Meerbusen jenes Meeres. Hinausgerückt ins Meer vor jenem Meerbusen liegt das Gebiet, auf welchem sich die bedeutenden Salzwerke von Elmen, Schöningen und Staßfurth befinden, wo ein weit ausgedehntes Steinsalzflötz erschlossen ist und wo uns die bergmännischen Arbeiten von Staßfurth und Leopoldshall eine fast ganz normale Lagerung aller in Frage kommenden Schichten gezeigt haben. Es scheint, daß das hier sich findende Salzlager in der Permischen Periode gebildet, dann gesunken und theilweise mit den späteren Formationen bis zum Muschelkalk bedeckt und endlich mit dem Boden der ganzen norddeutschen Ebene wieder gehoben ist. Wir nehmen an, dieses Salzflötz sei als Ablagerung aus verdunstendem Meerwasser entstanden. Um zu entscheiden, ob das der Fall sein kann, ob dieser Vorgang hier wirklich war, müssen wir zusehen, wie sich ein solcher Abdunstungsprozeß des Meerwassers vollzieht.

Dafür haben wir nun die vortreffliche Arbeit von I. Usiglio[68]) über die allmälige Abscheidung der einzelnen Bestandtheile des Meerwassers bei der Verdunstung. Daraus ergiebt sich, soweit die Einzelheiten uns hier interessiren können, daß sich zuerst kohlensaurer und schwefelsaurer Kalk (also Gyps und Anhydrit) aber keineswegs ganz vollständig abscheidet, dann folgt die Absetzung des Kochsalzes, immer mit kleinen Antheilen von schwefelsaurer Magnesia und Chlormagnium (auch Brommagnium) versetzt. Die (bei einer Concentration von $35\,^{\circ}R$.) zurückbleibende Mutterlauge enthält dann nahe bei $52{,}2\,\%$ Rohsalz und darin neben etwas Kochsalz, Chlormagnium, schwefelsaure Magnesia (Bittersalz), Chlorkalium, Bromnatrium, also lauter leicht lösliche Salze, die sich also ganz zuletzt abscheiden müssen und zwar krystallisirt ganz zuletzt Carnallit und dann Chlormagnium aus. Denselben Prozeß schildert in seinen Hauptzügen nach den Beobachtungen am Eltonsee G. Rose, wo sich im Sommer zuerst Gyps, dann Kochsalz, dann Bittersalz niederschlägt, während Chlormagnium am längsten in Lösung bleibt und die Löslichkeit des Kochsalzes noch vermindert. Eine Bemerkung von H. Rose wird hier noch wichtig, daß nämlich sich bei höheren Temperaturen die Schwefelsäure mit Natron zu Glaubersalz, bei niederen Temperaturen mit Magnesia zu Bittersalz verbindet, wodurch sich der verschiedene Gehalt vieler Soolen und vieler Vorkommnisse in den Deckschichten der Steinsalzlager erklären. Endlich ist noch das hervorzuheben, daß die genannten leicht löslichen Salze häufig Doppel- und Tripelsalze bilden, die man nach ihren verschiedenen Gemengtheilen*) als Kainit, Schönit, Carnallit, Leopoldit, Kieserit, Martinsit, Tachhydrit, Polyhalit unterschieden hat [69]). Ein solches ganz normales Salzlager ist nun das Staßfurther, soweit es durch Schachte und Bohrung aufgeschlossen ist. Aber es ist durchaus nicht das einzige. Es ist schon erwähnt, daß die ganz regelmäßige Flötzlagerung sich auch, wenn man mit nicht durch Vorurtheile geblendeten Augen zusieht, als eine normale in Siebenbürgen bei Deesakna und bei Wieliczka zu erkennen giebt. Bei Kalucz in Ostgallizien findet man auch neben dem Steinsalz im Hangenden, also ganz normal Nester oder linsenförmige Massen von Kainit und Sylvin (Chlorkalium) [70]). Andere Beispiele werde ich sogleich erwähnen.

Sobald sich die Einbrüche des Meeres oder die Ergüsse salzigen Wassers aus den Wolken periodisch wiederholten, mußten die Salzlager auch regelmäßig geschichtet werden; die Grenzen der Schichten bezeichneten die zuerst und zuletzt auskrystallisirenden Substanzen oder die Schichten wurden, wie im Eltonsee, wenn die neuen Wasser eine Menge Schlamm zusammenspülten durch Schichten desselben, der sich uns jetzt als Salzthon darstellt und natürlich nach den lokalen Verhältnissen von verschiedener Mächtigkeit war, von einander geschieden. Eine solche ganz normale Schichtung von Salz und Salzthon finden wir in 6—13maliger Wiederholung im Seillethal bei Vic, Petoncourt, Mulcey und Dieuze [71]). Eine ähnliche etwas einfachere aber ganz normale Lagerung des Steinsalzes (es liegt fast immer ganz regelmäßig horizontal geschichtet) zeigt sich in der reichen Salzgegend

---

*) So viel mir bekannt, sind nur ein paar dieser Salze krystallisirt gefunden worden und ich lasse es dahingestellt sein, ob es nicht vielmehr ziemlich genau sich durch die Bedingungen der Ausscheidung wiederholende Gemenge sind. Auch ist wohl keins ganz rein gefunden.

um Northwich in England, besonders bei Marburg, Lawton, Moulton u. s. w. und ebenso bei Droitwich und Stoke-Prior[72]). Wie man die stets in so enger Beziehung zum Steinsalz als Um- oder Zwischenlagerung vorkommenden Salzthone, die sich hinsichtlich ihres geologischen Ursprungs ja gar nicht vom Steinsalz trennen lassen, vulkanisch ableiten will, ist mir absolut unbegreiflich.

Ehe ich weitergehe, muß ich noch ein paar Worte über die beständigen Begleiter der Salzlager sagen: über Gyps und Anhydrit (wasserfreien Gyps). Der Gyps ist ohne Frage ein Bestandtheil des Meerwassers, wenn auch in geringer Menge; er ist schwer löslich im Wasser (in heißem Wasser noch weniger als im kalten) und scheidet sich daher beim Abdunsten desselben wenigstens größtentheils zuerst aus. Es läßt sich aber auch ein anderer Ursprung des Gypses als Gebirgsart nicht in Abrede stellen, indem theils Kalksteine durch schwefelige Exhalationen direkt in Gyps umgewandelt sind, theils Anhydrit durch Aufnahme von Wasser in Gyps übergeführt wurde. Auf der anderen Seite kann Gyps durch hohe (vulkanische) Temperaturen leicht zu Anhydrit geworden sein, es kann aber auch Gyps durch Berührung mit leicht zerfließlichen Salzen und deren Kraft der Wasseranziehung entwässert sein und so als Anhydrit erscheinen, was Reichardt für die Staßfurther Verhältnisse wahrscheinlich gemacht hat. Endlich kann auch sowohl Gyps als Anhydrit durch Berührung mit organischen in Auflösung begriffenen Substanzen dergestalt zersetzt werden, daß der Schwefel theils als Schwefelwasserstoff entweicht, theils als reiner Schwefel selbst in Krystallform zurückbleibt, wie das wohl für Staßfurth nach Reichardt gewiß ist. Da wir auch nicht im Entferntesten Anhaltepunkte besitzen, um zu beurtheilen wie massenhaft an einem gegebenen Orte sich das Meerwasser in Salzlager umwandelte, ob und wie oft neue Ueberfluthungen schon gebildeter Salzlager vorkamen, in welcher Weise schon fertige Salzlager durch Meerwasser und besonders durch Süßwasser (Regen und Bäche) ausgelaugt wurden, ist es thöricht aus dem quantitativen Verhältnisse der verschiedenen Bestandtheile zu einander, zumal des Gyps-Anhydrit zu den Salzen, Verhältnisse von denen wir ohnehin gar nichts wissen, Schlüsse auf die Entstehung der Salzlager zu ziehen. Nur die qualitativen Verhältnisse und die Anordnung der einzelnen Lager geben uns hier sichere Grundlagen. Im Staßfurther Steinsalzlager finden wir nun die Absätze eines Meeres, das in fast regelmäßiger Periodicität ein tiefes Becken überfluthete. Jede neue Ueberfluthung nahm die leicht löslichen Salze des früheren Niederschlages wieder in sich auf, ohne aber das schon fest zusammengesinterte Steinsalz wieder auflösen zu können, aus demselben Grunde, weshalb in den Sinkwerken die Soole wohl die Seitenwände und die Decken, aber nie die Sohle angreift. Denselben Prozeß finden wir noch jetzt ununterbrochen im Eltonsee sich wiederholend. Etwas schwer lösliche Kalk=Magnesiasalze (Polyhalit) bildeten dann eine dünne Schicht, auf der sich das neue Steinsalz ablagerte und so fort, bis das ganze Becken endlich vollkommen vom Meere getrennt auch die leicht löslichen Salze seiner Mutterlauge abscheiden mußte. Gypslagen (oder zu Anhybrit umgewandelter Gyps) bildeten dann eine feste Decklage, wodurch das Ganze vom Einfluß der Atmosphäre abgeschlossen wurde [73].

Die letzte Bemerkung hat nun eine große Wichtigkeit für viele Prozesse, die sich später in solchen Salzlagern nothwendig einfinden mußten. Wenn sich das Salz aus dem Meere absetzte, so mußten sich auch mit ihm große Mengen der Reste des so reichen marinen Thierlebens unter und über ihm ablagern. Wir finden die Salzlager im Wesentlichen nie anders als innerhalb meist versteinerungsreicher Schichten von aus dem Meere abgesetzten Formationen. Der Boden, worauf sie lagern, das „Liegende", die Decke, welche nach Oben abschließt das „Hängende" sind immer Petrefacten führende aus dem Meere abgelagerte Schichten. Je mehr man anfängt, die Salzlager genauer zu erforschen, desto sicherer findet man in ihnen selbst und den so häufig mit ihnen vergesellschafteten Salzthonen Reste von Organismen, die im Meere gelebt haben. Cardona, Wieliczka, Bochnia, Dürrenberg bei Salzburg, der Salzfels bei Jlezkaja und Staßfurth haben in dieser Beziehung schon höchst bedeutende Aufschlüsse gegeben.

Ein einziges solches Vorkommen wie das von bituminösem Holze mitten im Salzfels von Jlezkaja ist schon genügend um die Theorie des vulkanischen Ursprungs der Salzflötze als Unding darzustellen[74]. Bituminöse Substanzen, Bergöl, Kohlen- und Schwefelwasserstoffe u. s. w. können ihren Ursprung nur der Zersetzung organischer Substanzen für sich oder in Berührung mit verschiedenen besonders schwefelsauren Salzen verdanken. Jene Stoffe finden wir aber fast überall mit dem Steinsalz vergesellschaftet. Brennbare Gase finden sich in sehr vielen Salzwerken. Am interessantesten, weil am großartigsten sind die Ausströmungen brennbaren Gases bei den „chinesischen Feuerbrunnen (Ho tsing), von denen Imbert und Humboldt uns nähere Nachrichten gegeben haben. Man hat in China schon lange die Kunst gekannt und geübt Quellen zu erbohren. Nach Imbert giebt es Gegenden, wo die erbohrten Salzbrunnen nach vielen Tausenden zählen*). Einige sollen bis 3000' tief gegraben sein, also fast die Tiefe des Speremberger Bohrloches erreichen. Viele liefern Kohlenwasserstoffgas in so reichlicher Menge, daß man mit Hülfe dieses Gases das Salz versiedet und mit demselben Häuser und Straßen erleuchtet. Auch liefern die tieferen Bohrlöcher neben der Soole viel Erdöl, als wichtigen Handelsartikel[75]. Vielleicht ist hierbei auch noch an die wunderbaren Lichterscheinungen zu erinnern, welche die Salzseen der Krimschen Halbinsel besonders in trocknen heißen Sommern darbieten. 1833 war die Umgegend durch sie alle Abend mehr oder weniger erleuchtet; am 4. August wehte der Wind stark und das Wasser flammte blau gleich brennendem Spiritus; auch der wolkenbedeckte Himmel wurde davon beleuchtet. Gewiß steht diese Erscheinung mit dem Naphtaerguß der Schlammvulkane jener Gegend namentlich auf der Halbinsel Taman in Verbindung. Schon Homer kannte dieselben (Odyssee X. XI.) wie das von K. E. von Baer wohl unwiderleglich nachgewiesen worden ist[76]. Auch zu Gajarine im Bezirk von

---

*) In dem Bezirk von Ou-Tong-Kiao (29° 33' N. Br.; 122° 11' O. L.) auf 50 ☐ Lieues, 10,000. Aehnlich im Bezirke von Tsélicou-Tsing (29° 27' N. Br.; 122° 29' O. L.).

Conegliano im Venezianischen wurde ein artesischer Brunnen erbohrt, aus dem ein Strahl von Kohlenwasserstoff hervorbrang[77]). Steinöl wird oft erwähnt und zeichnet in großer Menge vorkommend, das todte Meer und die Salsen am Westufer des kaspischen Meeres aus[78]). Bituminöse Substanzen begleiten fast alle Salzlager und durchdringen besonders die Gypse, Anhydrite und den Salzthon. Endlich machen auch die im dichten Steinsalz eingeschlossenen Wassertropfen z. B. in Siebenbürgen die Annahme der vulkanischen Entstehung des Salzes unmöglich.

Hat man sich einmal ein deutliches Bild von der Ablagerung des Salzes aus dem Meere nach den vorliegenden Beobachtungen entworfen, so ist klar, daß die Steinsalze Flötzgebirge sind, wie alle anderen, und dann auch allen den Veränderungen unterliegen, welchen die anderen geschichteten Gebirge durch Hebungen, Senkungen, vulkanische Ausbrüche und Einwirkung der unterirdischen Feuer ausgesetzt sind. Daraus erklären sich dann außerordentlich leicht alle noch so abweichenden Lagerungsverhältnisse, die beim Steinsalz vorkommen, während die normal gelagerten Salzflötze nur durch die wunderlichsten Phantasiegebilde auf vulkanischen Ursprung zurückzuführen wären[79]). So kann man denn in den normalen Salzlagern folgende Schichten unterscheiden: 1. Gyps (oder Anhydrit mit Boracit oder Staßfurthit); 2. Carnallit und die übrigen leicht löslichen Salze; 3. Steinsalz mit Polyhalit und endlich Salzthon in mannigfacher Auf- und Zwischenlagerung[80]). Die boraxsauren Salze kommen allerdings jetzt noch so selten vor (Staßfurth, Lüneburg, Volterra in Toscana und die Boraxseen nördlich vom Himalaja*), daß ich es nicht für angezeigt gehalten habe, dieselben als normale Bestandtheile der Salzlager aufzuführen.

---

*) Z. B. im Tsomoririsee unweit Kortu in Spiti (Thibet) 4555 Meter über dem Meere.

Zweiter Abschnitt.

Produktion, Handel und Gewerbe, Volkswirthschaft.

Salz als Maaßstab für die Civilisation.

Liebig hat gemeint, die Seife sei ein Maaßstab für den Wohlstand und die Kultur der Staaten. Das kann sich doch nur auf die größere Reinlichkeit beziehen und die hängt nicht ausschließlich von der Seife ab. Anwohner des Meeres haben in den Seebädern einen genügenden Ersatz für die Seife und wir wissen, daß wenigstens viele davon ausgiebigen Gebrauch machen. Ich möchte daher lieber sagen: Die Civilisation mißt sich ab an der Menge des Salzes, die ein Volk verbraucht, worin ohnehin die Seifenproduktion eingeschlossen ist, wovon aber außerdem Gesundheit und Ernährung des Volkes, Entwicklung der Viehzucht, Ausbreitung der Industrie und damit auch Ausdehnung des Handels abhängt. Es wäre sehr zu wünschen, daß man den Beweis für diese Ansicht vollständig für alle Länder der Erde durchführen könnte, aber leider fehlt es dazu an den so nöthigen, statistischen Grundlagen. Es ist eben charakteristisch für die am höchsten civilisirten Nationen, daß sie allein den Werth einer gründlichen und vollständigen Statistik erkannt haben und sich bestreben, dieselbe möglichst durchzuführen. Für den größten Theil der Erde fehlt es uns selbst an den ersten Grundlagen, um daraus eine auch nur einigermaaßen brauchbare Schätzung der in Frage kommenden Werthe ableiten zu können. Die Angaben, deren wir bedürfen würden, um den ausgesprochenen Gedanken vollständig durchzuführen, umfassen die genaue

Statistik über Einwohnerzahl, Areal des Ackerlandes, Viehstand, Produktion, Aus- und Einfuhr des Salzes, endlich über die Form und Durchführung der Salzsteuergesetzgebung. Theoretisch giebt uns die Physiologie, praktisch der Versuch Auskunft über die Menge des Salzes, die zur Ernährung der Menschen der Thiere und zur Düngung des Ackerbodens nothwendig ist, und diese Menge, von der Gesammtconsumtion abgezogen, ergäbe dann den Betrag des in den Gewerben verwendeten Salzes. Aber alle diese Grundlagen fehlen uns für die ganze Erde mit Ausnahme von Europa und dem asiatischen Rußland und selbst in Europa von der Türkei und für die anderen europäischen Länder sind dieselben größtentheils auch nur annäherungsweise richtig und vollständig. Doch können wir schon für Europa unseren Satz bestätigt finden. Den Bedarf an Salz zur Ernährung der Menschen schlägt man auf 15 Pfund für den Kopf an. In ganz Europa mit Ausschluß von Rußland kommen abgesehen von der nicht gut zu berechnenden Ausfuhr 30 Pfund Salz auf den Kopf der Bevölkerung. Ganz anders aber stellt sich das Resultat heraus, wenn wir die einzelnen Länder mit einander vergleichen. Es kommen auf den Kopf in Spanien 9,5, in Frankreich 10,4, in Italien 12,5, in Deutsch-Oestreich 15,4, im russischen Reich 17 Pfund, in England 25, in Portugal 30,5 Pfund, in Deutschland 39,6 Pfund[81]). Die europäische Türkei besitzt die größten Salzlager im Lande, das verkommene Volk ist aber zu faul, sie auszubeuten und führt nur für den allernothdürftigsten Bedarf der Menschen Salz von den Nachbarländern ein. Bemerken wir noch, daß Portugal und England keine Salzsteuer kennen, so zeigt uns diese Uebersicht sogleich, wie Kultur und Salzconsumtion auf's engste mit einander verknüpft sind.

Ich habe soeben nebeneinander von Produktion, Einfuhr und Ausfuhr des Salzes gesprochen und dieses Wort bedarf noch einer weiteren Erläuterung. Mit der Produktion des Salzes in jedem Staate, und wäre dieselbe nicht nur genügend, sondern könnte sie selbst im höchsten Grade den Bedarf übersteigen, ist der Salzhandel noch keineswegs überflüssig geworden. Rußland hat geradezu unerschöpfliche Salzschätze, nichts desto weniger muß es, um seine nördlichen und westlichen Provinzen mit Salz zu versorgen, eine große Menge Salz einführen, weil wegen der weiten Transporte, von anderen Verhältnissen noch ganz abgesehen, das eigene Salz theurer sein würde, als das fremde; so gingen denn (1845) über das weiße Meer etwa 2000 Centner, über die Ostseehäfen 1,200,000 Centner, über Preußen 20,000 Centner und aus Galizien 200,000 Centner Salz nach Rußland hinein. Aber dasselbe Land, das Salz einführen muß, kann doch aus denselben Gründen Gelegenheit haben, auf der anderen Seite Salz mit Vortheil auszuführen. So führte Hannover (1845) im Süden und Osten bedeutende Salzmengen aus, während es im Westen und Norden Salz einführen mußte. Ja zwischen Baiern und Würtemberg findet sogar ein Austausch statt, indem die aus den eigenen Salinen am schwierigsten zu versorgenden Landestheile ihren Bedarf vom Nachbar beziehen. Auch die nordamerikanische Union hat zwischen den Alleghanies und dem Missisippi einen unendlichen Salzreichthum und führt dennoch für den Osten (1845) etwa 3,700,000 Centner Salz ein[82]). Daß auch andere Rücksichten sich hier geltend machen können, zeigt England, das bei großem, um nicht zu sagen unerschöpflichem Reichthum an Salz und einer jährlichen Ausfuhr von 5 Millionen Centner doch noch 200,000 Centner Salz von St. Ubes einführt, weil dieses Salz für gewisse Zwecke für besser geachtet wird als das englische[83]).

Produktion in den verschiedenen Ländern. Es giebt aber auch immer noch viele Länder, denen die Natur die Gabe des Salzes versagt hat oder in denen die Bevölkerung wie in der Türkei zu faul ist, das bei ihnen vorkommende Salz auszubeuten. So giebt es also immer noch Veranlassung genug zum Handel, wie aus der folgenden Uebersicht sich ergeben wird. Ich beginne mit Europa.

Europa. Preußen producirt gegenwärtig (1870) etwa 7,443,069 Centner, wovon nur 4,261,691 Centner für die Ernährung von Menschen und Vieh im Lande consumirt werden. Hierbei ist Preußen nach dem Umfange, den es seit 1866 erreicht hat, verstanden. Schleswig-

Holstein producirt aber nur etwa 40,000 Centner in Travensalze bei Oldesloe, die dem Bedürfniß dieser Provinz lange nicht genügen und 1846 wurde noch sehr viel Salz aus England, Frankreich, Spanien und Portugal eingeführt [84]). Nassau producirt gar kein Salz, muß seinen Bedarf also anderweitig decken [85]).

Braunschweig besitzt die Salinen Salzdahlum und Schöningen, aus denen es 17—18000 Centner bezieht. Dazu kam vor 1866 noch 6430 Centner aus der Hannover-Braunschweig'schen Communionssaline. Wie dies Verhältniß gegenwärtig geordnet ist, weiß ich nicht.

Hessen und bei Rhein gewinnt aus eigenen Salinen 226,000 Centner, wovon es noch an die preußischen Rheinprovinzen abgiebt [86]).

Baden erzeugt (1870) 484,062 Centner und verbraucht 471,523 Centner für Menschen und Vieh [87]).

Sachsen (Königreich) producirt gar kein Salz auf eignen Salinen, erhält dagegen laut Staatsvertrag von Preußen seinen Bedarf bis zu einem gewissen Maximum zu einem sehr niedrigen Preise. Für Menschen und Vieh consumirt es jährlich 250,673 Centner [88]).

Baiern hatte 1870 eine Gesammtproduktion von 1,003,911 Centner. Der Verbrauch bei der Ernährung von Menschen und Vieh wird sehr hoch, zu 1,192,114 Centner, angegeben. Es müßte also noch Salz einführen, was nur von Oestreich und Würtemberg her geschehen kann [89]).

Würtembergs Salzgewinn beträgt 1,234,411 Centner. Der Verbrauch für Menschen und Vieh wird auf 477,957 Ctr. angegeben. Es bleibt also die bedeutende Menge von 756,454 Centner für Industrie und Ausfuhr übrig. Wohin die Ausfuhr außer Würtemberg geht, ist nicht leicht auszudenken, da alle angränzenden Länder sehr reich an Salz sind [90]). Ein Theil wird wohl in die Schweiz gehen.

Mecklenburg gewinnt auf seiner Landessaline 75,000 Centner und führt 40,000 Centner aus England ein, über die Consumtion ist mir keine Quelle zugänglich. Da von der genannten Menge nur 20 Pfund auf den Kopf kommen, was gewiß in einem so viel Vieh-

zucht und Ackerbau treibenden Lande viel zu wenig ist, so sind die An=
gaben vielleicht nicht vollständig⁹¹).

Oldenburg producirt gar kein Salz und muß seinen ganzen
Bedarf von England einführen.

Anhalt producirte früher gar kein Salz, jetzt seit der Eröffnung
des Steinsalzlagers in der Nähe von Staßfurth eine den eigenen
Bedarf mindestens vollkommen deckende Menge, für deren Bestimmung
mir aber keine Angaben zugänglich sind.

Lippe und Waldeck gewinnen auf den Salzwerken von Salz=
uffeln und Pyrmont 32,500 Centner.

Die sächsischen Herzogthümer producirten auf ihren zahl=
reichen Salinen (1846) 147,000 Centner. Bemerkenswerth ist Sal=
zungen an der Werra wegen seines uralten Betriebes, Stottern=
heim wegen seines reichen Ertrags, der wegen Mangel an Absatz nicht
einmal ausgenutzt werden kann; dasselbe gilt für Ernsthall bei Buff=
leben. Coburg besitzt keine Salinen.

Schwarzburg und Reuß wären dann noch mit 92,000 Centner
aufzuführen, die bei Frankenhausen und Köstritz gewonnen
werden⁹²).

Die Gesammtproduktion des Zollvereins im Jahre 1870 war
14,658,990 Centner. Bis 1862 überstieg die Einfuhr von Salz die
Ausfuhr um ein beträchtliches: 1848 um 1,541,770 Centner, 1862
noch um 7,637 Centner. Dies Verhältniß wurde aber durch die rasche
Entwicklung der Steinsalzgewinnung zu Staßfurth so verändert, daß
1866 die Einfuhr schon um 307,395 Centner von der Ausfuhr über=
troffen wurde⁹³).

Oestreich gewinnt in seinen deutschen Provinzen so viel Salz
als es selbst verbraucht und als es ausführen kann. Davon kommen
auf Ebensee, Ischl und Hallstadt 869,101⁴/₅ Centner, auf Hal=
lein 239,602 Centner, auf Aussee 239,602 Centner, auf Hall
250,493 Centner. Die Meersalinen an der Küste von Triest, Istrien
und Dalmatien liefern 490,091 Centner. In Ungarn, Sieben=
bürgen und Galizien 3,346,666 Centner. Ausgeführt wurden

(1846) nach Graubünden 27,237 Centner, nach Preuß.=Schlesien 136,137 Centner und nach dem Königreich Polen 773,261 Centner. Von dem adriatischen Seesalze ging ein großer aber unbestimmbarer Theil (gegen 250,000 Centner) nach Venedig und Chioggia zur Versorgung der Lombardei. Somit blieben gegen 4,248,922 Centner für den heimischen Verbrauch[94]). Für Gesammtöstreich kommen also doch nur 12,6 Pfund auf den Kopf.

Rußland. Die Angaben für die russische Monarchie sind sehr unsicher, sie schwanken nach den Jahren um mehrere Millionen Centner auf und nieder, widersprechen sich unter einander, ja oft der einzelne Schriftsteller sich selbst. 1846 gab Karsten für den ganzen Staat 7,670,446 Centner an. Nach Obruscheff ist die mittlere Produktion der drei Jahre 1866 bis 1868 ungefähr 11,290,036 Centner. Eine neuere Angabe für 1872 hat 14,844,920 Centner[95]). Dabei ist wohl daran zu erinnern, daß in den Steppen von der Wanderbevölkerung große Mengen von Salz gesammelt und verbraucht werden müssen, die sich jeder behördlichen Controle entziehen[96]). Die angegebenen jedenfalls unzulänglichen Zahlen würden einen Verbrauch von 14,8 Pfund pro Kopf ergeben.

Schweden und Norwegen müssen fast ihren sämmtlichen Salzbedarf von auswärts einführen. Nur bei Walloe in Norwegen ist eine Saline, auf der man (der einzige Ort auf der Erde) das Meerwasser gradirt; die Soole wird durch Zusatz von eingeführtem Salz angereichert und versotten. Man gewinnt auf diese Weise (nach Abzug des zugesetzten fremden Salzes) etwa 566,000 Centner Salz[97]), d. h. nur etwa 9,8 Pfund pro Kopf.

England verbrauchte vor 1825 etwa 1,680,000 Centner. In diesem Jahre wurde die Salzsteuer aufgehoben und 1833 war der Verbrauch schon auf 6,160,000 Centner*) gestiegen. Dazu kommt eine Ausfuhr von 5,600,000 Centner und eine Einfuhr von gegen 168,000 Centner

---

*) Karsten giebt S. 3 diesen Betrag an, aber S. 89 nur 4 — 4½ Millionen Centner; Mac Culloch giebt 1844 den Verbrauch auf 4 Millionen Centner an. So unsicher sind alle Angaben über Salzverbrauch mit wenigen Ausnahmen.

von Portugal. So stellt sich die Gesammtproduktion auf etwa 11,592,000 Centner [98]).

Holland hat keine Salinen. Es führt nur fremdes Salz ein, löst dies in Meerwasser auf und versiedet es. Das Produkt beträgt 600,000 Centner. Eingeführt wurden aus Frankreich (1836) 169,621 Centner, aus England (1842) 299,505 Centner. Die Ausfuhr nach Preußen betrug zugleich 180,000 Centner, so daß sich also der eigene Gewinn aus dem Meerwasser auf 130,874 Centner, der Verbrauch im Lande auf 420,000 Centner beziffert [99]). Danach würde die Consumtion pro Kopf nur 11,9 Pfund betragen, was schon des Heringsfanges wegen unglaublich ist. Die Angaben müssen also irgendwo mangelhaft sein.

Belgien producirt gar kein Salz, sondern raffinirt nur eingeführtes.

Frankreich zeigt auch in seinem Salzwesen die Launenhaftigkeit eines völlig charakterlosen Volkes. Seit hundert Jahren hat die Salzgesetzgebung mehrfach von einem Extrem zum anderen und durch fast alle Mittelstufen geschwankt und das reflectirt sich dann natürlich auch in Produktion, Consumtion und Ausfuhr dieses Landes. Für die letzte Zeit mag sich das aus den nachfolgenden Zahlenangaben ergeben. Frankreich producirte 1845: 7,136,132 Centner, in 1847: 10,240,000 Centner, 1861: 12,600,000 Centner. Der Verbrauch nahm 1836 5,190,792 Centner in Anspruch, 1847: 4,716,538 Centner, 1861: 7,907,258. Die Ausfuhr betrug 1836: 1,945,340 Centner, 1847: 5,523,462 Centner, 1861: 4,692,742 Centner. Auf den Kopf der Bevölkerung kamen 1848: 12,4 Pfund, 1862: 12,04 Pfund und 1863: 16,6 Pfund. Diese Sprünge stehen im wesentlichen ganz unmotivirt da [100]).

Spanien gewinnt aus seinen großen Steinsalzlagern, aus Soolquellen und Marinhas nur etwa 6 Millionen Centner, wovon 4½ Millionen (meist Seesalz) ausgeführt werden. Es bleiben also nur 1,500,000 für den einheimischen Verbrauch übrig [101]).

Portugal steht in dieser Beziehung ganz anders da. Seine

Steinsalzlager und Soolquellen beutet es zwar nicht aus, aber die Salzgärten liefern jährlich 5 Millionen Centner Kochsalz, wovon etwa 2½ Millionen ausgeführt werden, so daß eine sehr große Menge zur einheimischen Consumtion übrig bleibt [102].

Die Schweiz ist von der Natur, wie es scheint, hinsichtlich des Salzes stiefmütterlich behandelt. Bis 1845 hatte sie nur die beiden Salinen von Bex und Schweizerhall in Betrieb und gewann davon im Ganzen 230,000 Centner, so daß sie ihren Bedarf durch Einfuhr aus allen Nachbarländern decken mußte [103].

Italien läßt sich nur sehr annähernd in diese Uebersicht einreihen, da es überall an sicheren Angaben fehlt. Für 1845 finde ich folgendes bemerkt: Das damalige Königreich Sardinien gewann aus den Meersalinen der Insel Sardinien ungefähr 1,200,000 Centner und 30,000 Centner aus anderen Quellen. Davon wurden etwa 810,000 Centner ins Ausland verführt, eine ungleich größere aber unbestimmbare Menge von fremdher eingeführt. Venedig und die Lombardei producirten nichts. Parma gewann zu Salso etwa 64,000 Centner. Modena, Massa-Carrara, Lucca und S. Marino entbehren alle des selbst erzeugten Salzes. Der Kirchenstaat gewann aus Meersalinen 610,000 Centner; davon wurden 290,000 Centner ausgeführt und hinwiederum 40,000 Centner eingeführt. Toscana erzeugte 194,000 Centner. Neapel und Sicilien besitzen außerordentlich reiche Steinsalzlager. In Sicilien liegt das Steinsalz fast immer nackt zu Tage oder doch nur unter einer dünnen Diluvialdecke. Bei Castrogiovanni ragen 50' hohe Salzfelsen hervor; aber überall bleiben diese Schätze von der stinkend faulen, durch Pfaffen fast verthierten Bevölkerung unberührt. Man begnügt sich mit den wenig Arbeit erfordernden Meersalinen. So gewinnt man etwa 3,100,000 Centner, von denen 1,756,000 Centner auf Sicilien kommen. Gegen 1,780,000 Centner wurden ausgeführt. Fassen wir diese Angaben, ihre Gültigkeit auch für die Gegenwart vorausgesetzt, zusammen, so erhalten wir für das ganze jetzige Königreich Italien eine Gesammtproduktion von 4,938,000 Centner [104].

Moldau und Wallachei produciren 380,000 Centner.

Die Türkei läßt alle ihre reichen Salzschätze unbenutzt liegen.

Die ionischen Inseln gewinnen Meersalz nur zu eigenem Gebrauch in unbestimmbarer Menge.

Griechenland erzeugt 300,000 Centner Salz in Meersalinen [105].

Wenn wir das Vorstehende zusammenfassen, erhalten wir für den civilisirtesten Welttheil, für Europa, eine Gesammtproduktion von 75,633,121 Centner. Die Gesammtconsumtion läßt sich aber daraus nicht ableiten, da es sowohl für die Einfuhr (aus Kleinasien, den Inseln des grünen Vorgebirges u. s. w.) als auch für die Ausfuhr (nach Amerika u. s. w.) an allen brauchbaren Angaben fehlt.

Für alle anderen Gebiete der Erde haben wir wohl Angaben über die vorhandenen Salzschätze, aber mit einigen unbedeutenden Ausnahmen gar keine Grundlagen um zu bestimmen, wieviel gewonnen, wieviel verzehrt wird. Einige wenige Bemerkungen müssen hier genügen, um die Uebersicht zu vervollständigen.

Asien und Afrika.

Beim Uebergang von Europa nach Asien stoßen wir auf die Insel Cypern, wo eine ausgiebige Bereitung von Seesalz stattfindet. Man giebt den jährlichen Ertrag auf 600,000 Centner an. Für das ganze übrige Asien aber fehlen uns durchweg die statistischen Grundlagen. Arabien, Syrien, ganz Kleinasien, Persien, Indien, China, Chiwa, die Bucharei und die Länder nördlich vom Himalaja sind außerordentlich reich an Steinsalz, Salzquellen und Salzseen. Ueberall wird das Salz ausgebeutet, aber bis zu welchem Betrag bleibt unbekannt. Dasselbe gilt für Afrika, wo Salz genug vorhanden, Salzhandel in Blüthe ist, wo wir aber genauere Angaben als die schon mitgetheilten überall vermissen [106].

Wie beim Eintritt in Asien (Cypern) so stoßen wir auch beim Verlassen Afrika's auf Inseln, über die wir etwas näher unterrichtet sind. Die Azoren erhielten ihren ganzen Salzbedarf von Portugal, die Canaren bereiten selbst Seesalz. Am interessantesten aber sind die Inseln des grünen Vorgebirges, deren Bewohner eigentlich ganz allein durch ihr Salz erhalten werden. Den wichtigsten Handelsartikel auf diesen Inseln bildet das Salz, insbesondere von den „drei Salzinseln" Sal, Maja und Boavista. Die erste führt jährlich 454,000 Centner aus. An der Nordseite von Boavista liegen große natürliche Salzgruben. Das Salz von Sal wird in einer großen Vertiefung gewonnen, aus der, etwa mitten auf der Insel, eine Salzquelle von so starkem Gehalt hervorquillt, daß sie förmliche „Salzgletscher" bildet. Man befördert ihr Produkt mittelst einer kleinen Eisenbahn an die Küste. Seit 1844 ist der Salzhandel immer beträchtlicher geworden und eine Haupterwerbsquelle für die Inseln. Sie bezahlen mit demselben alle ihre Bedürfnisse. Durchschnittlich kommen 60—80 nicht portugiesische Schiffe um Salz zu laden [107].

Durchwandern wir nun Amerika von Norden nach Süden, so treffen wir zuerst auf Canada. Wir finden zwar Nachrichten genug über das häufige Vorkommen von Soolquellen in diesem Lande, so wie von Salzsümpfen und Salzsteppen, besonders in den westlichen Bezirken. Nach Franklin's Beobachtungen findet sich am Saltriver in der Nähe des großen Sklavensees Salz und noch weiter nördlich sind die Bäche, die sich in den Mackenzie ergießen, so salzig wie das Meer. Von der Ausbeutung dieser Schätze wird aber nichts erwähnt und Canada bezieht sein Salz aus England und der nordamerikanischen Union. Canada hat sogar den Einfuhrzoll aus diesem letztern Lande zu Gunsten des Salzes ermäßigt [108].

Für die nordamerikanischen Freistaaten wurde nun 1845 die Produktion von Salz auf 2,075,591 Centner angegeben und daneben eine Einfuhr von 3,750,000 Centner aufgeführt. Seitdem sind viele neue Salzwerke zwischen dem Missisippi und den Alleghanies in Betrieb gesetzt. Mir stehen aber neuere Angaben über die quantitativen Verhältnisse der Salzbereitung nicht zu Gebote.

Die sämmtlichen Länder von Mexico bis zur Südspitze von Amerika, können wir in eins zusammenfassen. Durch die nichtswürdige katholische Pfaffenwirthschaft ist die ganze Bevölkerung dieses ungeheuren Landstriches bis auf die niedrigste Stufe der Menschheit herabgedrückt worden. Wenn wir etwa Brasilien ausnehmen, ist das Schauspiel, welches diese Länder darbieten, der ununterbrochene Kampf von Schurken, verthierten Bestien und Dummköpfen um den Besitz einer kurzen Herrschaft zur Ausbeutung des geistig und physisch wehrlosen Volkes. Hier ist von Gesittung, von Völkerwohl, Industrie u. s. w. gar nicht die Rede. Daß die Salzschätze in diesem Gebiete außerordentlich reich sind, vielleicht die Niederungen am Amazonas und Orinoko ausgenommen, dafür aber bis hinauf zu dem 18,000' über dem Meere liegenden Salzsee von Titicaca, das wissen wir durch die Mittheilungen vieler Reisenden. Daß bei Pilluana und einigen anderen Orten Salinen in Betrieb sind, haben wir durch Pöppig erfahren. In Peru sind die höchst eigenthümlichen Meersalinas von Huacho. Das Meerwasser sickert hier durch das poröse Gestein des Ufers durch und verdunstet auf der Fläche dahinter. Tschudi vergleicht die Ebenen mit dem Anblick eines großen Gletscherfeldes, auf dem sich die Sonnenstrahlen in wunderbarem Farbenspiele brechen. Das ausgehauene sehr reine Salz versorgt den größten Theil von Peru und Chile. Die Indianer der Gebirge kommen mit ihren Llamas hierher, um das Salz zu holen, von dem jedes Thier einen Klumpen von genau 100 Pfund fortträgt. Von den 10 Provinzen Brasiliens grenzen 7 an das Meer und nur 3, Minas geraes, Matto grosso und Goyaz, sind Binnenländer. Aber die ersten 7 bereiten auch nur wenig Seesalz und müssen ihren Hauptbedarf von Europa einführen. Die anderen, z. B. Matto grosso, gewinnen etwas Salz aus Salzseen, hängen aber im Ganzen auch von Europa ab. Wie groß aber Ausbeute, Einfuhr und Verbrauch sind, meldet uns keine Quelle[109].

Australien. Aehnliches gilt von Australien. Wir haben nur dürftige Nachrichten über einige Soolquellen, Salzsümpfe und Salzseen, aber keine Angaben über den Umfang der Ausbeutung, die jedenfalls noch sehr in der Kindheit ist.

Produktionswerth des Salzes. Aus allem bisher Vorgetragenen ergiebt sich wohl ohne Zweifel, daß die Vorräthe des Salzes auf der Erde so ziemlich unerschöpflich sind. Die Ausbeutung der meisten und wichtigsten Salzwerke wird nicht durch den vorhandenen Vorrath, sondern nur durch die Möglichkeit des Absatzes beschränkt und dieser Absatz kann in erster Linie nur durch die Kosten der Ausbringung des Salzes bestimmt werden. Wir besitzen auch nur für die wenigsten Länder genügende Angaben über den Produktionspreis des Salzes. Im deutschen Reiche hat Preußen gegenwärtig die unerschöpflichsten Salzlager und hier stellen sich die Produktionskosten durchschnittlich auf 0,43 M. für den Centner Steinsalz und 1,5 M. für den Centner Sudsalz. In Oestreich sind die Produktionskosten 0,30 M. für den Centner Steinsalz und 1,10 M. für den Centner Sudsalz und 0,18—0,68 M. für den Centner Meersalz. In Frankreich betragen die Unkosten für den Centner Seesalz 0,2 bis 0,3 M.; in Rußland für den Centner Salz aus den Salzseen 0,7 M. und aus den Bergwerken 0,75 M. Wenn man diese Preise auch noch um 5 % als Gewinnstnahme erhöht, so erscheint doch das Salz als etwas so billiges, daß der Preis desselben dem Verbrauch auch keine Grenzen zu setzen im Stande ist. Wenn wir aber sehen, daß der Verbrauch noch vielfach weit unter dem anzunehmenden Bedarf steht, so deutet das auf fremdartige Einflüsse, die ich aber erst am Schlusse meiner Arbeit berühren will.

Die Uebersicht, die ich im Vorigen von der Salzproduktion auf der Erde gegeben habe, ist, durch die Verhältnisse bedingt, sehr mangelhaft; noch weniger ist es möglich, daraus mit einiger Sicherheit den Betrag des wirklich in jedem einzelnen Lande verzehrten Salzes abzuleiten, da Ausfuhr und Einfuhr gegenwärtig wenigstens noch weniger auf bestimmte Zahlen zurückzuführen sind als die Produktion selbst.

Dessen ungeachtet führt uns diese Stufe unserer Betrachtung zu der Frage, wie und in welchen Mengen das gewonnene Salz von den Menschen verbraucht wird. Wir könnten hier die Fragen stellen, wie viel muß der Mensch an Salz verbrauchen, um seine normale Existenz zu sichern, wie viel und in welcher Weise kann er Salz verbrauchen, um seine Existenz angenehmer, leichter, besser zu machen. Aber auch hier stoßen wir fast überall auf die Unzulänglichkeit der Grundlagen, durch welche wir unsere Beantwortung der obigen Fragen sicher stützen könnten. Nur in wenigen Fällen können wir zu einer einigermaßen annähernd richtigen Schätzung gelangen. Wir stellen daher besser folgende einzelne Fragen, zu deren Beantwortung einige Thatsachen vorliegen: Wie viel braucht der Mensch zu seiner eigenen Ernährung? Wie viel braucht er für die Ernährung seiner Hausthiere? Wie viel bedarf er zur Verbesserung seines Ackerbodens? und endlich: In welcher Weise und in welchen Mengen verbraucht er das Salz in den Gewerben, in der Großindustrie und somit zur Erhöhung des allgemeinen Wohlstandes? Keine dieser Fragen läßt sich mit Vollständigkeit beantworten, bei keiner läßt sich die Beantwortung vollständig auf alle Länder anwenden und so bleiben unsere darauf gebauten Schlüsse nur Wahrscheinlichkeitsschlüsse. Wir können vielleicht in vielen Fällen das Nothwendige, das Wünschenswerthe angeben, können Ansichten aufstellen, die theoretisch sich rechtfertigen lassen, aber nicht bis zu der mathematischen Begründung für das Praktische fortschreiten, die allein als eine zwingende Macht im Leben sich geltend machen kann. Der theoretische Naturforscher kann ganz wohl wissen, so ist es und muß es sein, wenn er aber den praktischen Staatsmann zu irgend einer Handlung seinen Ansichten gemäß zwingen will, so muß er demselben ein Rechnungsexempel vorlegen können, in dem jede Zahl des Ansatzes zweifellos richtig und das Facit nach den unerschütterlichen Gesetzen der vier Species gewonnen ist.

Bedeutung des Salzes für die Ernährung des Menschen. Zuerst haben wir die Frage ins Auge zu fassen, ob denn wirklich der Salzgenuß für den Menschen ein wesentliches Bedürfniß ist und welche Bedeutung derselbe in der Oekonomie des menschlichen oder überhaupt des thierischen Körpers hat. Schon gleich hier müssen wir gestehen, daß diese Fragen noch keineswegs in solcher Vollkommenheit beantwortet sind, daß wir sagen könnten, die Sache sei für immer abgemacht. Viele Menschengruppen genießen kein Salz; wir sehen, daß das solche sind, die so gut wie ausschließlich von thierischer Nahrung leben und schließen daraus, daß das Bedürfniß nach Salz sich erst beim Genuß vegetabilischer Nahrung einstellt. Damit stimmt der thierische Instinkt allerdings überein, da nur die Pflanzenfresser unter den Thieren, aber nicht die Fleischfresser das Salz in der Natur aufsuchen und genießen. Freilich muß ich dabei gleich gestehen, daß ich über den Salzgenuß der Thiere im Naturzustand im Allgemeinen nichts weiß, wenn ich die Wiederkäuer ausnehme. Von allen anderen Thieren, unter denen sich doch noch viele Pflanzenfresser befinden, habe ich keine Angaben auffinden können. Und wenn wir einen Mann wie Burger fragen, der lange Zeit eine große Autorität in der Landwirthschaft war, so finden wir bei ihm die Erklärung: Salz sei für das Vieh eine bloße Leckerei und es sei reine Verschwendung, dem Hornvieh und den Schafen Salz zu geben, ausgenommen bei der Mastung [110]. Allerdings war zu seiner Zeit die Landwirthschaft mit sehr wenigen Ausnahmen noch nichts als eine völlig kindische Pfuscherei, die sich erst sehr langsam durch Männer wie Thaer, Liebig, Boussingault, von Thünen, Henneberg, Nathusius u. s. w. zu einer wissenschaftlichen Grundlage heraufgearbeitet hat. Auf der anderen Seite ist es doch aber gar keinem Zweifel unterworfen, daß die wiederkäuenden Thiere in ihrem ganzen Verdauungs- und Ernährungsprozeß selbst in anatomischer Hinsicht so wesentlich von allen übrigen Thieren abweichen, daß ein Schluß von jenen auf diese von vorn herein wenigstens als ein übereilter erscheinen muß. Ein ganz wesentlicher Unterschied findet in der wichtigsten Ausscheidung statt. Der Harn der fleischfressenden Thiere reagirt sauer, der der Pflanzenfresser (Wiederkäuer und Pferd) reagirt alkalisch. Bei den Fleischfressern reicht das Natron der Galle bei weitem nicht hin, um die auszuscheidenden Säuren zu neutralisiren, während bei den Pflanzenfressern der Harn eine überwiegende Menge von Natron und Kali enthält. Die grasfressenden Thiere genießen daher normal eine größere Menge von Natron als zur Neubildung ihres täglichen Bedarfes an Blut nothwendig ist [111]. Bis jetzt besitzen wir noch über kein einziges Thier vollständige Versuchsreihen über die Ernährung (Zunahme oder Abnahme) und Ausscheidung bei vollständigem Ausschluß des Salzes und bei allmälig steigendem Salzzusatz zur Nahrung. Solche Versuchsreihen müßten wir aber wenigstens von einem Wiederkäuer, einem Körnerfresser (Pferd) und einem Fleischfresser haben, um darauf ganz sichere Schlüsse bauen zu können. Ja ein so gewiegter Vertreter der physiologischen Chemie wie C. G. Lehmann sprach noch 1853 ganz bestimmt die Meinung aus, daß der gesonderte Genuß von Kochsalz für den Menschen ganz überflüssig sei, und daß alle gewöhnlichen Nahrungsmittel genug davon enthielten, um dem Bedarf des Körpers vollkommen zu genügen[112].

Es bleibt nichts übrig als die einzelnen Thatsachen zusammenzustellen, auf welche der Naturforscher seine Ansicht über die Nothwendigkeit des Kochsalzgenusses baut. Als Grundlage für alle weiteren Betrachtungen müßten wir hier eigentlich die Frage aufwerfen und beantworten: Wie viel Kochsalz enthält der normale menschliche Körper? Und wie wird die Frage beantwortet? Meyn bestimmt, aber ohne irgendwie anzugeben, worauf er sich stützt, das Körpergewicht des Menschen auf 150 Pfund, den Salzgehalt darin auf 1 Pfund also auf 6,6 pro Mille. A. Schmidt giebt den Salzgehalt zu 2,7 pro Mille an und berechnet dann falsch den Salzgehalt des Körpers von 61,000 Gramm auf 12,67 Gramm (statt 164,7 Gramm). Auch er giebt nicht an, auf welche Grundlagen er sich stützt. Mit dergleichen ist natürlich wissenschaftlich nichts anzufangen. Wir haben also noch gar keine solche Analysen, nach denen wir die Bestandtheile des Menschen für je 100 Pfund. Körpergewicht bestimmen könnten. Es sind nur ungefähre Schätzungen[113]. Das Food's Museum in South-Kensington in London zeigt unter anderem die vollständige Analyse eines Mannes von 155 Pfund; auf dieses Körpergewicht (berechnet oder dargestellt? und von wem?) 67 Natrium und 17,5 Kalium (d. h. auf 1 Aequivalent Natr., 0,36 Aeq. Kal.) und als Verbindungen 111 Pfund Wasser, 112 Gramm Kochsalz, 0,6 Gramm kohlensaures Kali, 40,0 Gramm Glaubersalz, 35,0 Gramm Soda, 25,0 Gramm phosphorsaures Natron u. s. w. Ich kenne diese Angaben nur aus den Mittheilungen der pharmazeutischen Zeitung, die wenig Vertrauen einflößen, schon weil darin Pfunde (welche?), Grammes, Unzen confus durcheinanderlaufen. Quantitative Bestimmungen der Ausscheidungen fehlen gänzlich[114].

Die Flüssigkeiten des menschlichen Körpers, so weit sie analysirt sind, enthalten folgende Mengen Kochsalz:

Menschliches Blut in 1000 Theilen	4,21	} nach Lehmann
Milch . . . . „ „ „	0,87
Speichel . . . „ „ „	1,53
Galle . . . . „ „ „	3,64
Schleim . . . „ „ „	5,83	} nach Nasse.
Blutflüssigkeit (Serum) „ „ „	4,60

Endlich enthält der Magensaft freie Salzsäure (und zwar in 1000 Theilen 1,18 bis 1,71), die aus der im Körper vorgegangenen Zersetzung des Kochsalzes stammen muß. Diese Mengen bleiben bei jeder Ernährungsweise ziemlich constant, so daß, wenn eine geringere Menge von Kochsalz aufgenommen wird, als gewöhnlich die Ausscheidungen enthalten, sich das Salz in den Ausscheidungen, aber nicht in den Körpersäften vermindert[115]. Was aus dem Menschen (oder auch einem Thiere) wird, wenn man nicht nur den Salzzusatz zu den Nahrungsmitteln wegläßt, sondern auch den Nahrungsmitteln vorher das in ihnen enthaltene Kochsalz entzieht, darüber liegt noch kein einziger Versuch vor.

Welchen Nutzen kann das Kochsalz im Körper haben? Zunächst wissen wir, daß das Blut zwar durch Herz und Adern im ganzen Körper herumgeführt wird, daß aber weder aus dem Darmkanal in die Blutgefäße, noch aus diesen in die geformten Bestandtheile des Körpers, (die Gewebe) offne Wege führen, daß vielmehr aller Stoffwechsel durch Endosmose, d. h. Durchschwitzen oder vielmehr Durchgesogenwerden durch die Wände der thierischen Membranen vor sich gehen muß. Nun zeigen uns die gemachten Untersuchungen, daß gerade das Kochsalz die Eigenschaft hat, diese Aufsaugung von Flüssigkeiten (also die Nahrungsaufnahme aus dem Darmkanal und die Ernährung der Gewebe) außerordentlich zu fördern[116]. Die Magenverdauung (und großentheils auch die Darmverdauung) besteht wie alle Versuche nachweisen namentlich in der Einwirkung freier Säuren auf die stickstoffhaltigen Nahrungsmittel, immer ist dabei Salzsäure thätig, die nur in seltneren Fällen ausgeschlossen und durch Milchsäure ersetzt erscheint[117]), so daß die Salzsäure als wichtiger Factor in dem wesentlichen Theil der Ernährung auftritt. Einen nicht unwichtigen Antheil scheint die Galle an der Verdauung der Fette zu haben, wenn auch derselbe noch unaufgeklärt und in keine bestimmte Beziehung zum Kochsalz gebracht ist[118]). Gewiß ist aber, daß der Speichel und der pankreatische Saft den wesentlichsten Einfluß auf die Umwandlung der Stoffe der Stärkemehlgruppe in Trauben- (oder Krümel-)zucker ausüben, daß beide Säfte sehr reich an Kochsalz sind und daß Kochsalz selbst mit dem Traubenzucker eine innige chemische Verbindung eingeht, so daß das Chlornatrium dadurch in eine besondere Beziehung zur Verdauung der stickstofffreien Substanzen in den Nahrungsmitteln tritt[119]). Ferner müssen wir eine gewisse Beziehung des Kochsalzes zur Bildung der thierischen Zellen anerkennen, wenn auch das Wie dieses Einflusses noch ganz im Dunkeln liegt. Es spricht dafür, daß diejenigen Materien, in denen eine lebhafte Zellenbildung vor sich geht oder vorbereitet wird, stets außerordentlich reich an Kochsalz gefunden werden, so Lymphe, Galle*), Eiter, Schleim, junge Knorpel[120]). Endlich scheint auch das Kochsalz in bestimmten Verhältnissen zur auflösenden und ausscheidenden Stoffumwandlung zu stehen, denn wir finden es überall mit der letzten Metamorphose der stickstoffhaltigen thierischen Bestandtheile, dem Harnstoff, wo derselbe auch erscheinen mag verbunden[121]).

Eine andere Betrachtungsweise über die Nothwendigkeit des Kochsalzgenusses bei der Ernährung durch Vegetabilien ist zuerst von Liebig und Lehmann erkannt und dann von G. Bunge weiter und wohl zu weit ausgeführt worden. Es geht von den Thatsachen aus, welche das Verhältniß des Natron zum Kali im Körper der Thiere und ihrer normalsten Nahrung der Milch darlegen. So kommen nach Bunge auf:

---

*) Es ist wohl nicht in Abrede zu stellen, daß die Leber bei der Bildung und Umbildung der Blutzellen wesentlich betheiligt ist.

1,0 Aequivalent Natron	Kaliäquivalente
im Gesammtorganismus der Säugethier	0,66—1,27
„ Milch der Fleischfresser	0,80—1,59
„ „ „ Frauen	1,33—4,32
„ „ „ Pflanzenfresser	0,76—5,58
„ Rindfleisch	3,38
„ Weizen	12,0—22,6
„ Reis	24,3
„ Roggen	8,5—57, (?)
„ Wiesenheu	35,0
„ Kartoffeln	31,0—42,0
„ Erbsen	44,0—50,0
„ Aepfel	100,0
„ Gartenbohnen (?)	110 [122])

Daraus würde folgen, daß der Mensch unbedingt allen Nahrungsmitteln Kochsalz hinzufügen muß, um das normale Verhältniß zwischen Natron und Kali im Körper zu erhalten [123]). Aber vor allem ist hier hervorzuheben, daß die Milch keine Erhaltungsnahrung ist, sondern eine Mastungsnahrung, da der Säugling bei der Milchnahrung in einem Verhältniß rasch zunimmt, wie später in keiner Lebensperiode wieder vorkommt. Und dann ist zu erwähnen, daß diese Generalanalysen nur, wenn sie in ganz großer Zahl ausgeführt werden, wirklich Mittelzahlen geben können, die als normale angesehen werden dürfen, da der thierische Körper durchaus keine nach chemischen Aequivalenten zusammengesetzte Verbindung ist, vielmehr in sehr weiten Grenzen durch innere Anpassungen den sich ändernden äußeren Verhältnissen sich anschmiegen kann. Nach den Sammlungen des Food'schen Museums in London würde das Verhältniß für die Kalisalze noch viel ungünstiger sein, da danach auf 1 Aequivalent Natrium nur 0,36 Aequiv. Kalium kommen [124]). Gewiß ist endlich, daß es im Körper Theile giebt, bei denen der Kaligehalt den Natrongehalt auch normal sehr bedeutend überwiegt, z. B. kommen auf 100 Theile Natron:

beim Huhne im Blute 40,8 Kali im Muskelsaft 381 Kali
„ Ochsen „ „ 5,9 „ „ „ 273 „
„ Pferde „ „ 9,3 „ „ „ 203 „

Die Asche des Blutserum beim Pferde enthält aber nach R. Weber 73%, der Muskelsaft nur 7% Kochsalz.

Das Blut selbst zeigt in sich in dieser Beziehung nach C. Schmidt scharfe und constante Gegensätze, indem die Blutzelle fast nur Chlorkalium, das Blutserum dagegen fast nur Chlornatrium enthält[125]).

G. Bunge meint, daß das phosphorsaure Kali im Blute mit Chlornatrium seine Bestandtheile austauscht und dann als phosphorsaures Natron und Chlorkalium durch den Harn ausgeschieden wird und wendet das vorzüglich auf die Pflanzenfresser an, die eine an Kochsalzen reiche Nahrung genießen (aber die Phosphorsäure?). Daß die Sache so einfach doch nicht sein kann, geht schon sogleich aus der Bemerkung hervor, daß bei Fleisch= und Pflanzenfressern gleichmäßig alle Phosphorsäure, die zum Theil ohne Frage im Körper aus den phosphorhaltigen Albuminoiden gebildet wird, als phosphorsaures Natron aus dem Körper entfernt wird. Daß aufgenommenes Kochsalz im Körper auch normal in seine Bestandtheile, die dann für sich besonderen Zwecken dienen, zerlegt wird, ist wohl nicht zu bezweifeln. Daß Kalisalze für viele Körperbestandtheile normal sind, ist schon nach obigen Angaben gewiß und dadurch widerlegte sich sogleich (was A. Schmidt[126]) hinzugefügt), daß Kali im Körper als Gift wirke. Bei großem Uebermaaß des Kali mag das richtig sein, bei großem Uebermaaß des Kochsalzes wirkt dieses aber auch als Gift, wie Meyn[127]) sehr richtig bemerkt.

So sehen wir, daß wenn wir das Salz physiologisch durch den Körper verfolgen, wir wohl die Ueberzeugung gewinnen, daß es für dessen Wohlbefinden wünschenswerth, ja vielleicht nothwendig ist, aber alle Zahlenangaben sind viel zu unsicher und schwankend, um die Frage zu entscheiden, ob die in den Nahrungsmitteln enthaltene Menge von Kochsalz genügt oder nicht. Nur im Allgemeinen können wir sagen, daß dieselbe bei reiner Pflanzennahrung weniger genügen wird als bei rein animalischer

Nahrung. Dafür spricht denn auch, daß erfahrungsmäßig die ländliche Bevölkerung, die größtentheils von Pflanzennahrung lebt, in Frankreich durchschnittlich dreimal so viel Salz consumirt als die Stadtbewohner [128].

Wir werden auf die regelmäßigen Ausscheidungen verwiesen als auf den einzigen Anhalt. Aber auch dieser ist unsicher. Die Schwankungen in den täglichen Harnmengen und dem Gehalt desselben sind so ungeheuer, daß mittlere Zahlen aus den wenigen Angaben, die wir bis jetzt besitzen, nur geringen Werth haben. Rose berechnet die tägliche Ausscheidung an Kochsalz durch den Harn zu 9 Gramm; Ludwig dagegen zu 14 Gramm. Jene Angabe entspricht einem jährlichen Bedarf von 6,5 Pfd., diese von 10,2 Pfund [129]. Zu noch geringeren Angaben führt Barral [130]. Aus vier Versuchsreihen an Erwachsenen bestimmt er die mittlere tägliche Harnmenge zu 1272,8 Gramm mit einem Kochsalzgehalt von 7,593 Grm., was für das Jahr 2771,445 Gramm also etwas über 5 Pfund ausmacht. Davon wären noch die mit der Nahrung aufgenommenen Quantitäten abzuziehen, was wegen mangelnder Grundlagen unthunlich ist. Danach würde sich dann allerdings herausstellen, daß die gewöhnliche Angabe, wonach der Mensch im Mittel*) 15 Pfund Salz jährlich seiner Nahrung hinzufügen müsse [131], den wirklichen Bedarf bis um das Doppelte übersteigt.

Noch eine Grundlage könnte man für die angeregten Fragen suchen in dem Vergleich der Völker, die wenig oder gar kein Salz genießen [132], mit solchen die im Salzgebrauch absolut unbeschränkt sind. Ich zweifle nicht daran, daß sich dabei sowohl physisch als psychisch ganz bestimmte Unterschiede herausstellen würden, aber der Nachweis ist zur Zeit noch nicht zu liefern. Wir bedürften dazu vor Allem der Statistik, die bis

---

*) Was das heißen soll, verstehe ich ohnehin nicht, denn es ist wohl gewiß, daß Kinder, Erwachsene und Greise, Männer und Weiber nicht gleicher Mengen bedürfen; vergleichende Untersuchungen, die eine statistische Grundlage liefern könnten, fehlen aber ganz und gar; die Annahme von 15 Pfund ist also rein aus der Luft gegriffen. Das preußische Zwangsmaaß von 12 Pfund würde der Wahrheit vielleicht schon näher kommen.

jetzt wenigstens sich ohne Beihülfe von Regierungsbeamten nicht durchführen läßt. Nun haben viele Regierungen wohl die Statistik in die Hand genommen und gefördert, aber bis in die neueste Zeit fast nur soweit, als dieselbe mit dem Militärwesen und der Steuerfähigkeit zusammenhängt. Also gerade da, wo kein Salz verzehrt, oder keins versteuert und daher wahrscheinlich viel verzehrt wird, läßt uns die Statistik im Stich. Von den nicht Salz essenden Völkern wissen wir wenig mehr als die genannte Thatsache. Von den viel Salz genießenden Engländern können wir wohl behaupten, daß sie im Ganzen ein kräftiges Volk mit sehr günstiger Lebensdauer sind, aber ob in dieser Beziehung mit der Aufhebung der Salzsteuer (1825) Veränderungen sich bemerklich gemacht haben, kann ich wegen Mangel an Zahlenangaben nicht entscheiden und so bleibt es unbestimmbar, ob ihr physisches Uebergewicht irgendwie mit dem Salzgenuß zusammenhängt. Aus dem Mitgetheilten geht aber soviel hervor, daß es ganz willkürlich ist, wenn man den Bedarf des Menschen an Kochsalz, als Zusatz zu der übrigen Nahrung im Mittel auf 15 Pfund pro Kopf ansetzt; der Bedarf kann nach dem was vorliegt sehr viel geringer, aber auch sehr viel größer angenommen werden. Dabei ist noch hervorzuheben, daß in demselben Volke die wohlhabende Bevölkerung mehr fleischessend, die ärmere dagegen nahebei ausschließlich pflanzenessend ist, daß also beide gar nicht mit demselben Maaße gemessen werden können*). Vorläufig scheint mir der Versuch, solche Zahlen zu verwerthen, bloße Spielerei zu sein.

Salz bei Ernährung der Hausthiere. Ich wende mich nun zu der Ernährung der Hausthiere, bei der wir einer ähnlichen Unzulänglichkeit der Grundlagen gegenüberstehen. Nach den Analysen des Kuhharn durch Brande und des Kuhkothes

---

*) Auf der anderen Seite dürfte man aber auch nicht außer Acht lassen, daß gerade bei dem niederen Volk gesalzene Heringe ein häufiges und allgemeines Nahrungsmittel ist, wodurch ihnen sehr viel Salz zugeführt wird. In einfacheren socialen Verhältnissen macht sich das sehr auffällig sichtbar. So machte man in Danzig im XV. Jahrhundert schon die Bemerkung, daß die Ankunft der holländischen Heringsschiffe, dort sowohl wie in Liev land sogleich ein bedeutendes Fallen der Salzpreise zur Folge hatte [133].

durch Haidlen scheidet die Kuh überhaupt gar kein Natron aus [134]), — folglich braucht sie auch keins aufzunehmen. Daß mit solchen Pfuscher-arbeiten nichts anzufangen ist, versteht sich von selbst. Aber auch nach Boussingault enthält der Kuhharn nur sehr wenig Chlornatrium und doch enthält daneben die Milch nur im Ganzen $1/5$% löslicher Salze, wovon bei weitem der geringste Theil Kochsalz ist [135]). Ein ausgezeichneter Landwirth, ein gediegener Chemiker, ein geübter Experimentator und umsichtiger Beobachter Boussingault ernährte monatelang Rinder mit dem gleichen Futter, drei mit Zusatz von Kochsalz, drei ohne dergleichen. Die genauen Wägungen zeigten, daß der Zusatz von Kochsalz nicht den geringsten Einfluß auf Fleisch-, Fett-Bildung und Milchertrag gehabt hatte. Aber die ohne Kochsalz gefütterten Thiere hatten am Ende des Versuches weniger glänzendes fast struppiges Haar, das zum Theil selbst ausfiel, waren träge und phlegmatisch geworden [136]). Ich halte diesen Versuch keineswegs für genügend, um zu beweisen, daß die Ernährung und Milchbildung beim Rindvieh keinen Kochsalzzusatz zur Nahrung erfordere. Wohl aber zeigt der Versuch, wie schwierig es ist, darüber bestimmte Ansichten zu gewinnen und daß nach der einen wie nach der anderen Seite einzelne Versuche zum Beweise nicht genügen können. Insbesondere sind hier die Angaben der blosen Landwirthe und zumal der deutschen älteren Schule, die sämmtlich von der Monomanie des „Reinertrags" besessen, zu jeder reinen und unbefangenen Naturbeobachtung unfähig waren*), mit dem größten Mißtrauen oder doch mit großer Vorsicht aufzunehmen.

Stellen wir Boussingault einen anderen Beobachter entgegen. Dr. Plouvier in Lille hatte ein junges Pferd, das 465 Kilogr. wog; den gewöhnlichen Futterrationen fügte er 50 Gramm Salz zu

---

*) Sie waren nie im Stande, die naturwissenschaftliche Grundlage ihres Gewerbes von der kaufmännischen Ausbeutung desselben gesondert ins Auge zu fassen. Leben doch noch jetzt viele in dem Aberglauben eines alleinseligmachenden Bewirthschaftungssystemes, so klar ihnen auch von Thünen in seinem isolirten Staat den Unsinn davon aufgedeckt hat.

und binnen 12 Tagen hatte das Pferd 5 Kilogr. an Gewicht zugenommen. Nun gab er statt täglich 10 Litres nur 6 Litres Hafer aber noch 50 Gramm Salz mehr und das Gewicht des Thieres erhielt sich auf gleicher Höhe. Nun wurde dem Pferde bei derselben Nahrung alles Salz entzogen, in Folge dessen dasselbe binnen 8 Tagen um 10 Kilogr. an Gewicht verlor [137]. Ist der Versuch entscheidend? So wie mitgetheilt, ist er vielmehr völlig nichtssagend. Ein Pferd verliert in 24 Stunden an festen und flüssigen Ausleerungen 15,5 Kilogr. Wenn eine Wägung also nach einer vollständigen Ausleerung und eine zweite vor der Ausleerung vorgenommen wird oder umgekehrt, so ergiebt sich ein Spielraum von 31 Kilogr. Eine angebliche Gewichtsabnahme von 5 oder Gewichtszunahme von 10 Kilogr. ist also völlig bedeutungslos.

„Nach Demesnay", fährt dann Schmidt fort, „ist gewiß, daß rationelle Salzfütterung die Mastung fördert, indem sie in gegebener Zeit eine größere Menge zu verfüttern gestattet, durch Beschleunigung der Verdauung, wodurch die Mastung billiger wird; sie verlängert die Milchzeit, die Quantität der Milch wird größer, auch die Qualität besser, sie wird butter= und käse=reicher*). Das Fleisch wird schmackhafter, daher das englische Mastvieh so berühmt ist**); die Kälber von den Kühen werden kräftiger; bei Schafen wird die Wolle elastischer und besser***) und die Vortrefflichkeit der spanischen Wolle soll von den an salzhaltigen (?) Pflanzen reichen Wiesen Spaniens herrühren†)." — An einem anderen Orte heißt es: „Es giebt Gegenden, wo man den Thieren Salz reichen muß, um sie am Leben zu erhalten; z. B. nach Warden starben in den nördlichen Ländern Brasiliens die Hausthiere, wenn man ihnen nicht eine bestimmte Portion Salz oder Salzsand gab; und nach Roulin wurden in Co=

---

*) Im Widerspruch mit Boussingault.
**) England holt bekanntlich seine besten Mastochsen aus Schleswig=Holstein und Oldenburg.
***) Das würde mit Boussingault übereinstimmen.
†) Wie steht's aber mit der noch viel edleren sächsischen Electoralwolle?

lumbien, wenn das Vieh nicht Salz in Pflanzen, in Wasser oder Erde vorfand, die weiblichen Thiere weniger fruchtbar und die Heerde kam schnell herunter[138]). Ich will keinen dieser Punkte als unrichtig bezeichnen, kann aber doch nicht umhin zu bemerken, daß solche auf allgemeine Eindrücke gegründeten Aussprüche so lange in der Wissenschaft keinen Werth beanspruchen können, ehe sie nicht durch vollständige mit aller Umsicht und Vorsicht angestellte Versuchsreihen bewiesen sind. Ich meine gerade ein Nationalökonom vor allem sollte alle seine Aussprüche nur auf ganz sicher gestellte Zahlen bauen. Nach Kerst[139]) kommen in England täglich

auf 1 Pferd oder 1 Ochsen . 11 Loth Salz
" 1 Milchkuh . . . . . 8 " "
" 1 jähriges Kalb . . . 5 " "
" 1 Schaf, Schwein, Ziege 1 " "

Nach Lippowitz[140]) kommen in der Rheinpfalz, nach Desmesnay[141]) in der Schweiz täglich

auf 1 Pferd oder 1 Mastochsen . . . 6—10 Loth Salz
" 1 Ochsen, 1 Kuh, 1 Esel . . . 4— 6 " "
" 1 Ziege, 1 Schaf, 1 Schwein . . $1/2$— $1 1/2$ " "

Nach Settegast[142]) kommen in Deutschland täglich

auf 1 Pferd mittlerer Schwere . . . $1/2$— 1 Loth Salz
" 1 Rind . . . . 1— 2 " "
" 1 Schaf, 1 Schwein . . . . 1— 2 Quentch. Salz.

Diese Zahlen weichen untereinander so ungeheuer ab, daß sie schon dadurch sich selbst als unbrauchbar und sinnlos charakterisiren. Was ist das richtige Maaß? Das läßt sich nur nach dem erlangten Resultat entscheiden. Schmidt sagt: „In England und der Schweiz wird schon seit langer Zeit eine rationelle Salzfütterung des Viehs und zwar mit dem größten Erfolg betrieben." Der größte Erfolg müßte sich zeigen in stärkerer Vermehrung des Viehstandes, in größerer Produktion von Fleisch, Fett, Milch, Butter und Käse, in größerer

Arbeitskraft. Das Alles sind Dinge, die sich in ganz bestimmten Zahlenwerthen ausdrücken lassen und erst, wenn sie diesen Ausdruck erhalten, einen Anspruch auf wissenschaftliche Verwerthung haben. Wo sind die dazu nöthigen Zahlentabellen? Ich kenne keine. Aber nicht genug; der größere Erfolg der englischen und Schweizer Viehzucht zugestanden, so müßte doch noch erst durch sehr genaue einbringende und schwierige Untersuchungen festgestellt werden, daß dieser Erfolg ganz oder doch größtentheils von der stärkeren Salzfütterung und nicht von anderen Einflüssen abhängt. Ich bin nicht Landwirth und doch fallen mir gleich einige wesentliche Verhältnisse ein, die wohl eben so großen Einfluß haben könnten als die Salzfütterung. Es ist der sommerliche Weidegang und der große Futterwerth der Kräuter und Gräser auf den Alpen, die Herbstweide und das üppige Wachsthum von Gras und Klee in dem immer feuchten englischen Inselklima; es ist die hochgetriebene Hautpflege, die der Schweizer und Engländer seinem Vieh angedeihen läßt, von der man in Deutschland in der Masse (bei den Bauern) kaum noch eine Ahnung hat[143]). Professor Blomeyer in Leipzig (nach Schmidt) hält die niedrigen deutschen Sätze für die zweckmäßigsten; weshalb? hat er genügend umfassende und sorgfältige vergleichende Versuche angestellt, oder anstellen lassen, um zu erfahren, was bei stärkerer Salzfütterung herauskommt? Soviel ich weiß, nicht; es ist also leeres für die Wissenschaft unverwerthbares Gerede.

Was ich hier gesagt habe, hat keineswegs den Zweck zu beweisen, daß das Salz nicht zu den wichtigsten Nahrungsmitteln gehört, wovon ich doch selbst fest überzeugt bin, aber die mitgetheilten Thatsachen sind nach zwei Seiten hin unzulänglich: aus ihnen allein ließe sich nicht der Beweis ableiten, daß das Salz ein nothwendiges Nahrungsmittel ist und dies letztere zugegeben, läßt sich aus ihnen nicht ableiten, bis zu welchem Betrag das Salz in den Nahrungsmitteln vertreten sein muß. A. Schmidt giebt eine Tabelle, worin er für die Länder des deutschen Zollvereins, Oestreich, Frankreich und Rußland den faktischen und nach seinen Berechnungen wünschenswerthen Salzconsum einander gegenüberstellt. Ich glaube das Vorstehende hat ge=

zeigt, daß solche Tabellen zur Zeit noch wenig Werth haben können[144]. Wir müssen einen andern Weg einschlagen.

In der Physiologie steht jetzt folgendes fest: Der thierische Körper besteht aus einer bestimmten Anzahl chemischer Elemente, die zu seinem Bestehen nothwendig sind und zwar stehen sie unter einander in einem ganz bestimmten oder in sehr geringe Schwankungen eingeschlossenen quantitativen Verhältniß. In diesem Verhältniß müssen sie alle dem werdenden Körper von außen her zugeführt werden, wenn er sich entwickeln soll, denn der Organismus ist unfähig ein Element zu bilden oder eins in das andere überzuführen. Das Leben des thierischen Körpers besteht in einer ununterbrochenen Thätigkeit des Ganzen und seiner Theile und diese Thätigkeit ist in der Weise an die Elemente gebunden, daß dieselben dabei beständig ihren Ort im Körper verändern, sich aus Verbindungen, in denen sie zu anderen Elementen standen, trennen, um wieder andere Verbindungen einzugehen, mit einem Wort, in einem andauernden höchst verwickelten chemischen Prozeß sich befinden, bis zuletzt dieselben in Verhältnisse oder Verbindungen gerathen, in denen sie nicht mehr den Thätigkeiten des Körpers dienen können und daher von diesem ausgestoßen werden. Dadurch würde der Körper rasch aufgelöst werden, das Leben aufhören müssen, wenn nicht gleichzeitig neue Elemente allein (z. B. Sauerstoff) oder in passenden Verbindungen wieder aufgenommen würden, um die normale Zusammensetzung wieder herzustellen. Das bedingt die Nothwendigkeit der Ernährung. Manche Elemente gehen ihrer Natur nach rasch durch den Körper durch, manche langsam, wonach sich der Ersatz als ein dringenderer oder weniger dringender bestimmt, aber alle ohne Ausnahme gehen in dieser Weise nur durch den Körper durch. Auch die langsamsten Elemente, das Wort sei erlaubt, haben nach wenig Jahren den Körper verlassen und sind durch andere ersetzt worden*). Alle Elemente, die wir als constante

---

*) Beiläufig bemerkt ist die Identität des Bewußtseins, die Ueberzeugung, daß dasselbe Ich vor langen Jahren als Knabe spielte, später als Mann wirkte und jetzt als Greis der Ueberführung in einen anderen Zustand entgegengeht, der unwiderleglichste Gegenbeweis gegen den Materialismus. Wäre unser geistiges Leben eine Function

Theile des Körpers erkannt haben, sind zu seiner Existenz nothwendig, müssen also dem Körper wieder ersetzt werden, so wie er sie ausscheidet. Solche Elemente sind Natrium und Chlor, d. h. Kochsalz und Kochsalz ist also ein nothwendiges Nahrungsmittel. Somit ist die Theorie fertig und unumstößlich gewiß. Aber aus dieser Theorie lassen sich nicht deductiv die einzelnen Erscheinungen der Wirklichkeit entwickeln, sie dient uns nur für unsere weiteren Forschungen als leitender Grundsatz, dem nichts widersprechen darf, ohne gleich als falsch verworfen zu werden, der wir aber die Wirklichkeit nur unterordnen können, indem wir beide durch die langsam wachsende Erfahrung mit einander in Verbindung bringen. Wir sind hier nach zwei Seiten darauf verwiesen in langsam und mühselig zu sammelnder Erfahrung gleichsam die Untersätze für jenen Obersatz zu suchen, um so zu gesicherten Schlüssen zu kommen.

I. Die erste Erfahrungsreihe beginnt mit der leicht zu findenden Thatsache, daß wir lange nicht alle einzelnen Elemente, die unseren Körper bilden, als solche aufnehmen können und dürfen. Von vielen wären die meisten Menschen schon dadurch ausgeschlossen, daß sie sich dieselben als Elemente gar nicht verschaffen könnten, z. B. Calcium, Natrium, Kalium, Chlor, Phosphor. Andere erweisen sich bald als unbrauchbar für den Körper oder geradezu als schädlich, z. B. Kohlenstoff, Wasserstoff, Stickstoff. So kommen wir dazu die Verbindungen aufsuchen zu müssen, in denen die nothwendigen Elemente, allein oder doch am vortheilhaftesten, unserem Körper zugeführt werden können. Für den Thierkörper kommen wir bald dahin, einzusehen, daß nur sehr wenige Elemente allein (Sauerstoff) oder in den einfachen Verbindungen, die wir unorganische nennen (Wasser, Kochsalz) von unserem Körper aufgenommen und zum Ersatz des Verlorenen verwendet werden können; im Uebrigen aber ist der thierische Körper ganz auf die sehr complicirten Verbindungen angewiesen, in den die Elemente sich als Theile der Pflanzen oder Thiere befinden (Stärke-

---

der Materie, so wäre dieses Selbstbewußtsein unmöglich. Die Materie im Greisenkörper könnte nie die Function haben, sich mit etwas zu identificiren, was sie nicht ist und nie gewesen ist.

mehl, Eiweiß, Fett, Blätter, Früchte, Fleisch u. s. w.). Hier scheint nun die Erfahrung in Bezug auf unseren speziellen Gegenstand dafür entschieden zu haben, daß Natrium und Chlor nur dann ihrer Aufgabe im Thierkörper genügen können, wenn sie sich vorher bereits zu Chlornatrium (Kochsalz) vereinigt haben, mag übrigens das Kochsalz als in pflanzlichen oder thierischen Stoffen schon enthalten, oder gesondert zugesetzt aufgenommen werden. Doch sind wir noch nicht soweit gekommen, daß wir mit Sicherheit behaupten dürften, es sei unmöglich, den Körper durch kohlensaure und andere Natronsalze und Chlorsalze (Chlorkalium, salzsaurer Kalk) mit dem nöthigen Natrium und Chlor zu versehen. Jedenfalls ist Kochsalz das nächstliegende, sicherste und am leichtesten zu beschaffende Material.

II. Der zweite Punkt ist noch wichtiger für unsere Betrachtung des Salzes. Es ist gewiß, daß die den Körper bildenden Elemente in demselben, wenn er normal bestehen soll, in einem ganz bestimmten relativen Verhältniß zu einander stehen müssen, aber die absolute Menge derselben ist dadurch nicht gegeben. Es gibt sogenannte (relativ) gesunde Körper, die schlecht ernährt sind, und solche, die gut ernährt sind. Die letzteren zeigen in Verhältniß zu den ersteren eine größere Arbeitskraft, größere Leistungsfähigkeit. Wir können diese durch bessere Ernährung, d. h. durch Zuführung besser gewählter Nahrungsmittel, in größerer Menge herbeiführen. Hier wirft sich denn die Frage nach der Zweckmäßigkeit der größten Nahrungsmenge im allgemeinen, sowie der einzelnen Nahrungsmittel auf. In beiden Beziehungen zeigt uns eine tägliche leicht zu machende Erfahrung, daß es nach oben und unten Grenzen giebt, die nicht überschritten werden dürfen, wenn der Mensch nicht aufhören soll, seinem Begriffe zu entsprechen. Ein mit guten Nahrungsmitteln reichlich ernährter Mensch wird alle seine Aufgaben als Mensch besser lösen können als ein anderer*). Wer aber die möglichst reiche Ernährung mit den besten Stoffen zum Hauptzweck seines

---

*) „Der Mann, der recht zu wirken denkt,
„Muß auf das beste Werkzeug halten." Goethe.

Lebens macht, wird ein Thier. Ebenso ist es im Einzelnen. Stärkemehlhaltige Substanzen sind ein gutes, ja nothwendiges Nahrungsmittel, aber wer fast ausschließlich Reis oder Kartoffeln genießt, wird ein für die höheren Aufgaben der Menschheit unfähiger, unvermeidlich von energischeren Menschen beherrschter Siamese oder Haidebauer. Fleisch ist ein unentbehrlicher Bestandtheil für die gesunde Entwicklung des Menschen; wer aber nur von Fleisch lebt, wird ein uncivilisirbarer Gaucho. Das gilt aber von allen einzelnen Substanzen, die Nahrungsmittel des Menschen sein können und die Auffindung der richtigen absoluten und relativen Mengen der einzelnen, um die vollkommenste Ernährung zu erzielen, kann nur das Resultat einer sehr langen Reihe der äußerst schwierig zu sammelnden, äußerst schwierig zu beurtheilenden und zu verwerthenden Erfahrungen sein.

Unter diesen und nur unter diesen Gesichtspunkten müssen wir die einzelnen Thatsachen der Erfahrung, wie sie sich uns nach und nach darbieten, auffassen und beurtheilen, wie ich das eben bei den Angaben über Salzverbrauch für die Ernährung des Menschen und die Fütterung des Viehs gethan habe. Entweder steht die Viehzucht in England wirklich so hoch über der deutschen und ist in der That namentlich der reicheren Salzfütterung zuzuschreiben, dann ist Prof. Blomeyer's Ausspruch kindisches Geschwätz, aber keine Wissenschaft*), oder es steht die englische Viehzucht nicht höher als die deutsche und ihr Vorzug, wenn er besteht, ist von anderen Verhältnissen als von der Salzfütterung abzuleiten, dann ist es lächerlich den angeblich hohen Stand der Viehzucht mit dem Salz in Verbindung zu setzen. Ich dächte Que-

---

*) Ich vermuthe allerdings, daß die Ansicht des Professor Blomeyer, vollständig ausgesprochen, ganz vernünftig ist und etwa so lauten würde: „Es kann sein, daß eine stärkere Salzfütterung für die Ernährung und sonstige Entwicklung des Viehes vortheilhaft sein möchte, aber unter den gegebenen Verhältnissen, klimatischen und staatlichen, bei unseren Bodenverhältnissen, unseren Marktbedürfnissen, bei dem bestehenden hohen Salzpreise würde der durch größere Salzfütterung erzielte Mehrertrag nicht in dem richtigen Verhältniß zu den erhöhten Produktionskosten stehen und deshalb würde stärkere Salzfütterung unzweckmäßig sein! Es ist dann aber auch sogleich klar, daß das in gar keiner Beziehung zu der besseren Zucht und Ernährung des Viehstandes steht.

telet, der Begründer der wissenschaftlichen Statistik, hätte zur Genüge nachgewiesen, wie unsicher der Schluß aus zwei combinirten Zahlenreihen ist, wenn man nicht gleichzeitig alle anderen möglicherweise in Frage kommenden Verhältnisse mit in Rechnung bringt. Bei jeder anderen Verfahrungsweise werden nur Irrthümer stereotypirt. Im Verlauf dieser Arbeit sind schon einzelne Erfahrungen in größerer Anzahl vorgeführt, die zusammengenommen die Nothwendigkeit eines reichlichen Salzgenusses für eine gesunde Entwicklung des thierischen Körpers erweisen, und es werden auch in folgendem noch manche der Art vorkommen. Sie reichen aber nicht aus, quantitativ festzustellen, bis zu welcher Grenze der Salzgenuß ein nothwendiger ist, wo er anfängt, ein angenehmer Luxus zu werden und wo er gar in sein Gegentheil umschlägt und schädliche Einwirkungen hervorruft, die durch andere Einwirkungen ausgeglichen werden müssen.

Schließlich ist hier noch an eine Bedeutung des Salzes für die Viehzucht zu erinnern. Die Erfahrung scheint dafür zu sprechen, daß reichlicher Salzgenuß die Thiere vor Krankheiten bewahrt. Ausgesprochen finden wir diese Beobachtung schon 350 Jahre vor unserer Zeitrechnung bei den Arbiäern in Illyrien, welche durch Salzfütterung ihr Vieh vor Seuchen zu bewahren glaubten. In England sollen die Viehseuchen seit Aufhebung der Salzsteuer nach einigen Angaben sehr bedeutend nachgelassen haben*). In Frankreich will man beobachtet haben, daß von auf denselben Weiden ernährten Schafen 50% starben, aber nur 1%, wenn die Thiere gleichzeitig Salz erhielten[145]. Indessen sind auch diese Angaben alle viel zu allgemein und zu oberflächlich (da sie auch nicht einmal andeuten, wie hier das Salz wirkt), um dieselben wissenschaftlich verwerthen zu können. Wir bleiben also hier vor einer großen Menge noch unbeantworteter Fragen stehen.

---

*) Nach den neuesten Mittheilungen des Board of Trade erscheint aber diese Angabe doch sehr zweifelhaft. Es erkrankten in den Jahren 1870 und 1871 an Seuchen 909,389 Stück Rindvieh, 291,067 Stück Schafe, 93,338 Stück Schweine, von denen ein beträchtlicher Prozentsatz starb [145].

II. Das Salz unter dem Einflusse der modernen Kultur.

Gesalzenes Futter und Salzdüngung. Nicht immer und nothwendig wird übrigens das Futtersalz für sich besonders gegeben, es wird vielmehr häufig und wie man sagt mit großem Nutzen auch mit minder gutem Futter z. B. nicht ganz lufttrocken eingebrachten Heues oder hartstengliger Pflanzen, so wie zu saftiger Blätter, z. B. von Runkelrüben, vermengt, dasselbe wird zur Verbesserung eingesalzen. Schon die Israeliten scheinen dies Verfahren gekannt zu haben, denn so möchte ich die Stelle im Jesaias deuten, wo er von „gesalzenem" Futter spricht[147]). Die Besitzer größerer Jagden wenden die absichtliche Salzfütterung auch auf das jagdbare Wild an, indem sie in den betreffenden Revieren sogenannte „Salzlecken" oder „Sulzen" anlegen, zu welchem Zwecke man in besonderen Rahmen von ungeschälten Stämmen ein Gemenge von $^{1}/_{2}$ Scheffel Salz mit 2—3 Scheffel reinem Lehm ausbreitet[148]).

Gleichsam als Verbindungsglied des so eben besprochenen mit dem Folgenden erwähne ich hier einer eigenthümlichen Erscheinung, wodurch sich die Nordseeküsten des deutschen Reiches auszeichnen, die sogenannten „Queller- (dialectisch auch Weller- oder Heller-)wiesen". Das ganze Küstenland ist gegen die hohen Fluthen eingedeicht, aber außerhalb der Deiche bleibt immer ein größerer oder kleinerer niedriger Landstrich, der sich begrast, die sogenannten „Butenwischen", Außenwiesen. Dieses Land, nicht selten vom Meere überströmt und bei starken Winden fast immer vom Sprühwasser getränkt nährt eine eigenthümliche Vegetation von Salzpflanzen, worunter besonders Plantago maritima L., Triglochin maritimum L., Glyceria maritima M. u. K., Artemisia maritima, Atriplex litoralis L., und auch wohl Salicornia herbacea L. und Aster tripolium L. zu nennen sind, die mit einigen anderen Gräsern und Kräutern einen zwar nicht sehr hohen, aber sehr dichten Rasen (Queller) bilden[149]). Diese Wiesen sind es, auf denen die dürren jütischen Ochsen in einem Sommer so gemästet werden, daß sie das Material zu dem berühmten Hamburger Rauchfleisch und dem köstlichen englischen Lendenbraten (Sir loin of beef) liefern können, weshalb sie auch „Fettweiden" genannt werden. Hier scheint sich eine doppelte Wirkung des Salzes geltend zu machen, indem einestheils die

Salzdüngung des Bodens die Entwicklung einer eigenthümlichen dichten und nahrhaften Vegetation hervorruft, anderntheils die unvermeidliche Salzfütterung (bei jedem starken Winde und Wellenschlag schmecken die Pflanzen von der Sprühe salzig) eine außerordentlich kräftige Ernährung fördert. Aehnliche Erscheinungen wenigstens in Bezug auf die Vegetation zeigen häufig die Umgebungen der Salzquellen, ja selbst die Nähe großer Gradirwerke, aus denen Spritzwasser und Wind dem benachbarten Boden Salzwasser zuführen [150]).

Nicht diese Beobachtung, sondern die sich verbreitenden Ansichten über die Bedeutung der Mineraldüngung führten auch zur Anwendung des Kochsalzes als Düngungsmittel, obwohl man schon früher einzelne dahin weisende Beobachtungen findet [151]). Es ist nicht in Abrede zu stellen, daß dadurch sehr oft bedeutende Resultate erzielt sind und besonders in England macht man vielfach Gebrauch davon. Auch in der Bretagne wird diese Düngung schon seit mehr als einem Jahrhundert angewendet. In Deutschland wendet man meist das sogenannte Abraumsalz z. B. aus Staßfurth an, was freilich hier gar nicht in Betracht kommen kann, da es ein Gemisch sehr verschiedener Salze, besonders Kalisalze u. s. w. mit sehr wenig Kochsalz ist. Nach Liebig steht das Kochsalz keineswegs auf gleicher Stufe mit denjenigen Mineralbestandtheilen, die der Pflanze, als zu ihrer Ernährung erforderlich, nothwendig zugeführt werden müssen, sondern es wirkt nur auf die Zersetzung und Umwandlung der Bestandtheile und macht dieselben, z. B. die Phosphorsäure den Pflanzen leichter zugänglich [152]). Auch die Entfernung des Mooses auf den Wiesen, wofür man es empfohlen hat, kann nicht auf Rechnung des Kochsalzes kommen, denn Kalisalze wirken genau dasselbe. Alle Alkalien sind den Moosen feindlich [153]).

Nachdem ich hier einen Ueberblick über die Bedeutung des Salzes für Ernährung der Menschen, der Thiere und Verbesserung des Kulturbodens gegeben, erübrigt es noch, seine Anwendung in den Gewerben und der Großindustrie ins Auge zu fassen. Ehe ich dazu übergehe, will ich gleichsam als Einleitung die Gewinnungsweisen des Salzes

II. Das Salz unter dem Einflusse der modernen Kultur.

noch einmal etwas genauer vorführen. Ich beabsichtige hier keine Salinenkunde, wofür wir eigne, größere Werke zur Genüge besitzen, so namentlich den zweiten Band des oft angeführten Buches von Karsten. Nur die Hauptpunkte will ich berühren für das allgemeine Verständniß, so wie für das mancher Ausdrücke, die schon in dieser Arbeit vorgekommen sind.

Darstellung des Salzes. Die Darstellung des Salzes zum Gebrauch hat zwei Hauptformen, entweder wird das gebrochne Steinsalz ohne weiteres zu feinerem oder gröberem Pulver zerstampft oder man gewinnt das in Wasser aufgelöste Salz durch Abdampfen und Auskrystallisiren. Die erste Weise setzt natürlich Steinsalzlager voraus und das Produkt ist nach der Natur des Steinsalzes mehr oder weniger rein, nach der Art des Stampfens mehr oder weniger fein und danach bestimmt sich seine Anwendung zu verschiedenen Zwecken.

Umständlicher ist die zweite Art der Darstellung aus aufgelöstem Salze, aus sogenannten Soolen (den Salzquellen) oder aus dem Meerwasser, also natürlichen Auflösungen oder endlich aus künstlichen Auflösungen wie die Soolen der Sinkwerke (S. 145 f.) oder Wiederauflösungen von Stein- und Seesalz, um durch die Krystallisation und Scheidung von der Mutterlauge ein reineres Salz zu gewinnen. Die Soolen, wie die Natur sie darbietet, sind nur selten so concentrirt, daß man sie ohne weiteres abdampfen könnte, weil noch seltner das Brennmaterial (wie in Hampshire die Steinkohle) so werthlos ist, daß das gewonnene Salz die Herstellungskosten bezahlt machen würde. Man concentrirt die Soole deshalb vorher bis zu dem Grade, daß sie siedewürdig ist, was man „Anreichern" (d. h. reicher machen) der Soole nennt. Dies geschieht auf zweierlei Weise, indem man entweder Stein- oder Meersalz in der gegebenen Soole bis zu dem gewünschten Grade der Stärke auflöst, oder dadurch, daß man einen Theil des Wassers an der Luft (ohne künstliche Wärme) verdunsten läßt, was man als „Gradiren" der Soole bezeichnet. Im Durchschnitt heißt eine Soole siedewürdig, wenn sie in 100 Gewichtstheilen 16 Theile Salz enthält, d. h. „sechzehnlöthig", ist. Das Gradiren geschah ursprünglich so, daß man die Soole mit Schaufeln auf Strohbunde warf und davon abtropfen ließ. Die Gradirhäuser hat ein Arzt zu Langensalza, Matth. Meth, 1599 erfunden[154]. Jetzt geschieht das Gradiren sehr allgemein auf sogen. Gradirwerken. Das sind lange Wände, die aus geschichtetem Dornenreißig aufgebaut werden. Die Soole wird in eine oben über dem Reißig weglaufende Rinne gepumpt, aus welcher sie auf die Dornen herabtröpfelt. Durch die Vertheilung auf den Zweigen und durch das Tröpfeln bietet sie der Luft eine große Fläche dar, von der das Wasser verdunsten kann, was von Trockenheit, Wärme und Bewegung der Atmosphäre abhängt. Bei feuchtem, kühlem, stillem Wetter verdunstet zuweilen gar nichts. Je nach dem ursprünglichen Concentrationsgrade der Soole und den begünstigenden äußeren Umständen muß die Flüssigkeit wiederholt hinaufgepumpt werden, bis der Zweck erreicht ist. Unten sammelt sich die Soole in einem großen hölzernen Kasten, dem „Salzschiff" und wird von hier, wenn sie genügend gradirt ist, in die Siedehäuser, „Salzkotten", gepumpt. Den Concentrationsgrad der Soole kann man auf verschiedene Weise bestimmen, gewöhnlich mißt man nur durch irgend einen Areometer das specifische Gewicht, nach welchem der Concentrationsgrad berechnet wird. Um den Salinenleuten die Berechnung des Salzgehaltes aus dem specifischen Gewicht zu ersparen, hat man Areometer construirt, die (wenn auch nur annähernd richtig) sogleich den Salzgehalt angeben, man nennt sie „Salzspindeln". Als einfachstes Areometer gebrauchte man schon in ältesten Zeiten sehr häufig, und auch wohl noch jetzt an einigen Orten, z. B. in Ulverstone in Lancashire, ein rohes Ei; wenn dasselbe auf der Soole schwamm, so war sie siedewürdig[155].

Das Abdampfen der Soole geschieht in flachen Siedepfannen von Eisen. Anfänglich erhält man die Flüssigkeit im Sieden und läßt immer frische Soole nachfließen, bis sich auf der Oberfläche ein dünnes aus kleinen Salzkrystallen gebildetes Häutchen zeigt. Dann wird dieser Prozeß, der das „Stören" genannt wird, unterbrochen und der Zufluß wird abgestellt. Nun läßt man bei mäßigerer Hitze das Salz auskrystallisiren, welches sich dabei am Boden der Pfanne ansammelt, bis die Flüssigkeit zum größten Theil verdampft ist. Dieser Theil der Operation heißt das „Soggen". Will man feines Salz haben, so unterhält man das Wasser in gelindem Sieden, will man grobkörniges Salz, so erniedrigt man die Temperatur. Ist nur noch wenig Flüssigkeit („Mutterlauge") vorhanden, so schaufelt man das gewonnene Salz aus, läßt es auf Brettern abtröpfeln (die abtröpfelnde Flüssigkeit fließt wieder in die Pfanne) und füllt dann die Siebepfanne aufs neue mit Soole [156].

Dornstein und Hallerde. Schon durch die Herstellung des Siedesalzes verknüpft sich die Salzproduktion mit der Industrie, denn auch die Nebenprodukte bei der Darstellung selbst sind heut zu Tage nicht mehr ein werthloses Material, das man wegwerfen könnte. Der ganze Prozeß der Darstellung des Kochsalzes aus der Soole verfolgt nämlich zwei Zwecke: einmal das Kochsalz in fester Form zu gewinnen und zweitens dasselbe von den beigemengten Salzen zu trennen, die sich unter anderen Bedingungen als das Kochsalz aus der Flüssigkeit ausscheiden. Jede Soole enthält Gyps und dieser Bestandtheil als der am schwersten lösliche scheidet sich zum großen Theil schon beim Grabiren aus, indem er an den Zweigen des Reißigs krystallisirend sich ansetzt und so den sogenannten „Dornstein" bildet, der nach und nach die Zweige mit einer Kruste überzieht. Derselbe besteht hauptsächlich aus Gyps mit etwas kohlensaurem Kalke und schließt stets einen geringen Antheil von Kochsalz ein. So dient er gepulvert für manche Gewächse, namentlich für Kohlpflanzen und Hülsenfrüchte und zwar besonders auf gewissen Bodenarten wegen seines Kalk- und Schwefelgehalts als ein vortheilhaftes Düngemittel [157]. Ganz scheidet sich bei schwächeren Soolen der Gyps auf dem Gradirwerk nicht aus, den Rest erhält man dann beim Sieden als den sich zuerst am Boden der Siebepfannen absetzenden „Pfannenstein"*), der noch reicher an Kochsalz zu sein pflegt und ähnlich wie der Dornstein verwerthet wird.

---

*) Dorn- und Pfannenstein heißen im Würtembergischen „Hallerde".

Die Mutterlauge. Das Einsalzen.

Auch die Mutterlauge wird häufig noch in Fabriken zur Gewinnung der darin vorhandenen leicht löslichen Salze benutzt. Namentlich wird aus Mutterlauge und Pfannenstein das oft in Menge darin enthaltene schwefelsaure Natron (Glaubersalz) dargestellt. Die größte fabrikmäßige Verwendung findet aber das Kochsalz selbst, noch außer seinem Verbrauch in der Ernährung der Menschen, der Thiere und der Düngung des Ackers. *Die Mutterlauge.*

Hier ist nun zuerst seine Benutzung zum Einsalzen von Butter, Käse, Fleisch, Fisch u. s. w. zu erwähnen, die zwar auch in der privaten Hausindustrie, aber in neuerer Zeit immer häufiger im Großen in fabrikähnlichen Anstalten geschieht. Wie alt der Gebrauch des Einsalzens ist, wurde schon im ersten Theil dieser Arbeit (S. 85 ff.) besprochen. Die Verwerthung der Milch unserer Hausthiere geschieht im Ganzen (Selbstconsumtion und die Nähe größerer Städte abgerechnet) nur in den beiden Formen von Butter und Käse. Beide bedürfen zu ihrer längeren Erhaltung des Salzzusatzes. Gerade in dieser Verwendung des Salzes macht sich nun ein großer Unterschied in dem Werth der verschiedenen Sorten des Salzes bemerkbar, der schon, wie früher angeführt wurde, den Alten bekannt war. Zum großen Theil beruht das wohl auf der verschiedenen Natur der einzusalzenden Stoffe. Die Thatsache, daß der Salzzusatz die fraglichen Substanzen conservirt, steht zwar unerschütterlich fest, aber keineswegs die Art und Weise seiner Wirkung. Bei Fleisch und Fisch scheint der Erfolg dafür zu sprechen, daß die conservirende Eigenschaft wesentlich in der Wasserentziehung liegt. Das Wasser selbst verliert dann als concentrirte Salzlösung (Salzlake) seine Fäulniß hervorrufende Eigenschaft [158]. Diese Erklärung findet aber auf die wasserleere Butter keine Anwendung und das Salz muß hier dahin wirken, die Zersetzung des Fettes zu den verschiedenen Fettsäuren (das Ranzigwerden) zu verhüten. Erfahrungsmäßig steht nach Versuchen, die in Kopenhagen im Großen angestellt sind, fest, daß ganz reines Kochsalz die Butter nicht schützt, wohl aber, wenn dasselbe etwa 2 % (zerfließliches) Chlorcalcium enthält. Daneben ist das ganz feine Siedesalz unbedingt den gröberen Salzsorten vorzuziehen. So *Das Einsalzen.*

beruht der Vorzug der Holstein'schen Dauerbutter auf der Benutzung des feinen Lüneburger Salzes [159] und die irländische Butter, die nur mit dem fein raffinirten holländischen Salz bereitet ist, wird vorgezogen, da das Liverpooler Sudsalz sich als unbrauchbar erweist. Den Vorzug der holländischen Heringe schreibt man allgemein der Benutzung des sehr groben Meersalzes von St. Ubes zu und die gesalzenen Heringe der Ostsee sollen sich gebessert haben, seit man das gröblich gestoßene Steinsalz von Staßfurth anwendet [160]. „Heringe in schottisches Salz gelegt verderben sehr bald; der norwegische Hering mit französischem Salze in Tonnen von Fichten- oder Tannenholz eingesalzen wird säuerlich- und schlecht-schmeckend" [161]. Die Mengen der jährlich eingesalzenen Fische: Thunfisch, Sardelle, Hering, Stockfisch u. s. w., ist ganz ungeheuer, gewiß Tausende von Milliarden übertreffend, aber quantitativ zur Zeit nicht zu bestimmen und deshalb lassen sich für das dabei gebrauchte Salz auch keine Zahlen angeben (vgl. S. 49 für die Heringe). Nicht minder großartig muß das Einsalzen des Fleisches betrieben werden, da hiervon zur Zeit noch die Ernährung der Schiffsmannschaften wesentlich abhängt. Auch hier sind aber allgemeine Zahlenangaben noch unmöglich. Als Anhaltspunkt mag hier der nordamerikanische Handel mit Schweinefleisch angeführt werden. So wurden 1850 fast ganz für die Ausfuhr, im westlichen Nordamerika 1,871,330 Schweine geschlachtet, gesalzen und geräuchert; besonders zeichnet sich in dieser Hinsicht Cincinnati aus, das davon scherzhaft wohl Porkopolis (Schweinestadt) genannt wird. In einem Etablissement giebt es Rauchkammern, in denen 400,000 Pfund Schinken auf einmal geräuchert werden können [162].

Gewerbe, die Salz bedürfen. Einen außerordentlich großen Antheil hat das Kochsalz an der Entwicklung der Industrie und des Gewerbes im bestimmteren Sinne der Wörter. Den besten Einblick darin gewinnt man, wenn man sich die große Anzahl der Gewerbe vorführt, denen vertragsmäßig im deutschen Zollverein das Salz abgabenfrei überlassen wird. Das Verzeichniß für das Jahr 1867 nennt folgende:

1. Soda- und Glaubersalzfabriken,
2. Chemische Fabriken,
3. Seifenfabriken,
4. Glashütten und Glasfabriken,
5. Lederfabriken, Gerber, Häutehändler,
6. Farbefabrikanten und Färber,
7. Steinzeug-, Ofenfabriken, Töpfer,
8. Viehsalzlecksteinfabriken,
9. Feilenfabriken,
10. Eisenhütten,
11. Kürschner,
12. Papierfabriken,
13. Eisen- und Stahlfabriken,
14. Düngerfabriken,
15. Conditoreien,
16. Kunstwollenfabriken,
17. Darmsaitenfabriken,
18. Schiffbauer,
19. Oelfabriken,
20. Tuchfabriken,
21. Amidonfabriken,
22. Zinkhütten,
23. Handschuhfabriken,
24. Darmhändler,
25. Maschinenfabriken,
26. Seiler,
27. Gelbgießer,
28. Cementfabriken,
29. Schnellbleicher.

Den größten Bedarf haben hiervon ohne Frage die drei ersten, wie aus folgenden Zahlen erhellt. 1872 wurden

617,239 Centner wasserfreie Soda und
7,110,857   „   Glaubersalz producirt[162].

Man gewinnt die Soda hauptsächlich so, daß man Kochsalz durch concentrirte Schwefelsäure zersetzt, wobei schwefelsaures Natron und als werthvolles Nebenprodukt Salzsäure gewonnen wird, die wiederum zur Herstellung von Chlorkalk (Bleichkalk) dient und bei der Fabrikation von Zucker, Knochenleim und auch sonst noch in Anwendung kommt. Das schwefelsaure Natron wird dann mit kohlensaurem Kalk und Steinkohle gemischt im Flammenofen zersetzt; die geschmolzene Masse wird ausgelaugt, verdampft (calcinirte Soda), diese wird abermals aufgelöst und abgedampft, woraus man die krystallisirte Soda des Handels gewinnt. Diese Darstellung der Soda wurde 1789 von Leblanc eingeführt, jetzt wendet man aber fast noch häufiger die Methode von Schlößing (ober richtiger von Dyar und Hemmings) an, nach welcher Kochsalz unmittelbar durch doppelt kohlensaures Ammoniak in kohlensaures Natron und Salmiak umgesetzt wird [164]. Ursprünglich kannte man die Soda nur als Naturprodukt aus den sogenannten Natronseen (als anderthalb kohlensaures Natron), besonders in Aegypten im Westen des Delta, in Fezzan (diese Soda heißt im Handel »Trona«), in Ungarn bei Debreczin u. s. w. Dann bereitete man auch aus der Asche von Strandpflanzen eine unreine Soda, die in Alexandria den Namen »Rochetta« führt. Die Saracenen führten die Bereitung der Soda aus Strandpflanzen in Spanien ein, sie nannten die hauptsächliche Pflanze Kali (mit dem arabischen Artikel al kali, daher das Wort „Alkalien"). Es war Salsola soda L., die zu diesem Zwecke auch auf großen vom Meere abgedämmten Feldern angebaut und dann verascht wurde; die (zusammengesinterte) Asche nannte man barilla, wie sie noch jetzt im Handel heißt. Besonders geschätzt war die Barilla von Alicante, die 14 bis 20 % kohlensaures Natron enthält. Aber auch nach den Balearen, Italien u. s. w. verbreitete sich diese Industrie. Noch 1834 führte England über 230,000 Centner Barilla ein. Im südlichen Frankreich stellte man Soda in ähnlicher Weise, unter dem Namen salicor, her aus der Asche von Salicornia herbacea L. und eine geringere Sorte unter dem Namen blanquette aus Salicornia europaea Gouan, Salsola varec? u. a. (mit nur 4 %

Sodagehalt). Diese armen Sorten haben wegen ihres großen Kochsalzgehaltes in Frankreich großen Werth für die Seifenfabrikanten. Im nördlichen Frankreich erhielt man eine ähnliche rohe Soda durch das Veraschen von Seetang unter dem Namen »varec«. In noch größerem Umfang aber wurde diese Industrie getrieben an den Westküsten von Schottland, Irland und den westlichen Inseln. Hier führte die Asche aus Tang den Namen Kelp; sie enthielt etwa 5 % Soda. Die Aufhebung der Salzsteuer in England und die Einführung der künstlichen Sodafabrikation hat die Industrie der Kelpgewinnung fast gänzlich vernichtet und die Einfuhr von Barilla war 1841 schon auf wenig mehr als 47,000 Centner gesunken[165]).

Wenn wir nun die weitere Verwendung der Soda verfolgen, tritt uns zunächst Liebig's Werthmesser der Kultur, die Seife, entgegen. Die Fette und fetten Oele sind Zusammensetzungen von Fettsäuren (Stearin-, Margarin-, Elain-säure) und einer süßlichen Substanz, dem Glycerin (den Damen von ihrer Toilette bekannt). Es sind Gemenge von fettsauren Glycerinsalzen und alle im Wasser unlöslich. Die Seifenbildung besteht wesentlich darin diese Glycerinsalze in fettsaure Alkalien umzuwandeln. Die Alkalien für sich allein sind ätzend, lösen viele organische Substanzen auf, zerstören sie zum Theil und greifen selbst lebendige Theile z. B. die Haut an. Die auflösende Eigenschaft behalten sie, die ätzend zerstörende verlieren sie aber, wenn sie durch ihre Verbindung mit Fettsäuren gleichsam gesänftigt werden; darin liegt der unersetzliche Vortheil der Seife als Reinigungsmittel. Früher stellte man sie allgemein so dar, daß man die Fette mit Potasche (kohlensaurem Kali) kochte („verseifte"). Die so erhaltene schmierige Flüssigkeit („Seifenleim"), die man auch als „Schmierseife, schwarze, grüne oder weiche Seife, Scheuerseife" zu gröberen Zwecken verwendet und noch jetzt dazu besonders aus Hanföl und Thran darstellt, ist für die bessere (Wasch-)Seife nur eine Uebergangsstufe. Das fettsaure Kali wird durch Zusatz von Kochsalz (durch „das Aussalzen") in fettsaures Natron und Chlorkaliumlauge umgewandelt und jenes in der Lauge so gut wie unauflöslich, scheidet sich auf der Oberfläche der Mutterlauge aus, wird abgehoben, in schwacher Lauge wieder aufgelöst und dann noch einmal ausgesalzen, wodurch man dann die reine, feste „Kernseife" erhält. Aus dieser werden weiter durch mancherlei Zusätze, Farben, Wohlgerüche u. s. w. die mannigfaltigen „Toilettseifen" dargestellt. Seit die Potasche (Holzasche) immer theurer geworden, dagegen die Soda in Folge der künstlichen Darstellung derselben aus Kochsalz so sehr billig geworden ist, so braucht man jetzt sehr vielfach besonders in Frankreich und England zur ersten Darstellung des Seifenleims eine Natronlauge. Man überschüttet gelöschten Aetzkalk in einem Kübel von Tannenholz (dem „Aescher") mit aufgelöster Soda, von dieser tritt die Kohlensäure an den Aetzkalk und man erhält so eine Natronätzlauge, die zum Verseifen dient. Der weitere Prozeß der Seifendarstellung bleibt dann eben derselbe [166].

Glasfabrikation. Die zweite Anwendung der Soda im Großen läßt uns vielleicht noch mehr die Unentbehrlichkeit dieses Stoffes erkennen, wenn wir uns in unserer Häuslichkeit umsehen. In der gemäßigten und kalten Zone können wir uns kaum noch eine erträgliche Wohnung denken ohne Fenster, also ohne Glas, obwohl es allerdings eine Zeit gegeben hat, wo sich die Menschen ohne dergleichen behelfen mußten. Dazu kommen Flaschen, Gläser und Spiegel, die wir jetzt wohl selbst in der kleinsten Hütte antreffen, die durch Größe, Form und Farbe ausgezeichnet, einen großen Antheil an dem Luxus der Reicheren behaupten. Auch das Glas ist eigentlich ein Salz, in welchem die Kieselerde die Stelle der Säure vertritt. Sie giebt mit Natron, Kali, Kalk oder selbst Blei verbunden Verbindungen, die geschmolzen und beim Abkühlen erstarrt eine mehr oder weniger farblose, durchsichtige, harte Substanz darstellen. Da diese Substanz („Glas"), wenn noch im Uebergang vom Schmelzen zum Erstarren begriffen sich leicht formen läßt, so kann sie zu den mannigfachsten Zwecken verwerthet werden. Die Kieselerde für sich ist in der stärksten Ofenhitze unschmelzbar, schmilzt aber leicht mit Oxyden, besonders mit den Alkalien, zusammen. Als Kieselerde benutzt man allgemein feinen, reinen (Quarz-) Sand. Als alkalisches Schmelzmittel dient zum Theil Kali, zum Theil Natron, letzteres entweder als Soda oder der Billigkeit wegen als Glaubersalz. Die reinen Natrongläser sind eigentlich die besten und dauerhaftesten; dazu gehören „Fensterglas", „Spiegelglas" und einige Sorten „Bouteillenglas", die alle drei auch noch Kalk enthalten; „Böhmisches Glas", „Kronglas", „Krystallglas", „Flintglas" enthalten statt Natron nur Kali, die beiden letzten auch noch Bleioxyd. Die grünliche Farbe der geringeren Glasarten rührt von einer Verunreinigung durch Eisenoxydul her. Das Glas muß rasch abkühlen, weil es sonst sich in eigenthümlicher Weise im Inneren zersetzt und milchweiß wird (sogenanntes „Réaumur'sches Porzellan"). Das Glas ist um so brauchbarer, je geringer die Menge des Alkali in der Mischung ist. Wenn dieselbe bis zu einer gewissen Grenze steigt, wird das Glas schon durch öftere Berührung mit kochendem Wasser angegriffen. Bei einem noch größeren Zusatz von Natron oder Kali entsteht sogenanntes „Wasserglas", d. h. ein Glasfluß, der in heißem Wasser leicht auflöslich ist und eine große Verwendung in der Technik findet. Es dient als wetterfester Anstrich für Mauern und Kalkbewurf, Sandstein und Gypsarbeiten; es bildet einen Ueberzug über Holz und andere brennbare Gegenstände, durch welchen die Feuergefahr verringert wird, indem die Gegenstände unfähig gemacht werden, mit Flamme zu brennen. Schließlich dient das Wasserglas auch dazu, Alfrescomalereien zu fixiren, so sind z. B. die Kaulbach'schen Bilder im Treppenhaus des Berliner Museums gegen Beschädigungen geschützt worden [167].

Salzsäure u. Bleichprozeß. Kochsalz besteht aus zwei Elementen, Natrium und Chlor. Das erste haben wir beim Prozeß der Sodabildung verfolgt, das zweite wird als Nebenprodukt in der Form von Salzsäure gewonnen und findet dann ebenfalls eine weite Verwerthung. Es ist nämlich das Chlor selbst, welches eine wichtige Rolle in der Industrie als bleichende, aber auch als desinficirende, immer als zersetzende Substanz für eine große Reihe organischer Stoffe spielt. Das gewöhnliche Bleichen ist ein sehr langsamer Prozeß. Unter Mitwirkung von Feuchtigkeit, (Sonnen-) Licht und Wärme verbindet sich der Sauerstoff der Luft mit dem Wasserstoff (und Kohlenstoff?) der organischen Substanz, zerstört (verbrennt sie so theilweise und macht sie im Wasser auflöslich; am leichtesten werden die färbenden Substanzen der Leinwand u. s. w. angegriffen und diese wird dadurch von den färbenden Stoffen befreit. Es ist, chemisch genommen, ein beginnender Verwesungsprozeß. Das Chlor wirkt nun in derselben Weise, aber sehr schnell. Indem es der organischen Substanz Wasserstoff entzieht, um sich mit demselben zu Salzsäure zu verbinden, macht es den Sauerstoff frei, der nun als ein eben aus der Verbindung frei gewordener mit um so größerer Energie den übrigen Theil der organischen Substanz ergreift und zerstört. Diese allgemeinen Bemerkungen über das Bleichen müssen hier genügen; eine speziellere Theorie des Bleichens würde uns zu weit in zum Theil noch nicht einmal vollendete chemische Untersuchungen hineinführen. Da der gewöhnliche Rasenbleichprozeß einestheils so sehr von Begünstigungen der Witterung abhängt, anderentheils einen sehr langen Zeitraum (Monate) in Anspruch nimmt, so war die Entdeckung der Chlorbleiche, die zu demselben Resultat nur wenige Stunden braucht, zumal für die so hoch gesteigerte Baumwollenindustrie von ganz entscheidender Bedeutung. Die Aufhebung der Salzsteuer und die dadurch bedingte Möglichkeit, sich Chlor billig und in großer Menge zu verschaffen, wurde in England gleich ausgebeutet und hat wesentlich dazu beigetragen, diesem Lande den kaum wieder einzuholenden Vorsprung in der Baumwollenindustrie zu sichern.

Das Chlor wird nun dargestellt entweder aus der bei der Sodafabrikation als Nebenprodukt gewonnene Salzsäure, oder direkt aus dem Kochsalz, in beiden Fällen unter Zusatz von Braunstein, im zweiten noch unter Hinzufügung von Schwefelsäure. Man erhält neben Chlor im ersten Falle salzsaures Mangan, im zweiten Glaubersalz und schwefelsaures Mangan. Das Chlor wird dann mit gebranntem und gelöschtem Kalk zu sogenanntem „Chlor- oder Bleich-Kalk" verbunden und so verwendet[168]. Nur erwähnen will ich noch, daß der Chlorkalk auch bei der Papierfabrikation als Bleichmittel benutzt wird, daß das Chlor in der Färberei als Beizmittel dient, daß das vielfach gebrauchte Chloroform mit demselben dargestellt wird u. dergl. mehr.

Hier wäre vielleicht noch darauf hinzuweisen, daß man aus den Rückständen bei der Sodabereitung hin und wieder auch wohl noch unterschwefligsaures Natron und schwefligsaures Natron darstellt. Ersteres findet besonders in der Photographie Anwendung ¹⁶⁹).

Von den übrigen Industrien, die des Salzes bedürfen, hebe ich nur noch einige heraus. Die Lederfabriken, Gerber und Häutehändler sind sehr von Salz abhängig, da man die gesalzenen Häute unbedingt den blos getrockneten vorzieht, weil dieselben dauerhafter und geschmeidiger sind. Zum Einsalzen einer Haut gehören etwa 15 % ihres Gewichtes Salz. Da wir einen großen Theil unserer Häute aus weiter Ferne beziehen, werden wir auf jene Gegenden hingewiesen, wo besonders Salzfleisch und Haut die fast einzigen Gewinne der Viehzucht ausmachen, wie im südlichen Südamerika, wo jetzt im Jahre durchschnittlich 3,600,000 Stück Rindvieh geschlachtet werden. Die großen Saladeros*), die Schlacht- und Pökel-Anstalten, sind für diese Gegenden charakteristisch. Man schlachtet ein Thier, ledert es ab und zertheilt das Fleisch in 8 Minuten, dann werden Fleisch und Haut in verschiedener Weise eingesalzen. Dazu kommt dann noch die große Anzahl von Pferden, die geschlachtet werden, um Haut und Fleisch herzugeben. Allein in Uruguay sind 1866 über 30,400 Stück Pferde geschlachtet ¹⁷⁰). Man kann leicht schätzen, wie groß hierbei der Bedarf von Salz ist.

Einen nicht unbeträchtlichen Gebrauch von Kochsalz machen auch die Töpfereien und zwar zur Glasur der verschiedenen Produkte. Bei vielen der farbigen Glasuren auf dem gemeinen Töpfergeschirr, deren Hauptbestandtheil immer Bleiglätte ist, wird Kochsalz zugesetzt. Beim „Steingut" („englische Fayence") setzt man der Glasur zuweilen Soda zu. Eigenthümlich ist die Benutzung des Kochsalzes bei sogenannter „gefritteter"**) Waare, dem „Steinzeug". Der Ofen wird hier sehr stark geheizt, um einen beginnenden Schmelzproceß des Thones einzuleiten, und um das auf der Oberfläche zu befördern, wirft man bei

---

*) In Südbrasilien heißen sie Xarquedas.
**) d. h. halbgeschmolzen.

der stärksten Gluth Salz in den Ofen, welches sich sogleich in Dämpfe verwandelt, die sich an die Oberfläche der Geschirre anlegen, das Chlor entweicht und es bildet sich auf der Oberfläche ein Ueberzug von kieselsaurem Natron (Glas), wodurch die Geschirre nicht nur wasserdicht, sondern auch luftdicht werden [171].

Kältemischungen. Man hat eine Menge von Hülfsmitteln, um Substanzen selbst bis zum Gefrieren abzukühlen und darunter sind die sogenannten Kältemischungen die am meisten benutzten. Sie bestehen aus Schnee oder zerstoßenem Eis und Kochsalz, oft noch mit Zusatz von anderen Salzen; so z. B. sinkt das Thermometer in einem Gemisch von 12 Theilen Schnee, 5 Kochsalz und 5 salpetersaurem Ammoniak bis auf — 40° C. Solche Mischungen (und dazu Kochsalz) braucht man auch in den Conditoreien, um das künstliche Eis zum Genuß herzustellen. Zu diesem Zwecke verbraucht jede der Hauptconditoreien Berlins täglich $1/2$ bis $1 1/2$ Centner Salz [172].

Feilenhauer. Ein bedeutender Salzverbrauch findet auch bei der Darstellung der Feilen statt. Derselbe war früher noch kostspieliger als jetzt bei verbesserten Methoden. Beim Härten der fertigen Feilen im Feuer bedürfen dieselben eines Ueberzugs, um sie gegen Oxydation zu schützen und dieser Ueberzug wird aus Kochsalz und Bierhefe oder Mehl bereitet.

Bierbrauereien und Tabaksfabriken. Die übrigen oben genannten Gewerke brauchen entweder Chlor oder Soda zu verschiedenen Zwecken und stellen sich Beide oft selbst im Kleinen aus Kochsalz dar. Außer den genannten sind aber noch manche Gewerbe zu erwähnen, die wesentlich zu ihrem Betrieb von der Benutzung des Kochsalzes abhängen, ohne die Vergünstigung der Steuerfreiheit zu genießen. Darunter stehen in Bezug auf Quantität des Bedarfs die Bierbrauer obenan, die für ihre Eiskeller das Salz nicht entbehren können. Nach der Größe ihres Verbrauches würden sie in dem obigen Verzeichniß die vierte Stelle einnehmen. Auch die Tabaksfabriken und die Verfertiger künstlicher Mineralwasser nehmen eine große Menge Kochsalz in Anspruch. Endlich will ich noch erwähnen, daß auch bei der Darstellung des reinen Silbers im Hüttenprozeß eine beträchtliche Menge von Kochsalz verbraucht wird. St. Clair Dupont hat die Kosten des reinen Silbers in Prozenten des Silbers selbst berechnet und danach kommen 6,5 % des gewonnenen Silbers auf das verbrauchte Kochsalz [173].

Ich nähere mich dem Ende meiner Betrachtungen, indem ich nur noch die Stellung des Salzes zur Steuergesetzgebung ins Auge zu fassen habe. Ich kann in dieser Hinsicht sehr kurz sein, denn einestheils ist Politik nicht mein Fach, anderntheils kann ich hier mit großer Sicherheit auf die gründliche Arbeit von Alfred Schmidt über das Salz verweisen, in der die Steuerverhältnisse gerade die Hauptsache sind. Wenn ich einige abgerissene eigene Bemerkungen hier noch hinzufüge, so wird man ihre Zerstreutheit und Abgerissenheit damit entschuldigen müssen, daß es eben die Bemerkungen eines Laien sind. Meine Grundansicht wird man schon aus dem Schluß des ersten Theils dieser Arbeit ersehen haben; sie stimmt vollkommen mit der Ansicht Liebig's überein, der die Salzsteuer für „die häßlichste, den Verstand des Menschen entehrende und unnatürlichste aller Steuern" erklärt [174]. Den 15. April 1848 decretirte die französische Regierung die gänzliche Abschaffung der Salzsteuer und bezeichnete in dem Decret dieselbe als eine Steuer, „die vorzüglich die Armen drücke, die die lästigste und ungerechteste sei, deren Abschaffung von der Gesundheit des Volkes, dem Gedeihen der Landwirthschaft, der Entwicklung der Industrie und des Handels unabweislich (impérieusement) gefordert werde" [175]. Freilich wurde dieses Aufhebungsdecret, so treffend es auch die Salzsteuer charakterisirt, vom Geld brauchenden Finanzminister suspendirt und ist noch heute nicht zur Anwendung gekommen. Zu allen Zeiten und an allen Orten haben die Völker die Salzsteuer für die empörendste und hassenswertheste angesehen und wenn irgendwo, so ist hier vox populi vox dei. Wenn Menschen sich in moralischer Entrüstung über das frivole Wort der Pompadour: »après nous le déluge« ergingen, habe ich immer im Stillen lachen müssen, weil meines Wissens noch keine Regierung, bewußt oder unbewußt, nach einem anderen Grundsatze gehandelt hat*),

---

*) Wenn erst einmal die Menschen sich bei allem, was sie vornehmen, fragten: was werden die Enkelgeschlechter dazu sagen, so wäre das goldene Zeitalter gekommen.

und insbesondere die Finanzminister nie einen besseren Maaßstab ihres Thuns angewendet haben und noch alle Tage anwenden. Man verlangt Geld und der Finanzminister nimmt es, wo er es am schnellsten und mit dem wenigsten Nachdenken erhalten kann [176], ohne zu fragen, ob er damit den Wohlstand des Volkes beeinträchtigt und so für die Zukunft auch seine Besteuerungsfähigkeit vermindert*). Die Finanzleute kommen mir immer vor, wie der Mann im Märchen, der die Henne schlachtete, die die goldenen Eier legte. Er hatte allerdings auf einmal noch die ganze Zahl unreifer goldener Eier im Eierstock, aber mit den regelmäßig gelegten goldenen Eiern war es nun auch für immer vorbei. Das erste und unantastbarste Princip eines ehrlichen Finanzmannes muß sein, daß nichts besteuert werden darf, was die Fähigkeit des Volkes, Steuern zu bezahlen, erhält oder erhöht. Dazu gehört außer den Verkehrsanstalten vor allem das, was eine gesunde und kräftige Ernährung des Volkes erhält oder erhöht, denn davon hängt die Arbeitskraft ab und ebenso das, was der Arbeitskraft das Material bietet, um sich daran produktiv zu bethätigen, also das Rohmaterial für die Arbeit. In beider Beziehung ist die Salzsteuer durch und durch verwerflich. Es giebt aber auch noch einen Grundsatz der Gerechtigkeit, der die Finanzwirthschaft beherrschen muß, wenn sie sich nicht als eine moralisch verworfene darstellen will, und das ist die Regel oder das Gesetz der Menschlichkeit, daß keine Steuer zu rechtfertigen ist, die den Armen in schwererer Weise belastet als den Reichen. Nun ist allerdings unser ganzes sociales Leben, trotz des heuchlerischen Christenthums, gar nichts Anderes als die Ausbeutung der Armen und Schwachen durch die Reichen und Mächtigen und dafür ist die Salzsteuer eins der schlagendsten und schändlichsten Beispiele, das fühlt auch das Volk leicht heraus und daher die allgemeine nur zu gerechtfertigte Erbitterung gegen diese Auflage.

Eines der grauenhaftesten Beispiele lieferte die **englische** Regierung am Ende des vorigen Jahrhunderts. Die Infamie der Salzsteuer-

---

*) Im Kriege mag das sich vielleicht entschuldigen, in einem 50jährigen Frieden ist es nur Beweis für die Unfähigkeit oder Gewissenlosigkeit dieser Herren.

gesetzgebung führte den vollkommenen Ruin eines großen Theils der Bewohner des nordwestlichen Großbritanniens und Irlands durch Unterdrückung ihres einzigen Nahrungszweiges, des Fischfanges, herbei. Die geradezu blödsinnige Dummheit der Gesetzgebung, verbunden mit der schurkischsten Erpressung, hatten den schönen Erfolg, daß von 936,000 Pfund St., welche die Unterthanen an Salzsteuer bezahlen mußten, nur 261,000 Pfund in die Staatskasse gelangten [177].

Wie schon früher erwähnt, kann der Mensch eine gewisse Quantität Salz als Zusatz zu seiner Nahrung nicht entbehren und auf der anderen Seite kann er auch nur wenig über diese Quantität hinausgehen. Die Salzsteuer wird also für Arm und Reich im absoluten Betrag die gleiche, was schon ein Fehler ist. Aber selbst diese Gleichheit ist nur eine scheinbare, denn relativ zu seiner Einnahme zahlt der Arme bei Weitem mehr als der Reiche. Nehmen wir die zum Unterhalt einer ländlichen Arbeiterfamilie nothwendige jährliche Einnahme nach der Enquête des k. preußischen Landesökonomiecollegiums im Jahre 1848 zu 105 Thaler, so beträgt davon die Ausgabe für Salz 2,62 %, bei einer jährlichen Einnahme von 300 Thalern ist die Ausgabe nur noch 0,7 %, bei 900 Thalern Einnahme 0,3 %, bei 17,000 Thalern und darüber nur 0,02 %. Es wird also geradezu in der infamsten Weise der Arme geplündert, um dem Reichen das Leben behaglicher zu machen [178]. Aber es ist noch schlimmer. Während bei vielen Steuern der Arme sich die Steuerlast durch Entsagung erleichtern kann, ist es bei dem Salz umgekehrt. Er muß mehr davon genießen als der Reiche wegen seiner Nahrung. Die Wohlhabenden genießen viel frisches, gebratenes Fleisch, die Armen mehr Brod, Hülsenfrüchte und Kartoffeln. Letztere fordern aber gebieterisch einen größeren Salzzusatz. Nach Schäfer stellt sich somit der Bedarf für eine wohlhabende Familie (von 11 Personen) pro Kopf auf 10,5 Pfund, für eine Handwerkerfamilie (von 6 Personen) dagegen auf 19,6 Pfund Salz pro Kopf. Bei einer Taglöhnerfamilie würde das Verhältniß noch ungünstiger sein [179]. Aus denselben Gründen wird die ländliche Bevölkerung stärker in Anspruch genommen als die städtische. Ja die Sache wird noch viel ärger, wenn wir die Steuernachlaſſe berückſichtigen. Der arme Mann, der um nur leben und geſund leben zu können des Salzes bedarf, muß ſein Salz verſteuern, aber der Fabrikherr, der reich oder doch wohlhabend iſt und jedenfalls ſich die Salzſteuer als Unkoſten ſeines Betriebes von ſeinen Conſumenten wieder erſetzen läßt, der geht frei aus. Die Sache wird geradezu bodenlos abſcheulich, wenn wir ein ſpezielles Verhältniß herausgreifen. Die Conditoreien, ohnehin Luxusanſtalten ohne volkswirthſchaftliche Bedeutung, bekommen ihr Betriebsſalz unverſteuert, damit der näſelnde Junker ſein Ananaseis etwas billiger auslöffeln kann, die Bierbrauereien aber, die ein, man kann wohl jetzt ſagen, nothwendiges Nahrungsmittel und den einzigen Erquickungstrank für den Armen bereiten, müſſen ihr Betriebsſalz verſteuern. Die Steuerfreiheiten ſind aber auch zum Theil bloſe Poſſenſpiele, da die Denaturirung *) das Salz und zwar ohne daß der Staat den geringſten Vortheil davon zieht, wieder bedeutend vertheuert und zum Theil, wie in neuerer Zeit ſich für das Viehſalz herausgeſtellt hat, daſſelbe faſt unbrauchbar macht, da das Vieh ſich möglichſt weigert, es zu genießen und es nur mit Nachtheil für ſeine Geſundheit hinunterſchluckt. Kann man, wenn man auch noch ſo ruhig und verſtändig denkt, ſolchen Thatſachen gegenüber den Socialdemokraten auch ſelbſt ihre ärgſten Ausſchreitungen verargen und wagen, ſie als grundlos hinzuſtellen? Es iſt in der That nichtswürdige Ausbeutung der Armen durch die Reichen.

Es ließe ſich hier noch gar manches berühren, was für den Menſchenfreund ein ſchmerzliches Intereſſe hat, ſo die Unmöglichkeit für den Arbeiter dieſe Laſt der Salzſteuer auf ſeinen Arbeitgeber, den Conſumenten ſeiner Produktion, abzuwälzen, die unvermeidliche Verführung zur Immoralität, zu Unterſchleif und Schmuggel, die mit einer ſo tyranniſchen Vertheuerung eines der nothwendigſten Lebensbedürfniſſe verbunden iſt, der koſtbare, Staatsmittel vergeudende Apparat, den die Erhebung und Controllirung einer ſolchen Steuer

---

*) Das Salz wird durch verſchiedene fremdartige Beimengungen ſo verdorben, daß es nicht mehr als Nahrung für Menſchen gebraucht werden kann, das nennt man „denaturiren".

erfordert, so wie endlich die Verzehrung der Staatskraft zum Aufsuchen und Bestrafen des vom Staate doch erst hervorgerufenen Unrechts. Aber das Alles liegt meinem Standpunkte zu fern und ich kann das zum Glück berufeneren Federn überlassen, die die Sache zur Genüge in meinem Sinne besprochen haben.

Ich werde zufrieden sein, wenn es mir gelungen ist, meinen Lesern klar zu machen, wie ein so unscheinbarer Gegenstand, wie das Salz, sich in der wunderbarsten Weise mit der ganzen menschlichen Kultur, ihrem Entstehen und ihrer Fortentwicklung verflicht, wie es ein Gegenstand ist, der eine ganze Reihe der anregendsten Fragen und Betrachtungen hervorruft und daher wohl verdient, die Aufmerksamkeit jedes Gebildeten, mehr als gewöhnlich geschieht, in Anspruch zu nehmen.

Anmerkungen zum zweiten Theil.

1) Dr. H. Kopp, Gesch. der Chem. Thl. 4 (1847), S. 24. Im Papyrus Ebers aus dem XVI. Jahrh. vor Christus werden hasmen, nitrum und hema, sal unterschieden. (Brieflich von Prof. Ebers.) Auch Plinius (XXXI, 41—46) unterscheidet für Aegypten nitron und sal, beim sal Meersalz und Steinsalz aus Hammonium, beim nitrum erwähnt er die Natronseen am linken Nilufer bei Memphis, von denen er behauptet, daß sie, wie die Becken zur Herstellung des Meersalzes gebraucht, aber statt mit Meerwasser mit Nilwasser gefüllt würden. Pater Sicard (1723) behauptet, daß sie hoch über dem Spiegel des Nil lägen und beschreibt sie wie großartige Salpeterplantagen. Früher war das Produkt nach den Angaben über seine Verwerthung entschieden unsere Soda. Winer, dessen Artikel „Laugensalz" im bibl. Realwörterbuch man besser ungelesen läßt, da die gänzliche reale Unwissenheit einen Schüler nur verwirren, einen Fachmann nur anwidern kann, macht aus dem »neter« der Bibel (offenbar dem nitron der Griechen) Salpeter. Luther übersetzt (Sprüche XXV, 20) sogar Kreide. Daß Salpeter nicht mit Essig aufbraust, daß Salpeter nicht zum Waschen gebraucht werden kann, muß ein Mann, der sich anmaaßt, ein Realwörterbuch zu schreiben, wissen. Das hebr. kinit erklärt nun Winer auch als Soda, so daß man den Unterschied zwischen den beiden Worten, die (Jerem. II, 22) in demselben Verse nebeneinander vorkommen, nicht versteht. Ob die Alten Salmiak gekannt haben, ist ungewiß, unterschieden haben sie ihn nicht bestimmt. Dioscorides nennt das Salz aus der Oase des Ammon (Steinsalz) sal ammoniacum, dasselbe braucht Apicius in demselben Sinne. In der lateinischen Uebersetzung der Werke des Arabers Geber (Dschafar) wird zuerst mit gewöhnlicher mittelalterlicher Ignoranz das Wort für Salmiak gebraucht; aus diesem sal ammoniacum wurde eben später zusammengezogen Salmiak. Die flos salis und spuma nitri des Plinius sind ein schönes Gebiet für Phantasien, der gewissenhaft richtende sagt: »non liquet« („bleibt unklar").

2) Aristoteles de mirabil. auscult. 134.
3) Dr. H. Kopp, Gesch. d. Chemie Thl. 1 (1843), S. 45 und S. 77.
4) Schleiden, Das Meer, 1. Aufl. 1867, S. 42—47.
5) Hydrographische Mittheilungen Jahrgang II, S. 295 und daraus in „Der Naturforscher" Jahrgang VIII, Nr. 7, 1875, S. 59 f.
6) Dr. C. F. Naumann, Lehrbuch der Geognosie, 2. Aufl. Bd. 1. Leipzig 1858, S. 36—65.
7) Es ist nicht ohne Interesse, zu wissen, daß die chemische Analyse in dem

Meteorstein von Alabama Chlor (als Salzsäure?) nachgewiesen hat. Jackson in American Journal XLVIII, 145 und L'Institut Nr. 606 (1845), p. 291.

8) „Das süße Wasser ist überhaupt später auf der Erde als das Salzwasser", von Bär, Kaspische Studien im Bull. d. l. Classe phys. math. d. l'Akad. imp. d. sc. d. St. Petersb. Tom. XIV, p. 3.

9) Vergl. auch Schleiden, Das Meer, 2. Auflage 1874, S. 30—44.

10) Proceedings of the Royal Soc. Vol. XXIII, Nr. 159, p. 245 im Auszug im „Naturforscher" Jahrg. VIII. Nr. 21, 1875, S. 204.

11) Für die im Folgenden gegebene Uebersicht verweise ich auf Naumann, Geognosie 2. Aufl. Bd. 2, S. 285; 466 f.; 659 f.; 743; 756; 774; 796; 802; 808 f.; ferner L'Institut Nr. 532, 1844, S. 88; Karsten, Salinenkunde 1, S. 109 ff.

12) Blum, Lithurgik. Stuttgart 1840, S. 354.

13) Karsten, Salinenkunde I, 541 ff.

14) Naumann, Geogn. 2. Aufl. Bd. 2, S. 996; Blum, Lithurgik S. 354.

15) Karsten, Salinenkunde Bd. 1, S. 498.

16) Karsten, Salinenkunde I, 648; Seetzen in Zach's Jahrb. XVIII, 440; Pocoke, Beschreib. d. Morgenlandes, herausg. von Breyer und Schreber, Bd. 2, S. 55.

17) v. Fichtel, Geschichte des Steinsalzes und der Steinsalzgruben im Großfürstenthum Siebenbürgen. Nürnberg 1780, S. 16; 32; 63; 65.

18) Franz Ritt. v. Hauer, Die Geologie und ihre Anwendung u. s. w. Wien 1875, S. 605—7.

19) Eine ganz gleiche Bildung zeigen die höchst interessanten Salzfelsen der Salinas de Pilluana zwischen dem Huanuco und Moyobamba in Südamerika. Das Steinsalz ist ganz deutlich horizontal geschichtet, hat offenbar längere Zeit blos gelegen, ist vom Regen gletscherähnlich ausgewaschen, dann aber von Sand überlagert und sind die Zwischenräume zwischen den Kegeln und Pyramiden, so wie die Spalten im Salz von einer Sandsteinbreccie ausgefüllt. Pöppig, Reisen in Südamerika Bd. II, S. 308 ff.

20) v. Leonhard, Geognof. und Geolog. S. 324.

21) Aul. Gell. N. A. II, 22. 29.

22) Ebenda. Es ist sehr unrichtig, wenn von Leonhard (Lehrbuch der Geognosie und Geologie S. 325) sagt: der Abbau würde schon 1105 erwähnt. Schon 1200 Jahre früher wurde das Salz abgebaut und dieser Salzbetrieb in Schriften besprochen. Wenn Herr Dr. Müller, über das Salz S. 23, das Salzlager von Cardona deshalb für das merkwürdigste auf der Welt erklärt, weil es das einzige sei, was frei zu Tage liegt, so beweist das nur seine sehr mangelhaften Kenntnisse.

23) Dufrénoy in Ann. des mines III. Série Vol. II, p. 35.

24) Naumann, Geognosie, 2. Aufl. Bd. I, S. 503.

25) Naumann, Geognosie, 2. Aufl. Bd. II, S. 659; G. Rose, Reise nach dem Ural II, S. 204; Herrmann im Magazin der Gesellschaft d. naturf. Freunde in Berlin IV (1800), S. 193; Borszcow in Würzburger naturwissensch. Zeitschr. I, 274.

26) Karsten, Lehrb. d. Salinenkunde Bd. 1, S. 363—403; 407—478. M. Flurl, Aeltere Gesch. d. Sal. Reichenhall in Denkschr. d. k. Ak. d. Wiss. zu München für 1809 und 10, S. 149 ff.; A. v. Muchar, Beiträge u. s. w. in Steyer-

märkische Zeitschr. Hft. XI, S. 1 ff.; J. A. Schultes, Reisen durch Oberöstreich. Tübingen 1809, Thl. I, S. 99; Kapf über Hall in Archiv f. Miner., Geogn. und Bergb. XV, 425; Dr. Ludwig Meyn, Das Salz. Leipzig 1857, S. 172—192.

27) Siehe oben in der Abtheilung I, S. 4.; Hrabina, Gesch. d. Wieliczkaer Saline. Wien 1842, S. 8.

28) Karsten, Lehrb. d. Salinenkunde Bd. I, S. 500; Brogniart in Diction. des sc. natur. T. 48, p. 358, Art. sel marin.

29) Reuß versetzt die Steinsalzlager von Wieliczka nach den von ihm untersuchten Versteinerungen in die Miocen-Periode. Sitzungsberichte der k. k. Akademie der Wissenschaften zu Wien 1867, S. 17 f. Dafür sprechen allerdings die im Salze gefundenen thierischen und pflanzlichen Reste.

30) F. Ritt. v. Hauer, Die Geologie und ihre Anwendung u. s. w. S. 611 nebst einer Durchschnittszeichnung.

31) Dresdner Constitutionelle Zeitung d. 12. April 1867; v. Hauer a. a. O. S. 611.

32) Hrabina, Gesch. d. Wieliczka-Saline S. 105.

33) Zoophyten, Polythalamien, Echinodermen, Anneliden, Univalven und Krustaceen aus der jüngsten Tertiärzeit nach Philippi in v. Leonhard und Bronn N. Jahrb. f. 1839, S. 630; für 1841 S. 263; f. 1843 S. 568.

34) v. Leonhard, Lehrb. d. Geognosie S. 321 ff.; Schober über Wieliczka in Hamb. Magazin Bd. VI; Guettard über W. in Mineralog. Belustigg. Thl. IV; Blum, Lithurgik. S. 355; Dr. L. Meyn, Das Salz S. 212—221; Naumann, Geognosie, 2. Aufl. I, 352—3; 503—4; 2, 987; das Knistersalz, Dumas in Ann. d. Chem. et de Phys. T. XLIII, p. 116; Rose in Poggendorff's Ann. Bd. 98, S. 353 f.; Reichardt, das Steinsalzbergwerk Staßfurth in Act. d. Leopold. Carol. Akad. Vol. XXVII [1860], S. 31 f.; Reuß, Sitzungsber. d. k. k. Akademie der Wissensch. z. Wien 1867, S. 21, 36.

35) Reuß a. a. O.; Sternberg, Versuch einer Flora der Vorwelt I, 4 p. 40; Göppert, Uebersicht der Arbeiten u. s. w. der schles. Gesellsch. f. vaterländ. Cultur 1847, p. 73; Unger, Denkschriften d. k. k. Akad. d. Wissensch. z. Wien I, p. 311—22. Ferner Andrae in Hall. Zeit. (Schwetschke), 7. Dez. 1853; Unger, Gen. et spec. plant. fossil. S. 364 f., 468; Dr. Stur, Verhandl. d. geologischen Reichsanstalt. Wien 1873, S. 6.

36) A. Hauch in Leonhard und Bronn, Neues Jahrb. d. Mineral., Geogn. u. s. w. Jahrg. 1855, S. 208.

37) Karsten, Salinenkunde Bd. 1, S. 201 ff.; 292; 264 f.; 277 f.; 280; 285 f.; Naumann, Lehrb. d. Geognosie (2. Aufl.), Bd. 2, S. 743; 756; von Strombeck in Karstens u. von Dechen's Archiv Bd. XXII (1848), S. 219; Zeitschr. d. deutsch. geolog. Ges. II, S. 304 f.; VII, S. 655 ff.; von Dechen im Neuen Jahrb. f. Miner. 1855, S. 477; E. Reichardt, Das Steinsalzbergw. Staßfurth in Act. d. Leopold. Carol. Akad. d. Naturforscher 1860, S. 8 und S. 15—18; W. H. G. Eisenach, Das Sulzaer Thal u. s. w. Naumburg 1821; Leonhard, Lehrbuch S. 17 ff. [Stotternheim]; Zeitschrift d. deutsch. geol. Ges. Bd. II. 1850, S. 304 [Liebenhall]; Physikal. Oekon. Auszüge Bd. VII, St. 1. Stuttgart 1765 S. 43 ff. [Magdeburg und Altensalza.]

38) Es ist merkwürdig, daß schon allein die Dürrenberger Quelle der Saale

jährlich 175 Millionen Pfund Salz zuführt und daß doch bei **Saalhorn**, wo die **Saale** in die **Elbe** mündet, durch salpetersaures Silber kaum eine Spur von Chlor in dem Saalwasser entdeckt werden kann. (Karsten, Lehrb. d. Salinenkunde Bd. 1, S. 10.) Wird das Salz alles von den Uferpflanzen und den Fischen in der Saale assimilirt?

39) Karsten, Lehrb. d Salinenkunde Bd. 1, S. 201 ff.; Reichardt, Das Steinsalzbergw. zu Staßfurth [1860], S. 4.

40) Karsten, ebenda S. 235 f.

41) Ebenda S. 280 f.

42) Ebenda S. 277 f.; Leonhard, Lehrb. d. Geognosie S. 17 ff.

43) v. Dechen im Arch. für Miner. Geogn. Bergb. XI, 232; XII, 39.

44) Für Staßfurth ist überhaupt die vortreffliche, schon erwähnte Arbeit von Reichardt zu vergleichen, so wie dessen Nachträge dazu im Archiv f. Pharm. Bd. CLXXVII, Hft. 1 u. 2, S. 22 ff.; von Dechen, Die nutzbaren Mineral. u. s. w. im deutschen Reiche. Berlin 1873, S. 690.

45) Rheinischer Kurier d. 6. Febr. 1875. Erste Ausgabe.

46) Karsten, Salinenkunde Bd. 1, S. 289—90. Besonders aber F. Bode, Nauheim, seine natürlich warmen Salzquellen u. s. w. 2. Auflage 1853; Dr. A. Rotureau, Die Mineralquellen zu Nauheim. Nauheim u. Friedberg 1871; Salzhausen: Ph. E. Klipstein in Vorlesungen der Churpf. phys. oekon. Gesellsch. in Heidelb. Bd. III, S. 389 ff.; H. Tasche, Das Soolbad Salzhausen. Gießen 1853.

47) B. Hehn, Das Salz S. 51 f.

48) Illustrirte Zeitung 1875, S. 236.

49) Karsten, Salinenkunde I, 403 ff.; (Bolzano?) Kurze Nachrichten über die Mineralquellen u. s. w. zu Kissingen. Frankfurt a. M. 1847.

50) Karsten, Salinenkunde I, 655 und 648; Oberst Tillo's Bericht über die Nivellirungsexpedition in Augsb. Allg. Zeitg. 1874, S. 4767, Sp. 1. Anders stellt sich die Sache nach den früheren Untersuchungen, nach denen das Kaspische Meer noch unter dem Meeresspiegel liegen soll (Humboldt, Kosmos I. [1845], S. 314.)

51) Die „Beschenka" [Clupea caspica]; John M. Mitchell, The herring. pag. 80; „Das Meer ist sehr reich an Heringen, der Fang wird besonders bei Baku eifrig betrieben. Die Perser schätzen ihn so hoch, daß sie ihn den „königlichen Fisch" nennen". G. Keppel, Personal Narrative of travels in Babylonia u. s. w. 3. edit. London 1827, Vol. II, pag. 204. Auch andere Seefische, Atherina= und Sygnathus= arten, kommen vor. (Rose, Reise nach dem Ural Bd. II, S. 319.) Bergl. über die Fauna des Caspischen Meeres noch Oskar Grimm in Zeitschrift für wiss. Zoologie Bd. 25, S. 323.

52) v. Bär, Kaspische Studien im Bullet. d. Petersburger Akademie, T. XIV, p. 3.

53) Wenn Karsten (Salinenkunde Bd. I, 578) sagt: wie Strabo und Plinius berichten, hielten die Griechen und Römer ziemlich allgemein das Kaspische Meer für nicht gesalzen, so hat er die beiden Schriftsteller wohl nicht genau angesehen. Strabo [XI, cap. 5—8] führt nur den einzigen Polycletus an, um ihn zu widerlegen. Plinius [VI, 19] erwähnt nur, daß Alexander der Große und Pompejus das zum Trinken geschöpfte Wasser süß gefunden und erklärt das so- gleich dahin, daß an der Mündung der großen Flüsse natürlich das Salz vom süßen

Waffer verdrängt worden sei. Uebrigens erklären beide das Kaspische Meer für salzig und das mußten auch alle Griechen und Römer thun, die das Kaspische Meer nur für einen Busen des Okeanos hielten. Für geschlossen erklären das Kaspische Meer nur Aristoteles [Meteorologica I, 13 § 29; II, 1 § 10 edit. Ideler], mit ihm Diodor und viel später Ptolemäus. Aristoteles scheint allerdings das Kaspische Meer auch für süß gehalten zu haben, wohl nach derselben Erfahrung Alexander's, die Plinius anführt und erklärt. Daß Herodot das Kaspische Meer für geschlossen gehalten, kann ich in der gewöhnlich angeführten Stelle IV, 40 durchaus nicht finden. Nach Bär, Kaspische Studien in Bulletin de l. Classe phys. math. de l'Acad. imp. d. Sc. de St. Petersb. T. XIII, p. 199 f. hat das Meer an der Wolgamündung nur 0,165 % Salz.

54) Nach der Karte des Dominik Pizigano vom Jahre 1367 [Jomard, Monumens de la Géographie X, 3] ergoß sich der Amu-Derja noch im XIV. Jahrhundert in den Kara-Boghas und so ins Kaspische Meer. Er war also zwischen dem Aralsee und dem Kaspischen Meer genau dasselbe, was der Jordan zwischen dem See Tiberias und dem todten Meere ist. (Das Ausland b. 3. Aug. [Nr. 31] 1874, S. 610 ff.)

55) Göbel, Reise in die Steppen des südl. Rußlands Bd. II, 101; Rose, mineral. geogn. Reise nach dem Ural u. s. w. Bd. II, S. 344; Eichwald, Reise auf dem Kaspischen Meere u. s. w. Bd. I, S. 46; Rose in Poggendorff's Ann. XXXV, 145. Wie der Kara-Boghas zum Kaspischen Meer, so verhält sich Torrenssee in Australien, der 200 engl. Meilen lang und 20—30 Meilen breit ist, zum Weltmeer, mit dem er durch den Golf Spencer zusammenhängt. (Eyre Journ. of exped. of. discov. into Central-Australia. London 1845, nach Karsten, Salinenkunde 2, 827.)

56) v. Bär, Kaspische Studien in Bull. d. l. Classe phys.-math. de l'Acad. imp. d. sc. de St. Petersb. T. XIII, p. 194 f.; T. XV, p. 76.

57) Humboldt, Kosmos I, [1845] S. 314; Karsten, Salinenkunde Bd. I S. 648 ff.; Plinius V, 15; Josephus bellum judaic. IV, 18 Tom. II, p. 215, Edit. Dindorf; Diodor XIX, 90; Seetzen in Zach's Jahrb. XVIII, 44.

58) Zu diesem schon öfter angeführten vergleiche noch Helmhacker in chem. Centralblatt 1874, Nr. 35 S. 560, Nr. 36 S. 570 f.

59) Nach den Berichten von Nik. Barbot de Marny mitgetheilt von Helmhacker im chemischen Centralblatt 1874 Nr. 36, S. 571 f.; Rose, Reise nach dem Ural Bd. II, S. 269.

60) Karsten, Salinenkunde 1, 38 u. 40.

61) Ebenda S. 34 ff.; H. D. Inglis Spain in 1830. London 1831, Vol. II, p. 116.

62) Karsten, Salinenkunde I, 62 ff.

63) Karsten a. a. O. S. 858 f. nach Wrangel.

64) Ein klassisches Seitenstück dazu bietet die immer auf Ausbeutung des Volkes bedachte österreichische Despotie dar. Noch im X. und XI. Jahrhundert hatte Steyermark blühende Salinen zu Ennsthal, zu Hall bei Admont im Judenburger Kreise. Ebenso zu Weißenbach bei St. Gallen, sie wurden um 1550 zu Gunsten des Fiscus verschüttet. Die Quellen von Hall und Weißenbach brachen aber 1640 mächtig wieder hervor, so daß die Bauern sich dort ihren Bedarf holten, ja man fand

beim Graben sogar Steinsalz. Aber zum Schutze seiner Kasse ließ Ferdinand III. diese Quellen abermals und zwar gänzlich verschlagen. (Karsten, Salinenkunde I, S. 436); A. von Muchar, Beiträge z. c. Gesch. der altnorischen Berg= und Salz= werke in Steyermärkische Zeitschrift Heft XI, S. 25.

65) Schreiben Charpentier's an L. von Buch in Poggendorff Ann. Bd. III. [1825] S. 77 ff. — Angeblich soll auch der Hekla zuweilen Salz aus= werfen (Karsten, Salinenkunde I, 25). Das ist aber auch Alles, was wir von vul= kanischem Salz wissen und das angebliche Erstaunen der Naturfoscher, daß Boussin= gault in den gasartigen Produkten der amerikanischen Vulkane kein Chlor habe finden können, jedenfalls unbegründet (Karsten a. a. O.).

66) Karsten, Salinenkunde Bd. 1, S. 486—7; von Dechen, Die nutzbaren Mineralien u. s. w. im Deutschen Reiche S. 691. Eine sehr vollständige Sammlung aller Nachrichten über das Vorkommen des Salzes auf der Erde bis zum Jahre 1845 findet man in Karsten, Hbb. der Salinenkunde Bd. 1, worauf ich der Kürze wegen hier nur noch verweise.

67) Wenn Herr Dr. J. Müller, Ueber das Salz S. 32 die vulkanische Bil= dung des Salzes deshalb für unbegreiflich erklärt, weil der eine Bestandtheil des Salzes flüchtig, der andere fix sei, so kann ich dem keinen Sinn abgewinnen. Natrium und Chlor sind beide flüchtig, zumal bei Temperaturen, wie sie in Vulkanen vorkommen. Die Worte fix und flüchtig sind aber überhaupt sinnlos, wenn keine Temperaturgrade angegeben sind.

68) Ann. d. Chym. et Phys. Vol. XXVII. [Paris 1849], p. 92 ff.; p. 172 ff. und ziemlich ausführlich reproducirt von Helmhacker im chemischen Cen= tralblatt 1874, Nr. 34, S. 543 f.

69) E. Reichardt in Archiv für Pharmacie Bd. CLXXVII, S. 27 ff.

70) v. Hauer, Die Geologie und ihre Anwendung S. 612.

71) Karsten, Salinenkunde Bd. 1, S. 77 f. 80 f.

72) Karsten a. a. O. Bd. 1, S. 106—128.

73) Naumann, Lehrb. d. Geognos. 2. Aufl. Bd. I, S. 504 ff. S. 733 ff. S. 760 ff.; E. E. Schmid und Schleiden, Die geogn. Verhältnisse des Saal= thals bei Jena, Leipzig 1846; Reichardt, Das Steinsalzbergw. zu Staßfurth [Leop. Carol. Acten 1860] S. 44, S. 45 f.

74) Naumann, Geogn. 2. Aufl. I, 503 f.; II, 609; Reichardt, Stein= salzl. zu Staßfurth S. 36 Anm. *); Reichardt im Archiv f. Pharmacie Bd. CLXXVII, S. 31.

75) Imbert in Héricourt de Thury, Considérations geol. et phys. sur la cause du jaillissement des eaux des puits forés etc. Paris 1829, p. 55 f.; Klap= roth in Humboldt, Fragmente T. I, p. 195; von Hoff, Gesch. d. durch Ueber= liefer. nachgewies. natürl. Veränderungen der Erdoberfläche III. Thl. [1834], S. 465 ff.

76) Karsten, Handb. der Salinenkunde I, 556 f.; Dr. K. E. von Baer, Historische Fragen mit Hülfe der Naturwissenschaften beantwortet. Petersburg 1873, S. 33—35.

77) Poggendorff Ann. B. 29 [105] S. 364; Baumgärtner's Zeitschr. Bd. 2, S. 284.

78) Humboldt, Kosmos II, 254; Goebel, Reise in d. Steppen d. südl.

Rußland 1, S. 824—27; Humboldt, Fragmente einer Geologie und Klimatol. Asiens 1832, S. 90; von Hoff, Gesch. der durch Ueberlieferungen nachgewies. Veränderungen a. d. Erdoberfl. III, 465.

79) Die vulkanische Theorie der Steinsalzbildung ist besonders von Karsten, Handbuch der Salinenkunde Bd. 1, S. 297 ff., ausführlich entwickelt worden. Zu welchen wunderlichen Einfällen eine vorgefaßte Meinung führen kann, zeigt Folgendes: Das Steinsalz findet sich oft in größeren oder kleineren linsenförmigen nach geringerer Erstreckung sich auskeilenden Massen. Darin hat man einen entscheidenden Beweis für den vulkanischen Ursprung finden wollen. Aber ganz genau dieselbe Form des Vorkommens charakterisirt auch an vielen Orten die Steinkohle; ich meine aber zu dem Unsinn, die Steinkohlen als ein vulkanisches Produkt aufzufassen, wird sich wohl Niemand erheben. Die von mir vorgetragene Ansicht ist nicht neu. Zuerst finde ich die richtige Ansicht von der Entstehung des Steinsalzes aus verdunstetem Meerwasser, 1750 von Schober (Hamburgisches Magazin Bd. VI, S. 115 ff.) ausgesprochen. Ihm folgt 1762 Guettard [Mémoires de l'Académie de Paris 1762 und deutsch in den mineralogischen Belustigungen 4. Thl. Leipzig 1769, S. 169 ff.]. 1842 sagte Hradina, Gesch. d. Wieliczkaer Salinen, Wien 1842, S. 154: „Der Neptunische Ursprung des Wieliczkaer Salzes läßt sich nicht bezweifeln." 1853 wies Schübler nach, daß sich das schwäbische Steinsalzlager in einer Mulde aus dem Meere abgesetzt haben müsse. Aehnlich spricht sich Posepny (in den Jahrb. d. geol. Reichsanstalt zu Wien Bd. XVII, S. 495 ff. und Bd. XXI, S. 123 ff.) aus. Die Grundlagen für eine wissenschaftliche Auffassung der Sache bot G. Bischoff in seinem Lehrb. der chem. u. phys. Geologie. Die genauere Erforschung der Steinsalzlager zu Staßfurth warfen dann die unbegründete Auffassung vom vulkanischen Ursprung des Salzes vollends über den Haufen. Schon Rose hatte die bessere Ansicht betont und Reichardt in seiner vortrefflichen Arbeit über das Staßfurther Salzlager (Leopold. Carol. Acten 1860) hat sie zuerst vollständig ausgeführt. Ich habe hier nnr einige Züge ausgezeichnet, einige Beispiele mehr erwähnt. Dieselbe Theorie führt 1874 im chemischen Centralblatt Herr E. Helmhacker vor; auch durch mehrere Einzelheiten nachträglich vervollständigt. Für den, der sich etwas mit der Geschichte der Wissenschaft beschäftigt hat, ist aber nichts wesentlich Neues darin und daß der „Naturforscher" (1874, S. 405 ff.) die in diesem Aufsatz mitgetheilten Ansichten, ohne Reichardt zu erwähnen, als etwas ganz Neues reproducirt, ist völlig ungerechtfertigt.

80) Bei dem Salzthon als fast constantem Begleiter der Salzflötze wird man unwillkührlich an die aus zerstörten Organismen entstandenen Thone des Meeresbodens in der Südsee erinnert, von welchem im Anfang 1874 Wyville Thomson einen so interessanten Bericht an die Royal Society eingesendet hat. (Der Naturforscher 1875, S. 99—101; S. 226 ff.) Thomson schildert jene Thone des Meeresbodens alle als rothe; aber auch im Salzgebirge kommen solche salzführende Thone vor z. B. im Lothringer Becken bei Vic. (Oeynhausen, Dechen und La Roche, geognostische Umrisse der Rheinländer [1825] Bd. 2, S. 149).

81) Ich habe für diese Angaben die Thatsachen im Ganzen Karsten's Salinenkunde Bd. 1, entlehnt und mir dazu, so gut es ging, correspondirende Angaben über die Bevölkerungszahl zusammengesucht; für Rußland verweise ich auf J. H. Schnitzler, l'empire des Tsars T. IV. Paris 1869, p. 423, für Deutschland auf Dr. Alfred Schmidt, Das Salz. Leipzig 1874.

82) Diese Angaben sind nach Karsten a. a. O. zusammengestellt.
83) J. R. M. Culloch, Dictionary of commerce u. s. w. unter »Salt«.
84) Alfred Schmidt a. a. O. S. 48; S. 38. Karsten a. a. O. S. 137 ff.
85) Karsten a. a. O. S. 278.
86) Ebenda S. 294.
87) A. Schmidt a. a. O. S. 48; 38.
88) Ebenda S. 38; Karsten a. a. O. S. 158.
89) Schmidt a. a. O.
90) Ebenda.
91) Karsten a. a. O. S. 167.
92) Bis hierher nach Karsten a. a. O.
93) Schmidt a. a. O. S. 48; 50. Eine Reihe brauchbarer Zahlenangaben für den Zollverein finden sich auch A. Allg. Ztg. b. 16. Octob. 1867 Hauptblatt, S. 4609 ff.
94) Karsten a. a. O. S. 405 und 500.
95) Russische Revue von C. Böttger. Petersburg 1873, IV. Jahrg. S. 802.
96) Karsten a. a. O. S. 530; Schmidt a. a. O. S. 51.
97) Karsten a. a. O. S. 132; 136.
98) Karsten a. a. O. S. 3; 89. Max Culloch unter „Salt"
99) Karsten a. a. O. S. 128.
100) Bis 1845 entlehne ich die Zahlen Karsten a. a. O. S. 60 ff.; von 1847 an A. Schmidt a. a. O. S. 52.
101) Karsten a. a. O. S. 41 f.
102) Karsten a. a. O. S. 34.
103) Karsten a. a. O. S. 475 ff.
104) Karsten a. a. O. S. 482; 489; 490 ff.; 496.
105) Karsten a. a. O. S. 523—525.
106) Für Asien kann man Karsten a. a. O. S. 681—707, für Afrika ebenda S. 707—768 nachsehen.
107) K. Andrée, Geographie des Welthandels Bd. 2, S. 92.
108) Karsten a. a. O. S. 785 f.
109) Karsten a. a. O. S. 788 ff.; Pöppig, Reisen in Chile, Peru 2c. Bd. 2, S. 308, 336; Tschudi, Peru Bd. 1, S. 308 ff.
110) Burger, Lehrbuch der Landwirthschaft [IV. Aufl.] Bd. II, S. 210.
111) Liebig, Organische Chemie u. s. w. 1842, S. 167 f.
112) C. G. Lehmann, Lehrbuch d. physiol. Chemie, 2. Auflage Bd. I, S. 406.
113) Meyn, Das Salz S. 4; A. Schmidt, Das Salz S. 8.
114) Pharmazeut. Zeitg. 1871, Nr. 76 und 79.
115) Lehmann a. a. O. I, S. 405 und 404; III, 213.
116) Lehmann ebenda Bd. III, S. 214.
117) Lehmann Bd. I, S. 101 ff.; II, S. 38, 48.
118) Lehmann II, 71 ff.; O. Funke, Lehrb. d. Physiologie Bd. I, S. 328.
119) Lehmann, Lehrb. d. physiol. Chem. [1853], Bd. 3, S. 212 f.
120) Lehmann I, 404; II, 85 f.; II, 235 f.; III, 214.
121) Lehmann III, 212.
122) Ich theile diese Tabelle nicht mit, um etwas für mich dadurch zu beweisen,

sondern nur um die Unsicherheit aller hierher gehörigen Grundlagen zu beleuchten. Wir haben noch in keiner Beziehung Musteranalysen des thierischen Körpers, die man überall als feststehende Werthe zu Grunde legen könnte. Die angeführte Tabelle giebt dergleichen am wenigsten, da sie durch Rechen- oder Druckfehler gründlich verdorben ist. Beim Wiesenheu z. B. soll auf ein Aequivalent Natron 35,0 Aequivalent Kali kommen. Da nun nach Lehmann's Untersuchungen bei Settegast, Thierzucht S. 470 (A. Schmidt, d. Salz S. 12) 100 Wiesenheu 10 Loth Natron enthalten, so würden auf 100 Pf. Wiesenheu etwa 20,3 Pf. Alkali kommen, während doch das reichste Heu nach Boussingault (Die Landwirthschaft, deutsch von Gräger 1845, II, 307) überhaupt nur 6 pCt. unorganische Stoffe enthält, das vollkommen getrocknete Heu gar nur 1 pCt. (Thl. I, S. 62), was freilich dem vorigen direkt widerspricht.

123) Bunge über die Bedeutung des Kochsalzes im menschlichen Organismus, München 1873 und Bunge (aus der Zeitschrift für Biologie Bd. X, S. 295) im Naturforscher 1875, Nr. 4.

124) Siehe Pharmazeutische Zeitung 1871, Nr. 76 und 79.

125) Lehmann a. a. O. III, 76 f.; II, 157.

126) A. Schmidt, Das Salz S. 11.

127) Meyn, Das Salz S. 11; Settegast, Die landwirthsch. Fütterungslehre. Breslau 1872, S. 297 f.

128) A. Schmidt, Das Salz S. 116.

129) Rose bei Moleschott, Physiol. des Stoffwechsels [1851] S. 503; Ludwig, Lehr. d. Physiol. d. Menschen 1856, Bd. 2, S. 264.

130) Barral, Mémoire sur la statique chim. du corps humain, in Ann. de Chim. et de Phys. 3. Série Tom. XXV. [1849], p. 129 ff.

131) A. Schmidt, Das Salz S. 14; Meyn, Das Salz S. 5 f.

132) Meyn a. a. O. S. 6 sagt mit großer Entschiedenheit: „Alle Nachrichten über Völkerstämme, welche den Salzgenuß verschmähen, erwiesen sich als fabelhaft." Ich wollte, er hätte die Erweise beigebracht, denn in meiner Kenntniß der einschlagenden Literatur habe ich bis jetzt nichts dergleichen gefunden. Es wird wohl bei Meyn eine Phrase sein, in die er bei dem Enthusiasmus für sein Thema (er spricht wie ein Advocat nicht wie ein Richter) und dem Bestreben, einen recht blühenden Styl zu schreiben, nur zu oft verfällt. Nur ein paar Beispiele S. VII: „Wenn das Salz nicht so wunderbar gleichmäßig über den Erdkreis vertheilt wäre." — S. 9: „es würde das Salz zu unversöhnlichen Kriegen führen*), wäre es nicht auf die mannigfaltigste Weise durch alle Länder der Erde verbreitet." Dagegen aber S. 8 (Pflanzen und Thiere) werden gewonnen, so weit die Erde grün ist, das Salz stammt aber nur von wenigen Ursprungsstätten. — S. 12: „Alles Fleisch' schmeckt im Grunde genommen fade und bedarf des Salzes".... „Das Salz scheint nur die gröbere Seite unsers Geschmackes zu befriedigen, ohne das feinere Aroma, besonders des verschiedenen Fleisches aufzuheben." Dergleichen ist bei der sonst recht fleißigen Arbeit sehr zu bedauern.

133) Dr. Th. Hirsch, Danzigs Handels- und Gewerbegeschichte. Leipzig 1858, S. 134.

134) Wolff in chemischen Forschungen auf dem Gebiete der Agricultur u. s. w. 1847, S. 369.

---

*) Nun das hat ja auch historisch oft genug statt gefunden.

135) Lehmann, Lehrb. d. physiol. Chemie [1853] II, 406 und 293.
136) Ann. de Chim. et Phys. 3. Sér., T. 19, p. 117—125; T. 25, p. 730—733.
137) A. Schmidt, Das Salz (nach Demesnay, Question du sal in Journ. d. Econom. T. 25, p. 7 f.
138) Möglinsche Annalen II, 1847, S. 29.
139) Kirst, Das Salzmonopol p. 53 bei A. Schmidt a. a. O. S. 23.
140) Lippowitz, Das steuerfreie Salz bei Schmidt ebenda.
141) Desmesnay in Journ. d. Economie T. 25, p. 30 bei Schmidt ebenda.
142) Settegast, Landwirthschaftliche Fütterungslehre p. 297 bei Schmidt ebenda.
143) Die zum Theil sehr einfältigen Ansichten der älteren Landwirthe über Salzfütterung sehe man in J. v. K., Handbuch für angehende Landwirthe. Leipzig 1843, § 459—62 und an einigen anderen Stellen.
144) Alfred Schmidt, Das Salz S. 38, Tabelle II.
145) Kölnische Zeitung d. 3. März 1875, Drittes Blatt.
146) Aristoteles de mirabilib. auscultationibus 138; A. Schmidt, Das Salz S. 21 nach Desaive, Ueber den vielfältigen Nutzen des Salzes in der Landwirthschaft, deutsch von Prolz, Leipzig 1852, S. 18; Meyn, Das Salz S. 16.
147) A. Schmidt a. a. O. S. 16 f.; Jesaias XXX, 24.
148) Dr. G. L. Hartig, Lexikon für Jäger u. s. w. Berlin 1836, S. 417.
149) Vergl. unter anderem Prestel, deutsche culturhistor. Zeitung von Sachse, Jahrg. 2, 1847 S. 27 und Kohl, Die Marschen und Inseln der Herzogthümer Schleswig und Holstein Bd. 3, S. 212—268.
150) H. Tasche, Das Soolbad Salzhausen. Gießen 1853, S. 8 f.; Dr. W. H. Schmidt von der spanischen Soda in Oekonom. physik. Abhandlungen Thl. XVII [1760], S. 534 f.
151) So bemerkt schon Levin. Lemnius de miraculis occultis natur. 1590, S. 228 f., daß durch Salz unfruchtbare und sumpfige Aecker tragfähiger gemacht werden könnten.
152) Liebig, Chem. Briefe 4. Aufl. 1859, Bd. 2, 40. Brief, S. 289 ff.
153) A. Schmidt a. a. O. S. 14—16.
154) J. Beckmann, Anleitung zur Technologie. Göttingen 1777, S. 297; G. F. Rösler, Beiträge zur Naturg. d. Herzogth. Würtemberg, Hft. 1, Tübingen 1788 (Noch 1770 Gradirung durch Anspritzen an hängende Strohwische in Sulz); Ph. Engebert Klippstein, Gesch. d. Salzwerks zu Salzhausen in Vorlesung der Churpf. phys. oekon. Gesellsch. z. Heidelberg, Bd. III. [1788], S. 389 ff. Hier wird der Apparat „Strohleckwert" genannt.
155) Galen. de simpl. med. facult. IV, 20; Karsten, Salinenkunde I, 95.
156) Für das im Text mitgetheilte verweise ich im Allgemeinen auf Karmarsch und Heeren, Technisches Wörterbuch, Artikel „Kochsalz"; Karsten, Lehrbuch der Salinenkunde Bd. 2 und Meyn, Das Salz S. 136—160.
157) Karsten, Salinenkunde II, 589 ff.; G. F. Rösler, Beiträge zur Naturgesch. d. Herzogth. Würtemberg, Hft. 1. Tübingen 1788, S. 138 ff. über die sogenannte Hallerde und die Handbücher über Landwirthschaft von Koppe, Schweitzer, Hlubeck u. A.
158) Liebig, Chem. Briefe 4. Auflage 1859, Bd. 2, 32. Brief, S. 147 ff.; Liebig entwickelt hier zugleich, weshalb eingesalzenes Fleisch durch Entziehung des Fleischsaftes wesentlich an Nahrungswerth verliert.

II. Das Salz in den Anfängen der Kultur. Anmerkungen.

159) Im Jahre 1733 wurde auf Befehl der Regierung vom ärztlichen Personal der Stadt Lüneburg eine vergleichende Untersuchung der gebräuchlichsten Salzarten vorgenommen und dadurch der Vorzug des Lüneburger Salzes offiziell festgestellt. J. C. von Dreyhaupt, Beantwortung der Frage: warum das Salz ... u. s. w. Göttingen 1733, gekrönte Preisschrift; U. F. C. Manecke, Kurze Beschreibung ... von Lüneburg S. 74.

160) Karsten, Salinenkunde II. 80 f.; Meyn, Das Salz S. 20, 35; S. 26 f.

161) F. S. Bock, Versuch e. vollständigen Natur- und Handelsgeschichte der Heringe. Königsberg 1769, S. 65.

162) Dr. K. Andrée, Amerika 1851. S. 728 f.

163) Alfr. Schmidt, Das Salz S. 26 f.

164) A. Schmidt, Das Salz S. 28 ff.; Karmarsch und Heeren, Technisches Wörterbuch Bd. 3, S. 303 ff. (Artik. Soda); Liebig, Chem. Briefe 4. Aufl. 1859, Bd. 1, 11. Brief S. 173 ff.

165) Mac Culloch-Diction. of commerce 1844, Artikel Barilla und Kelp; Karmarsch u. Heeren a. a. O. Art. Soda.

166) Karmarsch u. Heeren a. a. O. Art. Seife.

167) Ebenda Art. Glas.

168) Ebenda Artikel: Bleichen, Chlor, Chlorkalk; Lehmann, Taschenbuch der Chemie [1854], S. 45.

169) A. Schmidt nennt als Nebenprodukte bei der Sodabereitung [S. 29] Natriumsalz und Antichlor, worunter wahrscheinlich die oben genannten Salze gemeint sind. Er hat hier offenbar mangelhafte Mittheilungen benutzt, denn „Antichlor" ist mindestens ungebräuchlich und „Natriumsalz" ein ganz sinnloses Wort.

170) Alfr. Schmidt, Das Salz S. 32; K. Andrée, Geogr. des Welthandels, 1872 Bd. 2, S. 504: ausführliche Beschreibung der Saladeros, dann ebenda S. 522.

171) Karmarsch und Heeren a. a. O. Artikel: Töpferei.

172) Karmarsch und Heeren a. a. O. Artikel: Gefrieren; A. Schmidt, Das Salz S. 33.

173) Roscher, Grundlage der Nation. Ökonom. 3. Aufl. 1858, S. 271 Anm. 7.

174) Liebig, Chemische Briefe 1851, Brief 27, S. 496.

175) Alfr. Schmidt a. a. O. S. 65.

176) So wurde eben auch das erwähnte französische Aufhebungsdekret der Salzsteuer suspendirt, noch ehe es zur Anwendung kam und gegenwärtig ist die Salzsteuergesetzgebung fast so schlimm als sie je gewesen.

177) Dr. J. Anderson, Account of the present state of the Hebrides, aus d. Englischen übersetzt. Berlin 1789, S. 175—217 und 260 ff., größtentheils nach officiellen Aktenstücken.

178) Alfred Schmidt a. a. O. S. 113.

179) Ebenda S. 115.

Verbesserungen*).

Seite	Zeile	von		
Seite VI	Zeile 7	von Oben	ist das Komma zu streichen
" 10	" 7	" Unten	lies , statt ;
" 29	" 6	"	O. l. um jene st. und dieselben
" 38	" 12	"	U. setze dadurch hinter noch
" 39	" 1	"	U. setze und Borlach nach entdeckte
" 44	" 16	"	O. l. Fremde st. Feinde
" 48	" 16	"	O. l. im st. ein
" 52	" 15	"	O. l. Blöße st. Blöse
" 57	" 2	"	O. l. Leich st. Laich
" 64	" 10	"	U. l. Dobran st. Doberan
" 65	" 6	"	O. l. lant st. laut
" 65	" 7	"	O. desgleichen
" 66	" 2	"	O. l. möddings st. mäddings
" 69	" 16	"	O. l. Birmanen st. Bermanen
" 82	" 13	"	U. l. dann st. wohl
" 103	" 8	"	U. l. Sicilien st. Sibirien
" 104	" 3	"	U. l. Abendtheuer st. Abenteuer
" 105	" 12	"	O. l. geologischen st. zoologischen
" 109	" 19	"	U. l. Lappen st. Leppen
" 110	" 1	"	O. l. historical st. historial
" 110	" 9	"	U. l. Deynoot st. Deynort
" 110	" 8	"	U. l. ; st. :
" 111	" 6	"	O. l. Natur. st. Narus.
" 111	" 11	"	O. l. in st. n
" 111	" 17	"	O. l. Trygwasson st. Frygwason
" 111	" 21	"	O. l. piscari ad st. piscariad
" 111	" 22	"	O. l. , st. ;
" 111	" 13	"	U. l. allecium st. allocium
" 112	" 13	"	O. l. Uebermuth st. Ueberm ut
" 117	" 8	"	O. l. Laith st. Laiih
" 117	" 12	"	O. l. Voemelius st. Vaemelius
" 120	" 14	"	U. l. physiologischen st. psychologischen
" 120	" 8	"	U. l. datur absque st. datuabsque
" 121	" 5	"	U. l. Michael Apostol. st. Michael, apostolic.
" 138	" 6	"	U. l. Deutschland st. Deuschland
" 161	" 4	"	U. nach später ist hinzuzufügen: durch salzige Bäche und Flüsse
" 192	" 6	"	U. l. Er st. Es
" 196	" 5	"	U. l. sind st. ist

*) Freundliche Leser ersuche ich die Verbesserungen vor dem Lesen zu berücksichtigen. Die große Zahl der Druckfehler bitte ich mit meinem ernsten Unwohlsein während der Correctur zu entschuldigen.

Nachwort

von Robert P. Multhauf

I

Das Leben von Matthias Jacob Schleiden (1804-81) überspannte fast das ganze 19. Jahrhundert. Es begann ein paar Monate, bevor Napoleon sich selbst zum Kaiser von Frankreich gekrönt hatte, dessen wechselnde Grenzen damals mehrere Teile Deutschlands mit einschlossen, und es endete zehn Jahre nach der Gründung des Deutschen Reiches. Kurz nach seiner Geburt stand seine Heimatstadt Hamburg unter französischer Kontrolle; bei seinem Tod war sie ein wichtiger Teil des neuen Reiches. In Schleidens eigenem Leben spiegelten sich wie in einem Mikrokosmos die Wechselfälle jener turbulenten Jahrzehnte wider.

Im Jahr 1827 verließ er die Heidelberger Universität mit dem Titel eines Doktors der Rechte. Nach ein paar Jahren gab er den Beruf des Advokaten auf, obwohl er die Begeisterung des Juristen für Wortgefechte beibehielt. Schleiden hatte, wie sein Biograph feststellte, „eine kampfbereite Feder". Fünf Jahre nach seinem Fortgang von Heidelberg wurde er wieder Student, dieses Mal der Naturwissenschaften, zuerst in Göttingen, dann in Berlin und schließlich in Jena. Unter dem Einfluß seines Onkels, Johann Horkel, der Botaniker war, machte auch Schleiden dieses Fach zum Schwerpunkt seiner Studien. 1838, ein Jahr, bevor er seinen zweiten Doktor erhielt, veröffentlichte er einen Aufsatz *Beiträge zur Phytogenesis*, der ihm – zusammen mit seinem Freund Theodor Schwann – einen Platz in der Wissenschaftsgeschichte als Verkünder der „Zellentheorie" sicherte.

Dieser Theorie wegen wird Schleiden sogar heute noch in modernen Lehrbüchern erwähnt, wenn auch nicht immer positiv. Die Zellentheorie besagt, daß Tiere und Pflanzen aus Zellen aufgebaut sind. Zellen waren bei Pflanzen früher und besser bekannt als bei Tieren, aber erst 1838/39 wurden sich Schwann und Schleiden darüber klar, daß alle Organismen aus entsprechenden Elementarteilchen bestehen. Beider Vorstellung über die Zellbildung war allerdings nur etwa eine Generation lang anerkannt, danach wurde sie aufgegeben. Schleiden und Schwann nahmen an, daß Zellen innerhalb des formlosen Materials der Zellflüssigkeit gebildet würden, das sie „Blastema" nannten – oder auch unter Berücksichtigung der Rolle bei der Zellbildung „Cytoblastema". Sie betrachteten in der romantisch-naturphilosophischen Tradition die Zellbildung als Analogon zur Kristallisation anorganischer Körper, da die ganze Natur von einer „formbildenden Kraft" durchdrungen sein sollte. Als 1860 Cytologen die Zellteilung entdeckten, wurde die Cytoblastema-Theorie obsolet. In seiner *History of Cytology* (1959) nannte Arthur Hughes diese Theorie einen „verhängnisvollen Fehler", da seiner Meinung nach die Aufstellung der Theorie der Zellbildung geringer eingeschätzt werden sollte als die Verurteilung der Fehler in ihr. Ein recht extremes Urteil, da die Fehler innerhalb von dreißig Jahren korrigiert wurden! Unter anderem beschuldigte auch Virchow Schleiden, der sechs Jahre älter war, einen übermäßig großen Einfluß auf Schwann genommen zu haben.

Die Fehler scheinen um so entschuldbarer, je mehr sie im Zusammenhang mit der Zeit gesehen werden. Die Cytoblastema-Theorie war nicht so verschieden von jener, die von dem einflußreichen Lorenz Oken in seiner Schrift *Die Zeugung* (1805) veröffentlicht wurde. Als uranfängliche organische Materie postulierte er die „Infusorien", Urbläschen aus dem Urschleim, die Oken mit dem kugelförmigen „farina foecundans" des englischen Mikroskopikers J.T. Needham verglich (*An account of some new microscopical discoveries*, 1745). Schleiden benutzte die Bezeichnung Infusorien in seinem Buch *Die Pflanze und ihr Leben* (1848, S. 31). Die Analogisierung der Bildung pflanzlich-organischer Substanz mit den Kristallisationsvorgängen im anorganischen Bereich könnte von Schleidens Jenaer Lehrer, dem Philosophen J. F. Fries, stammen. Bei der Beurteilung der Theorie der Zellbildung sollte man auch den zeitgenössischen Stand der Fixierungs- und Anfärbeverfahren, besonders aber den der Mikroskopie berücksichtigen. Schleiden und Schwann waren Pioniere für den wirksamen Einsatz dieses Beobachtungsinstruments, das gerade damals wichtig für Feinuntersuchungen wurde; das galt besonders für das achromatische Mikroskop während der dreißiger Jahre des 19. Jahrhunderts. Aber benutzten Schleiden und Schwann überhaupt achromatische Mikroskope? Wir wissen es nicht, obwohl Schleiden zweimal weitschweifige Aufsätze über das Mikroskop schrieb. Doch sogar, wenn wir annehmen, daß es so war, können wir kaum voraussetzen, daß ihre Instrumente qualitativ denen glichen, mit denen man eine Generation später die Zellwand entdeckte.

Mag dem sein wie es will, Schleidens größter Einfluß war der eines Verfassers von Lehrbüchern. Das gilt besonders für seine *Grundzüge der wissenschaftlichen Botanik* (1842/43), in denen er die Beschränktheit der rein deskriptiven Linné'schen Betrachtungsweise kritisierte und das unmittelbare Studium der Strukturen und der Entwicklungsgeschichte einzelner

Pflanzen als Grundlage jeder morphologischen Einsicht propagierte. In seiner *Geschichte der Botanik* (1875) erklärte Julius von Sachs: „Der Unterschied zwischen diesem Werk und allen vorgehenden Lehrbüchern ist wie Tag und Nacht; jener gedankenlosen Trägheit gegenüber hier eine sprudelnde Fülle von Leben und Gedanken, die vor allem gerade auf die Jugend um so mehr wirken mußte, als sie in sich selbst vielfach unfertig und unvergohren war; auf jeder Seite dieses merkwürdigen Buches fand der Studierende neben wirklich wissenswerthen Thatsachen interessante Reflexionen, lebhafte, meist grobe Polemik, Lob und Tadel gegen Andere" (S. 203). Und Marc Klein nennt im *Dictionary of Scientific Biography* (1959) Schleidens Buch „den Ausgangspunkt für alle folgenden botanischen Lehrbücher".

Dort finden wir den „Tadel gegen Andere" hauptsächlich in der langen Einleitung, z. B. „Solche Werke, wie Batemans Orchideen, Herrn Cordas Pilzflora, sind geradezu sinnlose Verschwendungen", (S. 165), und in seinem Kommentar zu Emil Kratzmann und dessen Werk über Samen (1830) lesen wir, daß es „fast auf jeder Seite Falschheiten oder schiefe Darstellungen enthält" (S. 69). Dagegen schrieb K. W. F. Jessen in seiner *Botanik der Gegenwart und Vorzeit* (1864): „So schuf Schleiden ein Werk welches Vielen gerecht, eine ausserordentliche Wirkung übte, verschloss sich selbst aber den Weg, weiter zu kommen, denn eine einzige der so bestimmt ausgesprochenen, ja meist als Fundamentalbeweis der ganzen Darstellung angewandten Hypothesen als unrichtig anerkennen, hiess das Ganze zu Grabe tragen" (S. 443).

Wilhelm Behrens konstatierte dann auch in seinem Nachruf auf Schleiden: „Die in diesem Werk durchgeführten Neuerungen verfehlten nicht, eine Unmasse von Schmähschriften gegen ihn ins Leben zu rufen"; er fügte hinzu: „doch ging er unbekümmert seinen Weg, verbesserte die folgenden Auflagen wesentlich und hatte Freude zu sehen, wie sich trotz der vielfach widerstrebenden Elemente seine Richtung allmälig Bahn brach".

Schleidens „kampfbereite Feder" spielte zweifellos eine Rolle in all diesen Auseinandersetzungen. So war es auch unvermeidlich, daß er mit dem berühmten Naturforscher Justus von Liebig zusammenstieß, dessen streitsüchtiges Temperament seinem eigenen so ähnlich war. Liebig war nur wenig älter, aber er hatte bereits einen großen Ruf als Wissenschaftler, als Schleiden noch Student der Rechte in Heidelberg war. In Liebigs Buch *Die organische Chemie in ihrer Anwendung auf Agrikulturchemie und Physiologie* (1840) sprach der Verfasser in herabsetzender Weise von „Gemüse-Physiologen", von denen Schleiden ein führender Vertreter war. Schleiden schrieb daraufhin, daß „man in Versuchung geraten kann, das ganze Buch nur für ein Pasquill auf diese ganze Classe von Naturforschern anzusehen". Das war natürlich nur der Anfang, und einmal, wenn auch nur kurz, wurde Schleiden sogar von anderen unterstützt. „Den arroganten Liebig hat Schleiden ganz köstlich zugedeckt", schrieb sein Botanikerfreund Franz Unger. (Zitiert bei Möbius. S. 57).

Wie seinerzeit üblich, hatte Schleiden eine große Anzahl Notizen über seine Forschungsresultate publiziert, darunter einige von großer Wichtigkeit. Nach 1847 hörte das fast ganz auf, dafür veröffentlichte er allgemeinere Schriften mit populärem Anspruch, z. B. seine „Biographie der Pflanzen" von 1848, das Buch *Die Pflanze und ihr Leben. Populäre Vorträge.* Hier finden wir unter anderem auch die Frage nach dem Beginn der Evolution abgehandelt. „Daß einmal wenigstens aus dem Kampf der anorganischen Elemente die Keime des organischen Lebens an der Erde hervorgegangen sein müssen, leidet keinen Zweifel". Aber nach Schleiden gab es Zweifel, was als nächstes geschah. „Da in dieser Sache jeder seine Phantasteen für sich hat, und haben darf, warum ich nicht die Meinige auch". Er betrachtete die Idee der wiederholten Schöpfung als überflüssig, da er es für wahrscheinlicher hielt, daß es der Bodenreichtum der Tropen an löslicher anorganischer Materie und der Einfluß der Wärme und Feuchtigkeit war, „welche zunächst eine Abänderung des chemischen Prozesses in den Pflanzen und dadurch ein größeres und geringeres Abweichen in den Formen hervorrufen" (S. 267).

Schleidens Einfluß auf die nachwachsende Forschergeneration in der Botanik wurde sogar von seinen Kritikern anerkannt. Die Studenten beeinflußten allerdings auch Schleiden: Er nahm intensiv an der 1848 er Bewegung als prominentes Mitglied des Volksvereins in Jena teil. Trotz dieses Verhaltens wurde er dort 1850 ordentlicher Professor der Botanik. 1862 gab er den Lehrstuhl auf, um nach Dresden, und im folgenden Jahr nach Dorpat als Professor für Anthropologie zu gehen. In weniger als einem Jahr kehrte er wieder nach Dresden zurück, zur Erleichterung der ultrakonservativen orthodoxen russischen Geistlichkeit, aber mit einer Pension vom Zar Alexander II.

Während dieser Zeit beschäftigte sich Schleiden immer mehr mit der Publikation populärer Schriften und immer weniger mit botanischen Studien – obwohl er noch einen Band für die *Encyklopädie der gesamten theoretischen Naturwissenschaften in ihrer Anwendung auf die Landwirtschaft* (3 Bde.) schrieb, die er zusammen mit E. E. Schmid 1850 herausgab. In demselben Jahr veröffentlichte er einen Aufsatz in den *Annalen* von Jena „Über Früchte, Gemüse und Drogen an der Westküste von Mexiko", und im folgenden Jahr „Über Nordpolarexpeditionen" in der Zeitschrift *Deutsches Museum*. Sie wurden in seinen *Studien. Populäre Vorträge* (1855) zusammen mit Aufsätzen, die ihn noch weiter von der Botanik entfernten (und eine andere seiner Abneigungen dokumentierten), wie z. B. „Swedenborg und der Aberglaube", und „Wallenstein und die Astrologie", als Sammlung populärer Vorträge wiederabgedruckt.

In Schleidens *Studien* war der Aufsatz „Die Beseelung der Pflanzen" aufgenommen, der G. T. Fechner kritisierte, welcher in einer Veröffentlichung von 1848 Pflanzen eine Seele zugesprochen hatte, „mit zahlreichen Zitaten und anderem gelehrten Flitterstaat" (S. 155) –, was Fechner mit gleicher Münze 1856 beantwortete: *Professor Schleiden und der Mond*. Diesem Ausdruck seiner Abneigung gegen den Vitalismus folgte im nächsten Jahr eine ebenso deutliche Absage an dessen Gegenpol, den Materialismus: Schleidens Aufsatz „Über den Materialismus unserer Zeit", veröffentlicht in *Westermanns Monatsheften*. Es war einer der heftigsten Angriffe auf den Materialismus in der Mitte des 19. Jahrhunderts (nach Owsei Temkin, *Bulletin of the History of Medicine, 20* (1946) S. 822). Schleidens Möglichkeiten, zu philosophischen Fragen Stellung zu beziehen, waren dadurch geringer geworden.

Schleiden war auf dem Wege, Historiker zu werden. Seine *Geschichte der Botanik in Jena* (1859) scheint fast ein Abschied von der Wissenschaft gewesen zu sein. Obwohl er 1867 einen höchst ehrgeizigen Versuch mit der populären Schrift *Das Meer* wagte, einem Prachtwerk von mehr als 700 Seiten, wurden seine neuen Interessen deutlicher in der Schrift *Die Landenge von Sues. Zur Beurteilung des Kanalprojektes und des Auszugs der Israeliten aus Ägypten*. Seine letzten beiden Veröffentlichungen sollten sich mit der Geschichte der Juden befassen: „Die Bedeutung der Juden für Erhaltung und Wiederbelebung der Wissenschaften im Mittelalter" (1877) und „Die Romantik des Martyriums bei den Juden im Mittelalter" (1878), beide in *Westermanns Monatsheften* veröffentlicht. In ersterem schrieb er, daß seine Studien zur Geschichte der Botanik ihn zu Albertus Magnus geführt hätten und dann zu der Frage, welche Vermittler das Wissen islamischer Gelehrter an den lateinischen Westen weitergegeben hatten. „Die Romantik", offensichtlich seine letzte Veröffentlichung, war charakteristischerweise eine Antwort an einen Gegner, nämlich Theodor Billroth und dessen Schrift *Über das Lehren und Lernen der medizinischen Wissenschaften* (1876), die die Bemerkung enthielt: „Den unbegabten Juden fehlt die eigentliche Freude an der Romantik des Martyriums".

Nichts war jedoch für Schleiden wichtiger, als seine Idee zu verwirklichen, eine „vollständige Geschichte" einer Pflanze, eines Tieres und eines Minerals zu schreiben, die gleichsam paradigmatisch für die großen Reiche der Natur stehen sollten.

II

Gewöhnliches Salz galt in prähistorischen Zeiten als höchst begehrenswerter, wenn nicht sogar als unerläßlicher Bestandteil menschlicher Nahrung. Aber erst 1809 hielten es F. A. C. Gren und C. F. Bucholz für notwendig, die Leser ihres Buches *Grundriss der Chemie* wie folgt zu informieren: „Alles Kochsalz, es sei Steinsalz, Meersalz oder Schlensalz, ist nicht wesentlich von einander verschieden als in beygemischten fremden Stoffen." Im Gründungstext der modernen Chemie, im *Traité Elémentaire de Chimie* von Antoine Laurent Lavoisier (1789), wurde von gewöhnlichem Salz gesagt, daß es eine „Kombination" von acide muriatique et soude (Salzsauer und Soda) sei, aber diese Bestandteile seien ebenfalls Verbindungen unbekannter Bestandteile. Chlor und Natrium wurden Anfang des 19. Jahrhunderts entdeckt, jedoch erst aufgrund der elektrochemischen Untersuchungen im zweiten Jahrzehnt des Jahrhunderts erkannte man, daß sie selbst nicht Verbindungen, sondern Elemente sind.

Gewöhnliches Salz hat eine lange Geschichte, auch ohne Beihilfe seitens der wissenschaftlichen Chemie. Es ist eine ziemlich verwickelte Geschichte. Salz war nicht nur eine der frühesten Handelswaren, sondern die Kontrolle seiner Produktion war bereits auch ein Monopolanspruch der ältesten Regierungen. Der Grund lag in wirtschaftlicher Unabhängigkeit wie in fiskalischer Stabilität – Steuern auf Salz galten als ideales Instrument, Staatseinkünfte zu erhalten. Natürlich hatte das wiederum politische Folgen, nicht zuletzt, weil der Bedarf an Einkünften sehr oft durch die Kriegskosten bestimmt wurde und in Friedenszeiten durch Aufträge für Paläste und andere repräsentative Bauten. So war das Interesse der Regierungen am Salz verständlicherweise groß, von seiner Produktion bis zum Verschwinden in die Mägen der Bevölkerung. Die finanziellen Bedürfnisse der Regierenden zwangen allerdings manchmal die Untertanen, entsprechend große Mengen Salz in ihren Mägen unterzubringen.

Diese Betrachtungsweise der Geschichte des Salzes läßt sich äußerst anschaulich an der Geschichte Chinas und Frankreichs belegen. Diese Länder waren nicht nur die ersten, die alle Möglichkeiten bürokratischer Reglementierungen bei der Salzproduktion und -konsumtion beschrieben, sondern auch als erste Berichte über diese Geschäfte aufgehoben hatten. Ausnahmen vom politischen Einsatz der Ware Salz scheint es wenige gegeben zu haben. Das Widerstreben der Regierungen des antiken Roms, Salz zu besteuern, ist bemerkenswert und möglicherweise eine Folge der allgemeinen Politik, Probleme der Versorgung, einschließlich des Salzes und dessen Erlöse, den unterworfenen Völkern zu überlassen. Auch die Vereinigten Staaten machten lange Zeit eine Ausnahme, wenn es um die Reglementierung von Salz ging, da sie entschlossen waren, die Maßlosigkeiten der Regierungen der Alten Welt zu vermeiden.

Das Meer war die überragende Quelle für Salz, obwohl auch Steinsalz bereits im fernen Altertum bekannt war. Üblicherweise kam es nur in dünn bevölkerten Gebieten wie Wüsten vor; es war allerdings auch nicht unbekannt in gemäßigten Klimazonen, z. B. in Siebenbürgen und bei Cardona in den spanischen Pyrenäen. Steinsalz wurde kaum abgebaut – vielleicht wurde es als etwas anderes als Salz angesehen oder zumindest als eines von sehr viel schlechterer Qualität. Die Regierungen dieser Gebiete hatten es auch schwer, den Handel mit Steinsalz zu kontrollieren und es zur Bedrohung etablierter Systeme der Salzversorgung einzusetzen. Die Kontrolle des Meersalzes war kaum einfacher, aber der jahrhundertelang aufgewandte Scharfsinn half, dieses Problem zu meistern, und die Kontrolle von Steinsalz wurde anscheinend als eine unnötige Komplizierung angesehen.

Infolge dieser Gegebenheiten war das nördliche Europa benachteiligt, in erster Linie natürlich dadurch, daß das Klima die konventionellen Methoden der Trennung des Salzes vom Meerwasser mit Hilfe der Verdunstung durch Sonnenwärme nicht begünstigte. So wurde versucht, diese Benachteiligung zu mindern, indem man z. B. das Meerwasser in Keramikgefäßen verkochte. Überreste davon (bekannt als „Briquettage") wurden von Archäologen überall entlang den nördlichen Meeresküsten gefunden. Das Brennmaterial war Holz. Die Anzahl der „Briquettagen" läßt vermuten, daß dieser Holzverbrauch der erste große Raubbau der Waldbestände Nordeuropas war.

Venedig, dessen Ruhm auf dem Handel mit Gewürzen und „solarem" Meersalz beruhte, das zuerst in seinen eigenen Lagunen gewonnen wurde, dann in Vorposten entlang der adriatischen Küste und schließlich in so entfernten Regionen wie den Balearischen Inseln, kam Nordeuropa zu Hilfe. Seine Herrschaft als wichtigster Salzhändler wurde Venedig aber bald streitig gemacht, zuerst von anderen italienischen Stadtstaaten – Genua verdankte viel von seinem Reichtum dem Salzhandel –, dann von der französischen Provence und im 14. Jahrhundert von der Atlantikküste Frankreichs. Gegen Ende des Mittelalters hatten es die allezeit erfinderischen Holländer geschafft, trotz des ungünstigen Klimas sowohl bei der Herstellung (sie verkochten Meerwasser mit Küstentorf) als auch im Handel mit den anderen Anbietern konkurrieren zu können. Als dann die Vorteile der Steinkohle von den Engländern entdeckt wurden, schufen diese die Salzindustrie sowie das Symbol der industriellen Revolution, die mit rauchenden Schornsteinen besetzte Landschaft – gebildet von Tausenden von kohlebeheizten Meerwasser-Öfen an den Flußmündungen von Tyne und Forth. Das salzarme Mitteleuropa war Hauptziel dieser Unternehmungen im internationalen Handel. Diese geographische Region hatte zwar einige Vorräte, so eine Anzahl von Quellen, die man mehr oder weniger als Salzquellen bezeichnen kann. Sie wurden auch jahrhundertelang sorgfältig genutzt, einige schon in der Zeit der Römer. Diese Quellen waren geographisch fast so verteilt wie die zahlreichen unabhängigen Kleinstaaten deutscher Länder. Wegen einiger Solequellen wurden sogar Kriege geführt. Aber bis auf wenige Ausnahmen – z. B. Lüneburg und Hallstein (Salzburg) – war die Produktion an Salz gering, und die Kosten waren hoch. Die Salinen zur Solekonzentrierung hatten zunächst kaum ökonomische Bedeutung, in den vielen kleinen Residenzen waren sie vielmehr wichtig als Barock-Ornamente. Dennoch scheinen sie, da über ihre Geschichte eingehend berichtet wurde, im Rückblick eine der interessantesten Episoden in der Geschichte des Salzes gewesen zu sein. Die fleißige Art und Weise der Deutschen, „Verbesserungen" bei den Salzwerken zu erreichen, führte schließlich in den dreißiger Jahren des 19. Jahrhunderts zum Ende der Vorherrschaft des Meersalzes. Heute ist es das Steinsalz, nicht das Meersalz, das Weltproduktion und -markt beherrscht.

Über das Salz haben sich praktisch alle Autoren verbreitet, die sich mit Kultur- und Naturgeschichte befaßten – soweit es um Meersalz ging. Weder Solesalz noch Steinsalz waren von vergleichbarer Bedeutung, sie wurden immer nur kurz erwähnt. Das änderte sich erst beim Aufkommen der technischen Literatur in den deutschen Ländern im 17. und 18. Jahrhundert. In dieser Zeit ist in dem ungewöhnlich hohen Ausstoß deutscher Druckerpressen auch die früheste Spezialliteratur über Salz zu finden, beginnend mit Johann Thöldes *Haligraphia, das ist Beschreibung aller Salz-Mineralien,* (Hesse, 1603) Thölde unterschied mehrere Salzarten (Kochsalz, Salpeter, Alumen, Vitriol) aufgrund ihrer kristallinen Form, diskutierte deren Ursprung und beschrieb die Salinen Lüneburg, Halle, Frankenhausen, Allendorff, Salzungen, Staßfurt und anderer Orte. Mit dem Werk von David Kellner *Berg und Salzwerksbuch* (Frankfurt/M, 1701) weitete sich diese Literatur zu einem Strom, bis im 19. Jahrhundert daraus eine Flut wurde. Die Reiseberichte enthielten üblicherweise Beschreibungen von Salzwerken, und in den Fachzeitschriften wurde regelmäßig über reale und imaginäre Verbesserungen berichtet. Zur Geschichte erwähnt Schleiden zwei Werke, die ich nicht entdecken konnte, nämlich J. Thomasius *Historia salis* (Leipzig, 1644) und J. E. Müllers *Entwurf einer Salzhistorie* (Coburg, 1718).

Auf jeden Fall begann die ernsthafte historische Behandlung des Themas bereits im Jahre 1708 mit dem Erscheinen von Friedrich Hoffmanns Buch *Kurze doch gründliche Beschreibung des Saltz-Wercks in Halle*. Es leitete eine Reihe von Schilderungen ein, die der anscheinend am gründlichsten untersuchten Saline galten. 1749 verfaßte Friedrich Hondorff seine *Beschreibung des Salzwerks in Halle in Sachsen* und 1799 Johann C. Förster seine *Beschreibung und Geschichte des hallischen Salzwerks*. Keine andere Saline wurde so ausführlich behandelt, wahrscheinlich weil keine eine so große politische und kulturelle Bedeutung hatte. Allerdings waren auch andere Salzwerke Thema historischer Schriften größeren oder kleineren Umfangs, wie z. B. Mathias Flurls *Aeltere Geschichte der Saline Reichenhall* (1811), E. F. Senffs *Kurze historisch-technische Beschreibung des Lüneburger Salzwerks* (1811), die anonymen *Geschichtlich-technologischen Mitteilungen über das Preussische, im Herzogtum Sachsen gelegene Salzwerk zu Dürrenberg* (Karsten's Archiv, 1831), J. N. Hrdinas *Geschichte der Wieliczkaer Saline* (1842 – diese polnische Saline war damals unter österreichischer Kontrolle), Gustav Poppes kleiner Aufsatz *Zur Geschichte der älteren Saline bei Artern*, (Zeitschrift des Harzverein, 1868), Rudolph Ludwigs gleichfalls kurzer Aufsatz *Die alte Saline bei Bad Nauheim*, (Archiv für hessische Geschichte, 1867), S. Rufs *Zur Geschichte der Saline Hall (Tyrol) 1335–61*, (Archiv für Geschichte ... Tirols, 1865) und W. F. Volgers bedeutendes Werk *Die Lüneburger Sulze*, das nach seinem Tod 1879 zunächst unveröffentlicht blieb und erst 1956 gedruckt wurde.

Daß die Anzahl der Bücher über deutsche und österreichische Salzwerke groß war, wurde durch die gigantische *Ökonomisch-technische Encyclopädie* von J. G. Krünitz belegt, worin der Artikel über Salz 134 Seiten füllt (veröffentlicht im

Jahre 1823) und Teile der zwei Zusatzbände. Etwa 111 Salzwerke wurden darin beschrieben, auch unter Einbeziehung ihrer Geschichte. Fast genausoviele wurden im Werk von J. E. v. Koch-Sternfeld *Die deutschen ... Salzwerke, zunächst im Mittelalter* von 1836 behandelt.

III

Im Vorwort zu seinem Buch *Das Salz* berichtete Schleiden: „Vor etwa einem halben Menschenalter kam mir der Gedanke, einmal den Einfluß der Natur auf die Kulturgeschichte der Menschheit an drei Beispielen aus den sogenannten drei Reichen der Natur zu entwickeln. Ich wählte dazu das Salz, die Rose und das Pferd". *Die Rose* war, wie er anmerkte, 1873 erschienen; er fügte hinzu, daß er den Plan für *Das Pferd* beiseite gelegt habe, da er es nicht für wahrscheinlich hielt, viel Neues zu dem hinzufügen zu können, was Victor Hehn 1854 in seinem Werk *Kulturpflanzen und Haustiere* veröffentlicht hatte. Hehn, der von 1813 bis 1890 lebte, ist der Nachwelt zumindest als Kulturhistoriker bekannt. Er wurde in Dorpat geboren und war in der Bibliothek in St. Petersburg angestellt. 1873 ging er nach Berlin. Seine Werke waren im Grunde genommen genauso vielseitig wie die Schleidens; sie schlossen sogar die Geschichte des Salzes ein *(Das Salz*, Leipzig, 1873). Aber diese Geschichte war kurz, „ein kleiner Abschnitt", wie Schleiden sie nannte, nur 73 Seiten stark, was er nicht ausreichend fand, obwohl er gut über sie spricht.

Wie Hehn war Schleiden an Kulturgeschichte interessiert, oder, wie er es im Untertitel zum Buch *Die Rose* ausdrückt, an der „Geschichte und Symbolik in ethnographischer und kulturhistorischer Beziehung". In diesem Buch stellte er eine erstaunliche Sammlung von Bezügen zur Rose zusammen, die weit in Raum und Zeit hineinreichen – vom Paradies bis zum Kampf des hl. Jakob (1444) und von den Indogermanen bis nach China. Aber die Wissenschaft wird kaum erwähnt. *Das Salz*, obwohl es seine „Geschichte, seine Symbolik und seine Bedeutung im Menschenleben" behandelt, sollte ein ganz anderes Buch werden. Die Symbolik des Salzes z. B. füllt nur eine Seite, und wenn auch der geographische und ethnographische Rahmen (Salz im Kultus) weit gespannt ist, werden diese Themen zwar behandelt, aber nur kurz.

Es ist nicht erstaunlich, daß Salz – verglichen mit der Rose – keine so große ästhetische und symbolische Bedeutung gehabt hat. Die Rose, wo sie auch immer gefunden wird, unterscheidet sich in klar definierbaren Einzelheiten, Salz dagegen ist ein schwer bestimmbares Ding. Etymologische Forschung war notwendig, diesen Stoff in den verschiedenen Kulturen herauszufinden; die Methoden dafür waren von einer verwirrenden Vielfalt. Schleiden fand es passend, von sechs großen Salzhandelsgebieten zu sprechen, die durch Variationen in der „Hervorhebung des Salzes" oder in den „Formen des Verkehrs" charakterisiert werden: Asien, Afrika, Nordamerika, Mittelmeer und Pontus, Zentraleuropa und Nord- und Ostsee. Bei den ersten drei Gebieten bezog er sich auf die zeitgenössische Literatur über Anthropologie, die, wie seine Fußnoten zeigen, überraschend reichhaltig war. Für die letzten drei benutzte Schleiden historische Quellen. Er war hauptsächlich darauf bedacht, das hohe Alter vieler europäischer Orte der Salzproduktion zu zeigen, da deren Vorhandensein bereits durch frühe Quellen belegt war. In einer Geschichte, die kaum länger als die von Hehn ist, gelingt es ihm in bewundernswerter Weise, systematisch die offensichtliche Wahrheit zu dokumentieren, daß Salz in der menschlichen

Kultur ein stets vorhandener Faktor gewesen ist. Und doch, trotz seiner Unverzichtbarkeit und Kostspieligkeit, blieb es, wie die Literaturzitate zeigen, ein kaum beachteter, ja fast verachteter Gegenstand. Obwohl Schleiden das so nicht sagt, unterschied es sich hierin gewiß von der Rose.

Das ist jedoch nicht das Ende der Geschichte; „so erscheint es ganz anders, wenn wir es nun unter der Herrschaft einer hochgesteigerten Zivilisation und einer fortgeschrittenen Wissenschaft betrachten". Damit kommen wir zum zweiten Teil des mit diesem Nachdruck wieder zugänglich gemachten Buches. Schleiden beginnt diesen Teil mit einer Darstellung der Chemie und Geologie des Salzes, wie sie in der umfangreichen Literatur der ersten drei Viertel des 19. Jahrhunderts beschrieben wurde. Dann wendet er sich den Stätten der Salzherstellung und dem Salzhandel zu, unter besonderer Berücksichtigung Europas. Trotz der Kürze des Buches ist sein Bericht informativ und fundiert, um vieles besser als jede frühere Arbeit auf diesem Gebiet. Nur gelegentlich erweckt ein Thema seine gewohnte Entrüstung, wie im Fall der Salzsteuer, die er nicht nur mißbilligte, sondern auch für einen Indikator der Gewaltherrschaft hielt. Ägypten und Israel hatten die Salzsteuer; Athen nicht, auch nicht das republikanische Rom, bis die Habgier der Privatproduzenten die Regierung nötigte einzugreifen. Schließlich zwang auch das Kriegführen das Römische Reich, auf dieses Mittel, Einkünfte zu gewinnen, zurückzugreifen, und darin sollte es von seinen Nachfolgestaaten imitiert werden. Nur England (bis 1694), und Rußland (bis zu Peter dem Großen) hatten keine Salzsteuer (Schleiden übersah hier die Tatsache, daß beide Importeure waren, und lange Abgaben auf Salz gehabt hatten).

Schleiden möchte Liebigs Spruch, daß der Verbrauch an Seife ein Maß für Zivilsation sei, auf das Salz beziehen: „Die

Zivilisation mißt sich ab an der Menge des Salzes, die ein Volk verbraucht". Und er schlägt vor, diesen Indikator nicht nur bei Bruttoverbrauch oder -produktion anzuwenden, sondern auch festzustellen, welche Menge für den industriellen Einsatz bestimmt ist, d. h. daß man vom Gesamtverbrauch die Menge abzieht, die Mensch und Tier benötigen, und Import und Export des Salzes berücksichtigt. Die erforderlichen Statistiken waren nur für die europäischen Nationen vorhanden; er berechnete aus ihnen die Menge, die für die Industrie verfügbar war, von 9,5 Pfund pro Kopf in Spanien bis zu 39,6 Pfund in Deutschland. Schleiden stellte das mit Zufriedenheit fest, wie auch die Tatsache, daß England und Portugal, die nach Deutschland die größten verfügbaren Mengen besaßen, keine Salzsteuer (zur Zeit der Niederschrift) eingeführt hatten.

Eine solche Mengenanalyse zur Nutzung des Salzes wäre eine Generation früher kaum möglich gewesen. Schleiden war sich bewußt, daß die Analysen 1876 noch unsicher genug waren. Er war sich auch über die Unsicherheit seiner Voraussetzungen im klaren, wie z. B. über die Schätzung der Salzmenge, die ein Mensch benötigt; er setzte sie zögernd auf 15 Pfund pro Jahr und Kopf fest. Diese Frage wurde in der Fachliteratur einige Jahrzehnte lang diskutiert; mehrere Aufsätze von G. Bunge in der *Zeitschrift für Biologie* (1873-74) waren z. B. diesem Thema gewidmet. Schleiden zitierte Bunge nicht, aber er war sich des Problems bewußt und diskutierte es, wie er es auch mit den noch schwierigeren Fragen Konsum der Tiere und Verbrauch in der „Landwirtschaft" tat – hier meinte er wohl die Eignung des Salzes als Düngemittel, eine Vorstellung, die vor 100 Jahren noch verbreitet war.

Der eindrucksvollste Aspekt seines Buches ist die Darstellung der Nutzung des Salzes in der Industrie. Ein Thema, das in älteren Büchern meist nur nebenbei erwähnt wurde. Soda

(Natriumcarbonat), ein Stoff, der vielfältig verwendet wird, z. B. für die Herstellung von Seife und Glas, wurde seit Ende des 18. Jahrhunderts aus Salz hergestellt. Zu Schleidens Zeit wurde mehr Salz für die industriellen Prozesse verbraucht als für die menschliche Ernährung. Dieses Faktum in der Geschichte des Salzes ist kaum jemals zuvor bemerkt worden. Schleiden referiert noch über weitere 28 industrielle Anwendungsbereiche.

Er folgerte, daß Salz „ein Gegenstand ist, der eine ganze Reihe der anregendsten Fragen und Betrachtungen hervorruft und daher wohl verdient, die Aufmerksamkeit jedes Gebildeten, mehr als es gewöhnlich geschieht, in Anspruch zu nehmen". Aber im nächsten Jahrhundert schenkten „die Gebildeten" Schleidens Buch so wenig Aufmerksamkeit, wie sie es seinem Hauptanliegen, dem Salz, „seiner Bedeutung im Menschenleben", gegenüber taten. Sie waren sich der Möglichkeiten bewußt, Salz – und viele andere Stoffe – zu nutzen, um die Erde zu verändern; und das war genug. Schleiden lebte und schrieb am Vorabend einer neuen industriellen Revolution, die von den Materialisten, die er ablehnte, gemacht wurde. Die Bedeutung dieser Entwicklungen für das menschliche Leben blieb im wesentlichen unerforscht. Heute ist der menschliche Konsum ein unwesentlicher Faktor in dem Wirtschaftskreislauf des Salzes, und doch bestimmt dieses altmodische Thema, der epische Kampf von Staaten und Gemeinden, ihre Völker mit Speisesalz zu versorgen, weiterhin die Literatur zur Geschichte des Salzes. So ist es auch gut, *Das Salz* wieder nachgedruckt zu sehen, da seine Aussagen weiter gültig und sogar noch zutreffender als zur Zeit ihrer Niederschrift geworden sind.

(Übersetzt von Sigrid Giesler)

Bibliographische Notiz

Das Buch *Matthias Jacob Schleiden* (Leipzig, 1904) von M. Moebius, einem entfernten Verwandten, bringt die vollständigste Beschreibung von Schleidens Leben. Der Nachruf von Wilhelm Behrens im *Botanischen Centralblatt* (Bd. 7, 1881, S. 150–190) ist ebenfalls nützlich. Die neueste Biographie ist die von Marc Klein im *Dictionary of Scientific Bibliography* (New York, 1970–76).

Anmerkung der Herausgeber: Über alle wissenschaftlichen, historischen und kulturgeschichtlichen Aspekte des Themas Salz gibt das Buch *Neptune's Gift* (Baltimore and London, 1978) von Robert P. Multhauf erschöpfende Auskunft.

Illustrationen

Matthias Jakob Schleiden (Aus Th. Meyer-Steineg und Karl Sudhoff: Geschichte der Medizin im Überblick mit Abbildungen. Jena 1922).

Rekonstruktionsversuch spätlatènezeitlicher Salzgewinnungsanlagen in Bad Nauheim. Im Hintergrund des Bildes sind die von der Sole durchflossenen Becken zu sehen, in denen die nur 3% Salz enthaltende Nauheimer Sole konzentriert wurde. Im Vordergrund sind Tonkessel mit Lackrändern angeführt, in denen die Sole durch Erhitzen bis zur Sättigung konzentriert wurde. Das sogenannte Soggen oder Salzwirken wurde dagegen in Tonfässern ohne Lackrand ausgeführt. Das in diesem Prozeß bei 55 bis 60 °C auskristallisierende Salz wurde in poröse Becher gefüllt, in denen bei großer Hitze der Feuchtigkeitsgehalt des Salzes auf ein Mindestmaß zurückgeführt wurde. Nach Zerschlagen der kleinen Behälter gewann man die vom Handel bevorzugten Formsalzstücke (untere Abbildung). Die Lenkung und Verteilung des Feuers auf den tennenartigen Herden erreichte man mit Hilfe von Tonklötzen. Auf diese Weise konnten Feuerzüge gebaut werden, die eine regulierbare Wärmezufuhr unter und um den Sudkessel gestatteten. (Nach W. Jorns, Zur Salzgewinnung in Bad Nauheim während der Spätlatènezeit. Germania, 38, Seite 182 (Abb. 3) und 183 (Abb. 4) (1960)). Mit freundlicher Genehmigung der Römisch-Germanischen Kommission des Deutschen Archäologischen Instituts.

Schematische Darstellung der prähistorischen Abbauweise im Stüger-Werk.

1 Hauen eines senkrechten Schrammes, etwa 10-16 cm breit u. 80 cm lang, 10-17 cm tief, Stellung des Häuers: kniend od. sitzend.

2 Bogenförmiger Schramm, vom senkrechten Schramm ausgehend nach links od. rechts, Stellung des Häuers: kniend od. sitzend.

3 Vollendung des Schrammes nach unten, Stellung des Häuers: gebückt, Anschließend Ausführung wie Abb. 2 und 3 nach der anderen Seite.

4 Gewinnung der Salzstöcke durch keilen aus der Mitte.

Durch Zufall wurde in einem Hallstätter Salzbergwerk ein vorgeschichtlicher Grubenbau vom Gebirgsdruck verschont, so daß die prähistorische Abbauweise von Steinsalz rekonstruiert werden konnte. Ein Schramm ist ein tiefer Einschnitt in die Abbauschicht. (Nach S. Morton, Archaeologia Austriaca. Beiträge zur Paläanthropologie, Ur- und Frühgeschichte Österreichs. Heft 2, Seite 72 (1949)).

Der Betrieb im Tal zu Halle um 1670

Kupferstich von Hondorff und Dreyhaupt

Sal commune.

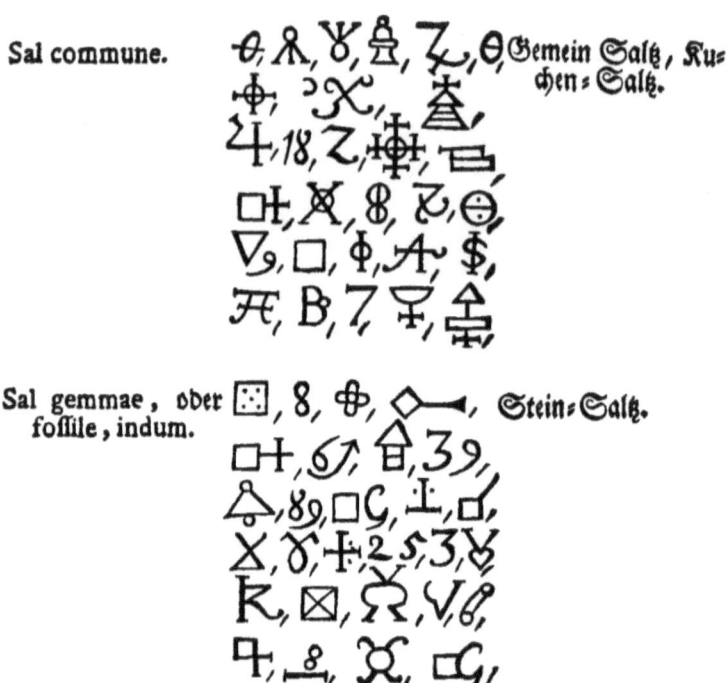

Sal gemmae, oder foſſile, indum.

Ausschnitt aus dem Buch „Medicinisch-Chymisch- und Alchemistisches Oraculum, darinnen man nicht nur alle Zeichen und Abkürzungen, welche so wohl in den Recepten und Büchern der Aerzte und Apotheker, als auch in den Schrifften der Chemisten und Alchemisten vorkommen, findet, ..."; Ulm und Memmingen 1755... (Nachdruck 1962). Die Vielzahl von Zeichen für – in unserem Sprachgebrauch – Natriumchlorid läßt einiges von den Schwierigkeiten ahnen, die Leser früherer Zeiten, aber auch moderne Alchemie- und Chemiehistoriker beim Studium alter Texte haben. Bei dem Vergleich der Zeichen für Sal commune und Sal gammae – ersteres steht für in Salinen gesottenes Salz, wohingegen das Sal gammae aus dem Berg nicht gelöst sondern gebrochen wurde – fallen bei einigen der Charaktere gewisse Ähnlichkeiten auf, so daß diese Zeichen vermutlich Teil ein und desselben Notationssystems gewesen sind.

Salzgewinnung in dem Steinsalzbergwerk von Wieliczka in Galizien. Es handelt sich um einen Ausschnitt eines Stiches von 1760, der anläßlich des Wiederaufbaus des Bergwerkes durch König August III. von Polen und Kurfürst von Sachsen entstanden war. Offenbar gab es zu dieser Zeit keine brauchbare Abbildung des Bergwerkes Wieliczka, so daß der Zeichner W. Müller auf eine 1719 geschaffene Vorlage von Borlach zurückgreifen mußte. Die Darstellung ist Teil einer Serie von fünf Blättern, die alle die damals geschaffenen Einrichtungen von Wieliczka darstellt. Es gehörte offenbar zur Ortstradition, daß der jeweilige Verlierer in einem Krieg die hölzerne Einrichtung des Bergwerkes wenigstens teilweise niederbrannte, um dem Sieger diese Einnahmequelle zu nehmen.
(Foto: Ullstein).

Eine Halle im berühmten Salzbergwerk von Wieliczka. Der 1044 erstmals urkundlich erwähnte und besonders im 18. Jahrhundert ausgebaute Steinsalzbergbau in und bei Wieliczka (8 Stockwerke bis 300 m Tiefe, ca. 150 km Ganglänge) versorgt heute vor allem die chemische Industrie von Nowa Huta. Um 1840. (Foto: Ullstein).

„Prospekt eines completten churbaierischen Salz-Schiffzuges, mittels welchen das Halleinische Kuffen- und Fuder-Salz durch das Halleinische Salzes-Haupt-Speditions-Amt St. Nikola vor Passau auf der Donau zu den auch churfl. Salzlegstätten Vilshofen, Straubing und Stadtamhof, von da aus aber, nachdem das Hohenau in Regensburg bleibt, nach Ingolstadt und Donauwörth gegenhohenauet wird."

Unter „Hohenau" ist das Hauptschiff zu verstehen, „gegenhohenauet" bedeutet stromaufgefahren. Es handelt sich um einen Salzschiffzug, wie er für die schiffbaren Flüsse Oberösterreichs und Bayerns in den letzten vier Jahrhunderten bis Ende des vorigen Jahrhunderts für die Stromauffahrt typisch war – übrigens auch für andere Frachten. Salzschiffzüge unterschieden sich durch die charakteristische Bedachung der Lastschiffe, die typische Verpackung des Salzes und durch besondere Vorsichtsmaßregeln für die sehr wasserempfindliche Ware von anderen Schiffszügen. 25 bis 30 Reiter lenkten etwa 40 bis 50 Pferde, die vier und mehr Lastschiffe und kleinere Handelsschiffe zogen (z.B. Küchenschiff, kleine Kähne zum Hochhalten der Taue u.a.). Da der Fluß häufig seinen Lauf änderte, gab es zu Pferd und zu Fuß Leute, die den jeweiligen Treidelweg zu suchen hatten. Verlief, was häufig vorkam, der Treidelweg nur an einem Ufer und nach einer Unterbrechung am anderen Ufer weiter, mußten die Pferde jeweils auf das neue Ufer übergesetzt werden. Die Pferde waren allerdings so dressiert, daß sie aus dem Wasser in ihr Schiff sprangen; den Aufenthalt darauf waren die Tiere schon durch die lange Stromabfahrt gewöhnt. Jedes Detail eines solchen Schiffzuges hatte sich in einer langen Tradition herausgebildet, und es gab genaueste Beschreibungen, wie die letzte Kleinigkeit auszusehen hatte und wie sie zu handhaben war. Bemerkenswert ist dabei noch die Tatsache, daß bayerische Schiffleute und Schiffreiter in aller Regel nicht schwimmen konnten und nach altem Aberglauben bei einem Sturz ins Wasser auch nicht gerettet wurden, da man dem Fluß das einmal genommene Opfer nicht rauben dürfe.

Erklärung der Figuren.

1) Ist der Kuchelbub. Dieser geht gemeiniglich voraus; er muß jeden Orts den Mauthschein unterschreiben lassen, auch von den Extra-Ladungen Ausrichtungen thun, dem Koch alle benöthigten Kleinigkeiten an Viktualien herzubringen, auch sonst beim Zug zum Hin- und Herschicken sich gebrauchen lassen.

2) Der Vorreiter. Dieser reitet voraus; er führet eine lange Stange, welche Standschallen genannt wird, in der Hand, woran die Marche befindlich sind, wie viel Grund die nachkommenden Schifftungen betauchter im Wasser gehen, rekognosciret mit selber das Wasser, und giebt bey einer sich äußernden Sandbank oder Steinkugel dem Heßthaller Nachricht davon, damit er solche Orte vermeidet, und eine andere von ihm vorgefundene bessere Fahrt anstiicht. Zu Land besichtiget er den Schiffweg, schafft, was irren kann, bey Seite, und kommandirt im übrigen die Reitbuben nach den vorkommenden Umständen.

3) Sind 22 gemeine Reitbuben oder Treiber, deren 11 jeder mit 2, und 11 jeder mit 1 Pferd an dem Hauptseil (woran die Zwißl, und an dieser die Stelzensträng eingesponnen sind) nachgespannt ist; einer hiervon mit 2 Pferden reitet allzeit an dem Kloben.

4) Der dritte Reiter mit 1 Pferd ist des Vorausreiters im Kloben sein Supernumerarius.

5) Der Afterreiter versieht die Dienst, wann der Vorreiter abwesend oder krank ist, außerdessen bleibt selber mit seinen Pferden eingespannter.

6) Die Zwißl ist ein dickes mit vielen Bundfäden wegen dem Hinstreifen umwundenes Seil,

7) woran die Stelzen- oder Steppensträng, an welche die Pferde gespannt, eingesponnen sind; es sind solche Stränge 39, so viel als nämlich Pferde; ihre Länge ist ungleich, und zwar, wie in der Figur ersichtig ist.

8) Ist das Hauptschiff-Seil, welches gemeiniglich 30 Klafter lang und 22 Schilling dick ist; selbes ist in dem Hohenauschiff an dem Stiefel und vornen aus an der Zwißl angemacht.

9) Der Vorausreiter im Kloben. Dieser hat mit den übrigen, die nach ihm gehen, zu schaffen, und ist gemeiniglich ein solcher, der das Fuhrwerk gut versteht.

10) Der Marstaller ist den ganzen Tag mit 2 Pferden eingespannt; zur Futterzeit aber schlaget er aus, vertheilet den übrigen Knechten den

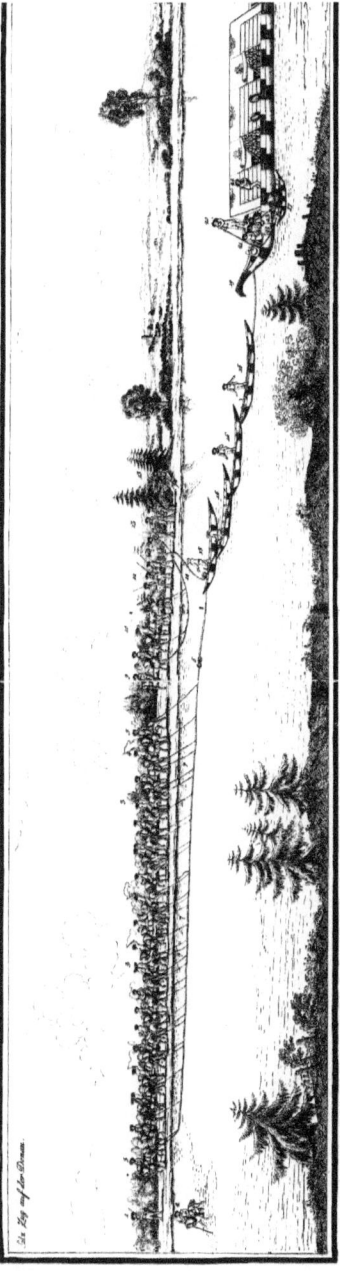

Haber, besorget auf den Abend die Pferdestallungen, und wecket am andern Tage früh die Reitbuben auf, und stellet sie sodann wieder mit ihren Pferden an.

11) Der Klobenafterreiter hat 2 Pferde in dem Aufstrickseil angespannt, muß aber oft von da ausspannen, und mit einem Hangseil das Hohenauschiff bey der Steuer gegen das Land halten, damit selbes, wo eine Brücke oder Beschläg vorhanden, nicht gegenüber anschlagen könne.

12) Der Afteraufleger hat zu schaffen mit den

13) 6 gemeinen Auflegern, deren jeder eines dicken Tremmel hat, mit welchem sie das Haupt- und andere Seile über Stöcke, Steine und Stauden aufheben, auch in anderweg alle geringen Dienste beym Zug machen müssen.

14) Der Kloben oder das Aufstrickseil ist bey 30 Klafter lang und 8 Schilling dick.

15) Der Vorfahrer hat auf den Kloben zu sehen, daß selber nicht ausstreift, im übrigen aber wie

16) die 3 Seiltrag-Plettenführer, daß sich das Seil nicht an die Steine, Felsen und Wasser verschlage.

17) Der Seilmutzen ist ein kleines 4 Klafter lang und 5 Schuh weites Fahrzeug. Hierauf flieget die ganze Länge von dem bald lang, bald kurz zu machenden Hauptseil, auf welcher solches auch über Wasser hinum, und wann allda die Pferde angespannt, wieder über Wasser herum in das Hohenauschiff geführt wird.

18) Die Reserveseile.

19) Das Hohenau- oder Hauptschiff. Dieses ist von dem Kränzl aus durch den Seßthall bis zu der Steuer 24 Klafter lang, und in der Breite am weitesten Orte des Bodens 17 Schuh. Hierauf befindet sich bey mittlerem Wasser geladen an Kuffensalz 6 Pfund 5 Schilling, oder 1590 Stück Kuffen, jede zu 1 1/4 Zentner, in allem 1987 1/2 Zentner, ohne die 8 Blahern, 1 Pfund 2 Schilling, 18 Stück Decken, dann 1 Pf. 2 Schill., 12 Stück Einsträhläden und Schiffrequisiten, als Seil, Ruder, Gstuedeln, Hessen, Räffeln, Häcken, und dem Personale, so, daß ein derley Kapitalschiff über 2500 Zentner gegen dem Wasser traget.

20) Der Seßthaller. Dieser kommandirt den ganzen Zug, und hat einem jedem zu schassen, was das Fuhrwerk anbetrifft. Er führt eine Standschallen an der Hand, mit welcher er von Zeit zu Zeit die Tiefe des Wassers rekognosciret.

21) Der Seilträger hat Rechenschaft von allen Seilen zu geben, stehet der nächste bey dem Seßthaller, und darf selben an all Versehen anmahnen.

22) Der Bruckknecht hat mit dem kleinen Seilwerk umzugehen.

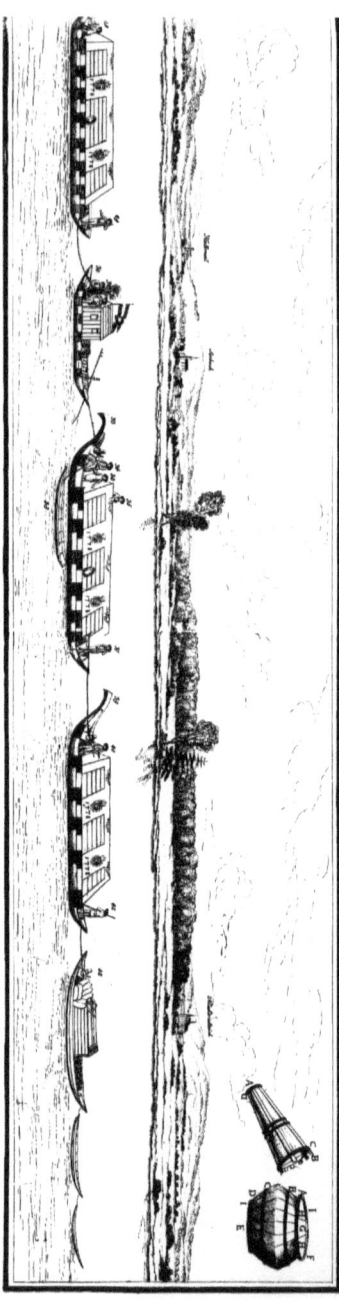

23) Der Wasserer muß während der Fahrt die Schiffe vom Wasser leeren, im übrigen die Seiltrappletenführer zur Arbeit anmahnen.

24) Der Müßiggeher hat die Seile in Ordnung zu halten, und Reinlichkeit auf dem Schiffe zu besorgen, auch alle schaffende Arbeit zu verrichten.

25) Der Steurer hat mit dem Stingelruder das Schiff zu wenden, wieder Seßhaller anschafft.

26) Der Hülfruderer hat vorstehenden in der Arbeit zu helfen.

27) Das erste Anhangschiff ist 18 Klafter lang, und 14 Schuhe weit, tragt 3 Pf. 5 Schill. oder 870 Stück Kuffen pr. 1087 1/2 Zentner mit den Leuten, 7 Bläherm 1 Pfund 1 Schilling, 18 Stück Decken, dann 1 Pf. 1. Schill., 6 Stück einfache Läden, so andere Requisiten, also ungefähr eine Ladung von 1400 Zentner.

28) Der Anhangsschiffs-Mißiggeher wie der am Hohenau.

29) Der Nebenbeyfahrer wie der Hohenausteurer.

30) Das Kuchelschiff ist 7 Klafter lang und 6 Schuhe weit; darauf wird gekocht, und befindet sich nebst dem Schiffschreiber das Kuchelgeschirr, und einige Gewandfässer nebst Brod und Fleisch darauf.

31) Der Schiffschreiber hat während der Fahrt die Rechnung zu besorgen, und bey seiner Retour dem Hauptsalzamte von allem Rechenschaft zu geben.

32) Der Koch hat nichts als die Küche zu besorgen.

33) Das Schwemmerschiff ist 20 Klafter lang, 15 Schuhe weit, hat zur Ladung 4 Pf. 6 Schill. Kuffen oder 1140 Stück pr. 1425 Zentner, ferner 1 Pf. 1 Schill., 18 Stück Decken, 1 Pf. 2 Schill., 12 St. Einstrahläden, 7 Bläherm, so anders, mithin bey 1800 Zentner.

34) Der Schwemmer-Seßthaler, gleich dem am Hohenau.

35) Der Schwemmer-Bruckknecht eben so.

36) Der Schwemmer-Knecht-Aufleger hat die Dienst, wieder Hohenau-Müßiggeher.

37) Der Schwemmer-Steurer gleich den Vorgehenden.

38) Die Schwemmer-Pletten ist 5 Kl. lang 5 Sch. weit, und wird nur zum Hin- und Herfahren gebraucht, wie die Seilträger-Pletten, worauf zugleich die Pferde über Wasser und in dem Rückweg nach Haus geführt werden.

39) Das 2te Anhangschiff ist 17 Klafter lang und 12 Schuhe breit, hat zur Fassung 3 Schilling oder 90 St. Kuffen per 115 Zentner, 3 Pf. 2 Schill. Fuder oder 780 Stöcke jeden zu 120 Pf., beträgt 936 Zentner, dann 7 Bläherm

1 Pf. 2 Schill., 6 Stück Deck, und 1 Pf. 2 Schill. Einsträhläden, in allem also beyläufig über 1100 Zentner.

40) Der Schwemmer-Müßiggeher hat nicht allein das Seilwerk zu besorgen, sondern auch den Haberkorb oder das Schiff, wovon er er dem Marstaller Rechenschaft geben muß.

41) Der Krumper oder von darum der verlorne Mann, weil er der letzte vom ganzen Zug ist.

42) Der Haberkorb oder die Fuderzille ist 7 Klafter lang und 7 Schuhe weit. Hierauf befindet sich der Futterhaber und der Reitbuben Gewandfässer.

NB. Wenn nun die auf den 4 Hauptschiffungen ausgezeigte 6800 Zentn. Ladung gerechnet, die 12 grosse und kleine Schifftungen selbst aber sammt der extra darauf befindlichen Bagage, Futterhaber, item die in der doppelten Schwere auf der Oberfläche des Wassers ausgespannte Seil und dergleichen auch zu 1200 Zentner sohin alles zusamm auf 8000 Zentner (welches noch gering berechnet ist) angeschlagen werden; so zeiget sich, daß an einem jeden Salzzuge nur 39 Pferde angespannt sind, wovon ein jedes insbesondere im Stande ist, gemäß dieser Cumulativ-Schwere allein 205 5/39 Zentner gegen das Wasser zu schleppen.

(Nach Polizey-Uebersicht von München vom Monat Dezember 1804 bis zum Monat April 1805. Von Anton Baumgartner. München 1805)

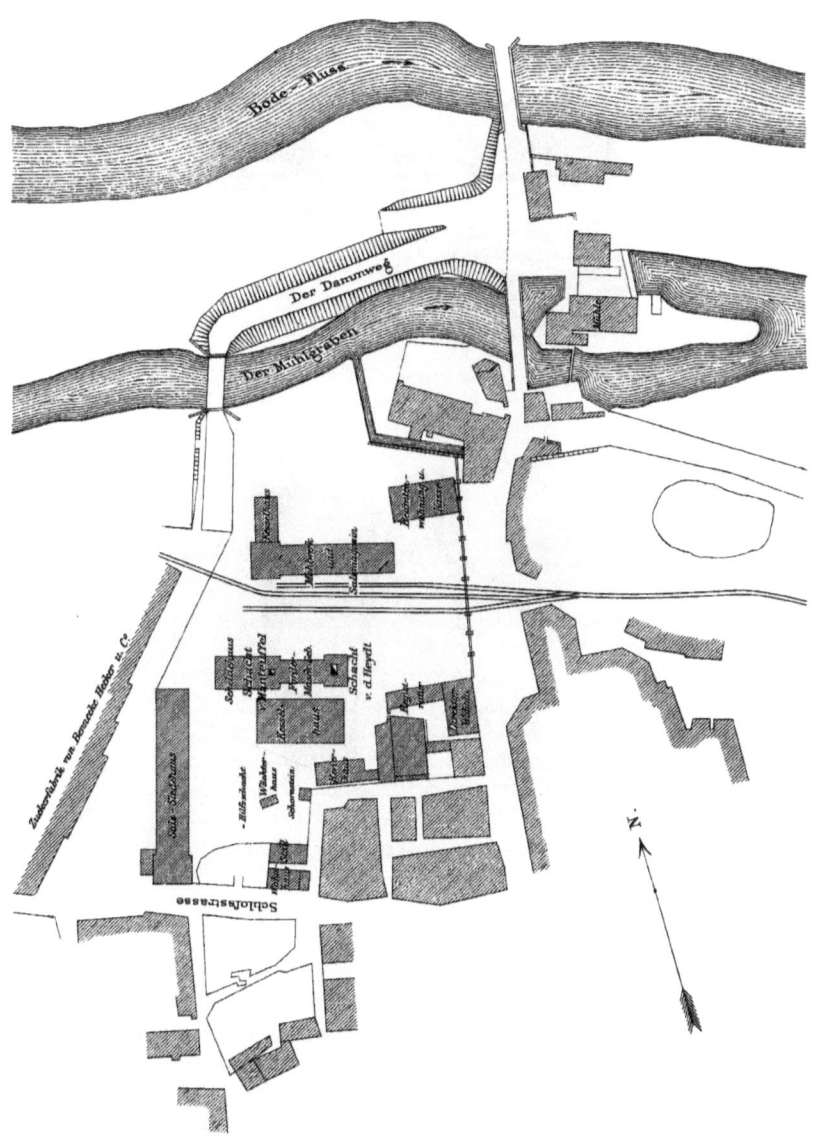

Lageplan des zur kgl. Saline und dem Steinsalzbergwerk zu Staßfurt gehörigen Territoriums und entsprechender Gebäude (1864). Maßstab 1:2000. (Aus Atlas zur Zeitschrift für Berg-, Hütten- und Salinenwesen, 50. Bd. (1902)).

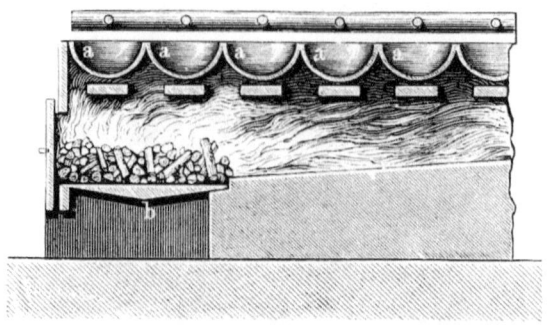

Beispiel für Abdampfgefäße zur Salzgewinnung in den Salinen des Saginawtals (Michigan). Ca. 50 bis 70 runde Pfannen a mit einem Durchmesser von 1,2 m wurden in doppelter Reihe über den Feuerzügen aufgestellt; durch zwei Leitungen c konnte jeder Pfanne entweder Sole oder Wasser zugeführt werden. Die Sole wurde soweit eingedampft, daß das Salz noch eben mit Mutterlauge bedeckt blieb, dann wurde es in die Körbe e geschöpft, in denen es abtropfte. (Nach F. A. Führer: Salzbergbau- und Salinenkunde. Braunschweig 1900).

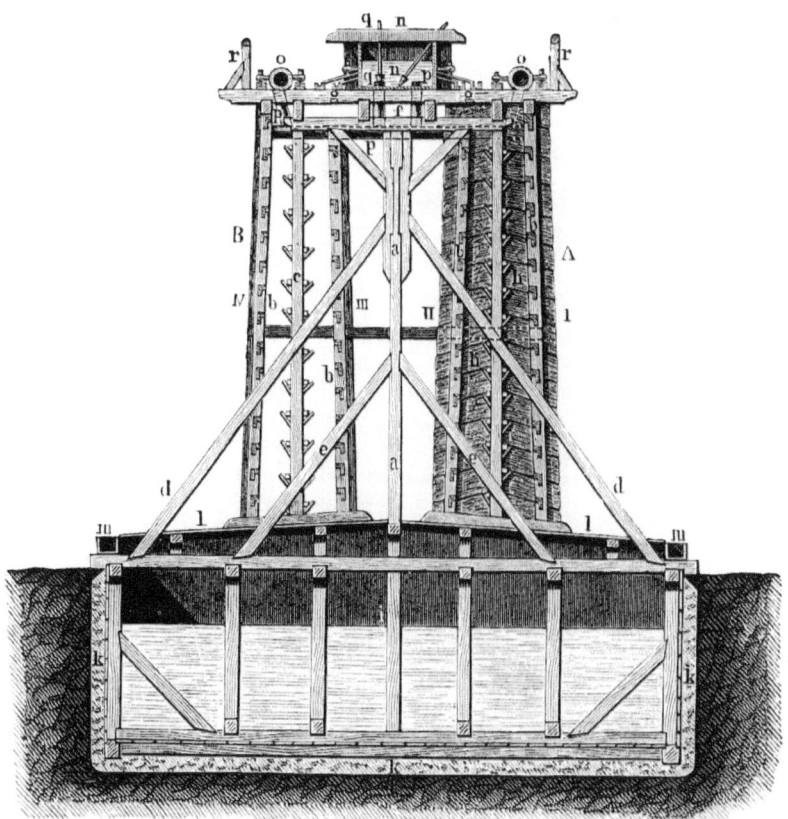

Bei der sog. Dorn- oder Tröpfelgradierung zur Anreicherung salzarmer Sole läßt man sie in möglichst gleichmäßiger Verteilung über Reisigwände tröpfeln. Die Sole bleibt in einzelnen Tropfen dem Luftzug ausgesetzt, so daß die Verdunstung ohne Aufwendung von Ofenwärme geschieht. Schwerlösliche Salze wie Gips und einige Carbonate werden gleichzeitig ausgefällt; sie setzen sich an den Dornen als Dornstein fest. Das Gradieren soll schon vor 500 Jahren in der Lombardei angewandt worden sein. Nach anderen Quellen ist es zunächst in Deutschland im 16. Jahrhundert eingeführt worden. (Nach F. A. Führer: Salzbergbau- und Salinenkunde. Braunschweig 1900).

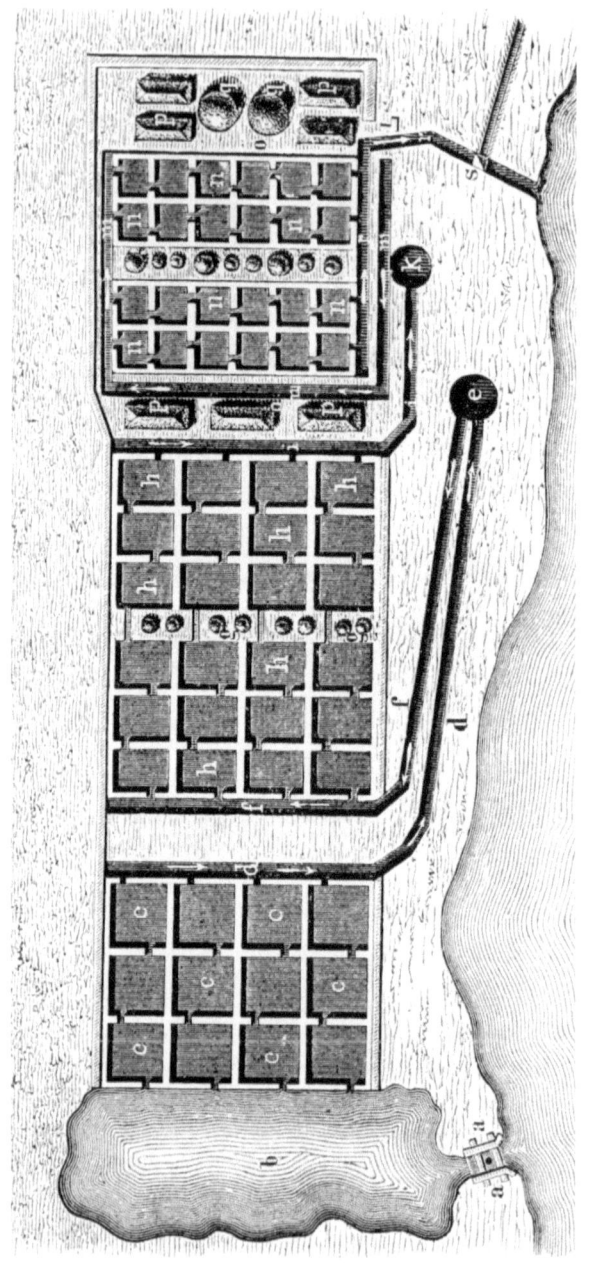

Schematische Darstellung eines Salzgartens, der aus einer Anzahl künstlich angelegter, großer flacher Behälter besteht, die im Strandboden ausgegraben und mit Abteilungen versehen sind, durch die das Meerwasser zur Verdunstung des Wassers langsam hindurchfließt. Der Zufluß wird durch die Schleuse a geregelt, b ist das Hauptbassin. Dort wird das Meerwasser von Schlammteilen geklärt, und es beginnt in geringem Ausmaß die Wasserverdunstung. Von dem Hauptbassin fließt das geklärte Wasser auf schwach geneigter Ebene in die flachen Vorteiche c und gelangt unter Verdunstung in den Kanal d und durch diesen in eine Zisterne e. Von dort wird die Sole mit Pumpen in den Kanal f und in eine Gruppe von Verdunstungsbassins h geführt. Der Zufluß wird so geregelt, daß die Sole in den untersten Reihen von h gesättigt ist und das Salz sich auszuscheiden beginnt. Die gesättigte Sole fließt aus h durch den Kanal i in die Zisterne k, von wo sie in den Kanal m gehoben wird, der sie in die sehr sorgfältig hergestellten Kristallisationsbassins n führt. Die in den Kristallisationsteichen abgesetzten Salzkrusten bricht man ein und trägt sie je nach Witterung wöchentlich zwei oder drei Mal zusammen. (Nach F. A. Führer: Salzbergbau- und Salinenkunde. Braunschweig 1900).

Salzgewinnung in der chinesischen Provinz Szetschuan um 1930. In kurzen Abständen reiht sich ein Tretgestell an das andere, auf dem die Kulis, durch ein Strohdach vor Sonne und Regen geschützt, die Sole über das Bergland pumpen (Foto: Ullstein).

Bildnachweis

Ullstein-Bilddienst 267, 268, 276
Deutsches Museum 264, 265, 269, 270,
Verlagsarchiv 261, 262, 263, 266, 271, 272, 273, 274.

www.ingramcontent.com/pod-product-compliance
Lightning Source LLC
Chambersburg PA
CBHW050859300426
44111CB00010B/1301